Monika Pientka/Norbert Wolf

Kriminalwissenschaften I

Kriminalwissenschaften I
Grundstudium

von

Dr. Monika Pientka

Kriminaldirektorin und hauptamtliche Dozentin an der FHöV NRW
Sprecherin des Fachbereichs Polizei

und

Norbert Wolf

Kriminaldirektor, Landesfachkoordinator Kriminalistik und Kriminaltechnik sowie hauptamtlicher Dozent an der FHöV NRW

3. Auflage 2017

C.H.BECK

Zitiervorschlag: *Pientka/Wolf* Kriminalwissenschaften I Rn.

www.beck.de

ISBN 978 3 406 70922 7

Wilhelmstraße 9, 80801 München
Druck: Druckhaus Nomos
In den Lissen 12, 76547 Sinzheim

Satz: Fotosatz Buck,
Zweikirchener Straße 7, 84036 Kumhausen

Umschlaggestaltung: Martina Busch Grafikdesign, Homburg Saar

Gedruckt auf säurefreiem, alterungsbeständigem Papier
(hergestellt aus chlorfrei gebleichtem Zellstoff)

Vorwort zur 3. Auflage

Der Studiengang Bachelor Polizeivollzugsdienst in NRW ist im Jahre 2016 reformiert worden.

Ziel des Reformprozesses war es, sowohl den stetig zunehmenden Studierendenzahlen gerecht zu werden, als auch die Kompetenzorientierung im Studiengang zu stärken.

Im Ergebnis wurden Themenkomplexe in andere Studienabschnitte verschoben, ein Wahlpflichtmodul in einem der späteren Studienabschnitte eingeführt und der kriminalwissenschaftliche Praxisanteil insgesamt erhöht.

Aufgrund dieser Reform sind einige Kapitel, die noch in den ersten Auflagen dieses Buches enthalten waren, entnommen worden, da die Bearbeitung der Themen in andere Studienabschnitte oder Wissenschaftsdisziplinen verlegt wurde.

Dort, wo die betreffenden Themenkomplexe auch für das kriminalwissenschaftliche Verstehen bedeutsam sind (zB zur kriminalistischen Historie), sind die entsprechenden Kapitel als solche gekennzeichnet, aber im Buch verblieben, obwohl sie in den kriminalwissenschaftlichen Lehrveranstaltungen nicht mehr behandelt werden.

Insgesamt gilt, was auch bisher für dieses Buch galt: wir orientieren uns am Studienverlauf und bemühen uns, die Inhalte so abzubilden, dass außer den Studierenden auch dem Praktiker und dem interessierten (externen) Leser die wesentlichen Grundlagen verständlich und in angemessener Tiefe aufbereitet werden.

Wuppertal, Mai 2017 *Die Autoren*

Vorwort

Die hier angebotenen Inhalte orientieren sich im Aufbau am Studiengang Polizei der Fachhochschule für öffentliche Verwaltung in NRW ab Einstellungsjahrgang 2012. Sie sollen die Lehrveranstaltungen begleiten und ergänzen, nicht aber den Blick in weiterführende Literatur ersetzen.

Band 1 befasst sich ausschließlich mit den kriminalwissenschaftlichen Inhalten des Grundstudiums; für das Hauptstudium sind Bände 2 und 3 hinzuzuziehen. Begrenzt werden Verweise vorgenommen, wo inhaltliche Entsprechungen in den Studienabschnitten bestehen, sowohl innerhalb der Bände 1 bis 3 als auch auf die Studienbücher für Strafrecht und Eingriffsrecht. So wird erreicht, dass die Einbettung der Kriminalwissenschaften in den Studienverlauf durchgängig sowohl horizontal als auch vertikal deutlich wird.

Jedem Abschnitt werden folgende Inhalte, zitiert aus den Modulbeschreibungen, vorangestellt:

(a) Überblick über den Modulabschnitt
(b) Richtziele des Modulabschnittes
(c) Kompetenzziele des Moduls
(d) Kompetenzziele des Teilmoduls

Zu den jeweiligen Themenbereichen werden die zu vermittelnden Inhalte erörtert, wobei auch zuweilen Diskrepanzen aus Theorie und Praxis aufgezeigt und diskutiert werden. Insofern sind die Darstellungen sowohl für den Studierenden bestimmt und geeignet als auch für den Praktiker, der sich über die Kenntnisse informieren möchte, die der Absolvent der Fachhochschule mitbringen sollte, und ebenso für den Dozenten, der sich einen Überblick über das verschaffen möchte, was die Basis seiner Lehrveranstaltungen sein sollte. Hierbei wird auch Stellung bezogen, wenn es zu Unterschieden in Theorie und Praxis kommt, in welchem der Bereiche ein Schwerpunkt liegen sollte. Allein der Hinweis, die Praxis arbeite anders als in der Theorie vermittelt, macht sie schließlich nicht richtiger. Vielmehr sollten sich beide ausschließlich an Recht und Gesetz orientieren, was sodann zu einer Klarheit führt, die unnötige Differenzen auszugleichen vermag. Wenn beide sich gegenseitig im Sinne des Rechts beeinflussen, so ist für eine qualitativ hochwertige Kriminalpolizeiarbeit viel erreicht.

Darüber hinaus wird ebenfalls auf die jeweilige im Kompetenzziel vorhandene Lernzieltiefe eingegangen. Diejenigen Inhalte, die in der Lernzielstufe enthalten sind, werden als wesentliche Erläuterungen geboten, darüber hinaus gehende Inhalte sind ebenfalls enthalten, jedoch jeweils als „Plus" kenntlich gemacht. Diese Hinweise sind wesentlich, um erweiterte Kompetenzen zu erwerben, die zB außerhalb des Wachdienstes liegen und erforderlich sind, den Dienst in einer K-Wache oder K-Dienststelle erfolgreich beginnen zu können. Hier sind jeweils Fortbildungsmaßnahmen innerhalb des LAFP erforderlich.

Im Anschluss eines jeden Kapitels werden Aufgaben und Fragen zur individuellen Lernzielkontrolle gestellt.

Hierbei wurde besonderer Wert darauf gelegt, in den Aufgabenstellungen und Fragen eine Tiefe einzuhalten, die in Korrespondenz zu den Lernzieltiefen steht und weder darüber hinaus geht noch dahinter zurück bleibt.

Dies ist ebenso Maßgabe der im 6. Abschnitt vorhandenen Musterklausuren. Sie sind so gestaltet, wie eine Echtklausur aussehen könnte. Die ebenfalls vorhandenen Lösungsbemerkungen sollten keine Musterlösung darstellen. Sie sind eher stichwortartig aufgebaut und zeigen lediglich das an, was vom Studierenden inhaltlich erwartet werden kann.

Insofern wurde durch die Verfasser versucht, erstmalig ein kurzes Lehrbuch zum neu aufgelegten Studiengang aufzulegen, das den Studierenden ebenso wie den Lehrenden umfassend unterstützt.

Die einzelnen Abschnitte bleiben auch isoliert gelesen verständlich. Damit entstehen teils Redundanzen, die jedoch gewollt und erwünscht sind, um die Verständlichkeit auch zu gewährleisten, wenn ein Abschnitt allein gelesen wird.

Da jedoch hier der gesamte Studiengang des Grundstudiums abgebildet ist, empfiehlt es sich, das Buch in der angebotenen Reihenfolge durchzuarbeiten, um die vorgesehenen Kompetenzziele zu erreichen.

Zu besseren Orientierung sind durchgängig Sachverhaltsbeispiele grau unterlegt, Definitionen, die beherrscht werden müssen, eingerahmt.

Den Verfassern ist es wichtig, mit der „kriminalistischen Fachwelt" in einen sachlich orientierten Dialog eintreten zu können. Wenn Sie als Studierende, Lehrende oder Praktiker Anregungen, Wünsche oder Kritik zu unseren Inhalten und Darstellungen haben, so lassen Sie es uns wissen. Wir sind dankbar für jeden Hinweis und werden uns bemühen, sie umzusetzen.

Gender Hinweis:

Im Sinne einer besseren Lesbarkeit haben wir bei Personenbezügen entweder die maskuline oder die feminine Form gewählt, gemeint sind jedoch immer beide Geschlechter.

Wir bedanken uns bei der KTU-Stelle des PP Wuppertal, namentlich KHK Aubry, für die Unterstützung mit Bildmaterial, ebenso bei KHK Bredemeier für Bilder und Fallbeschreibungen.

Wuppertal, Juli 2012 *Die Autoren*

Inhaltsverzeichnis

Abkürzungsverzeichnis

Abb.	Abbildung
AFIS	Automatisiertes Fingerabdruck-Identifizierungs-System
AG	Arbeitsgruppe
AG Kripo	Arbeitsgruppe Kriminalpolizei
AK II	Arbeitskreis II
AO	Abgabenordnung
BES	Beschuldigte®
BKA	Bundeskriminalamt
BKAG	Gesetz über das Bundeskriminalamt und die Zusammenarbeit des Bundes und der Länder in kriminalpolizeilichen Angelegenheiten
BPol	Bundespolizei
BPolG	Bundespolizeigesetz
BPolZV	Zuständigkeitsverordnung der Bundespolizei
bspw.	beispielsweise
BVV	Beweisverwertungsverbot
bzgl.	bezüglich
CCC	Command and Coordination Center (IKPO Dauerdienst)
DAD	DNA-Analyse-Datei
DesignG	Gesetz über den rechtlichen Schutz von Design (Designgesetz)
DGL	Dienstgruppenleiter
dh.	das heißt
DNA	Desoxyribonucleine Acid
DNS	Desoxyribonukleinsäure
Drs.	Drucksache
ED	Erkennungsdienst
ErmPStA	Ermittlungspersonen der Staatsanwaltschaft
etc.	et cetera
evtl.	eventuell
f.	Folgende
ff.	Fortfolgende
FuEM	Führungs- und Einsatzmittel
FhöV	Fachhochschule für öffentliche Verwaltung
GES	Geschädigte®
GG	Grundgesetz
ggf.	gegebenenfalls
GS	Grundstudium
HalblSchG	Gesetz über den Schutz der Topographien von mikroelektronischen Halbleitererzeugnissen (Halbleiterschutzgesetz)

HiBeStA	Hilfsbeamte der Staatsanwaltschaft, heute „ErmPStA“
HS	Hauptstudium
HV	Hauptverfahren, auch Hauptverhandlung
idR	in der Regel
IDF	Identitätsfeststellung
IKPK	Internationale Kriminalpolizeiliche Kommission
IMK	Innenministerkonferenz (Ständige Konferenz der Innenminister und -senatoren der Länder)
JGG	Jugendgerichtsgesetz
KDA	Kriminologische Deliktsanalyse
KFA	Kriminalistische Fallanalyse
KHSt	Kriminalhauptstelle
KHSt-VO	*Verordnung über die Bestimmung von Polizeipräsidien zu Kriminalhauptstellen* (Kriminalhauptstellenverordnung)
KPB	Kreispolizeibehörde
KTI	Kriminaltechnisches Institut
KTU	Kriminaltechnische Untersuchungsstelle
KunstUrhG	Gesetzes betreffend das Urheberrecht an Werken der bildenden Künste und der Photographie
K-Wache	Kriminalwache
LAFP	Landesamt für Aus-, Fortbildung und Personal
LF	Leitfaden
LKA	Landeskriminalamt
LOB	Landesoberbehörde
LSt	Leitstelle
LUNA	Leuchtendatei für Unfallfluchtforschungen
LZPD	Landesamt für zentrale polizeiliche Dienste
MarkenG	Gesetz über den Schutz von Marken und sonstigen Kennzeichen (Markengesetz)
MIK	Ministerium für Inneres und Kommunales
MK	Mordkommission
MO	Modus Operandi
NAW	Notarztwagen
NEF	Notarzteinsatzfahrzeug
NRW	Nordrhein-Westfalen
NSST	Nachrichtensammelstelle
NZB	Nationales Zentralbüro
OFA	Operative Fallanalyse
PatG	Patentgesetz
PB	Polizeibeamter
PDV	Polizeidienstvorschrift
PKS	Polizeiliche Kriminalstatistik
Pkw	Personenkraftwagen
POG	Polizeiorganisationsgesetz
PolG	Polizeigesetz
PP	Polizeipräsident, Polizeipräsidium
PVD	Polizeivollzugsdienst

RD	Rettungsdienst
RdErl.	Runderlass
RiStBV	Richtlinien für das Straf- und Bußgeldverfahren
RTW	Rettungs(transport)wagen
s.	siehe
S.	Seite
SDÜ	Schengener Durchführungs-Übereinkommen
SIS	Schengener Informationssystem
SMBl.	Sammelministerialblatt
sog.	sogenannte(n)
SortSchG.	Sortenschutzgesetz
SpuSi	Spurensicherung
StA	Staatsanwaltschaft
StGB	Strafgesetzbuch
StPO	Strafprozessordnung
SV	Sachverhalt
TO	Tatort
TV	Tatverdächtiger
UrhG	Urheberrechtsgesetz
usw	und so weiter
uvm	und vieles mehr
UWG	Gesetz gegen den unlauteren Wettbewerb
vgl.	vergleiche
ViCLAS	Violent Crime Linkage Analysis System
WE	Wichtiges Ereignis
WKP	Weibliche Kriminalpolizei
WWD	Wach- und Wechseldienst
WZ	Westdeutsche Zeitung
zB	zum Beispiel
ZEG	Zeuge
Ziff.	Ziffer
zZt	zur Zeit

Literaturverzeichnis

KTU-Erlass. (3.1.2008). *RdErl. d. Innenministers, „Kriminaltechnische Untersuchungsstellen und Nachrichtensammelstellen", IV D 1–6403, 6.7.1993, geändert durch RdErl. v. 3.1.2008.*

Ackermann, R. (2010). *Kriminalistische Fallanalyse* (Bd. 13). (L. u. Kriminologie, Hrsg.) Hilden: Verlag Deutsche Polizeiliteratur.

Ackermann, R., Clages, H., & Roll, H. (2011). *Handbuch der Kriminalistik.* Stuttgart: Boorberg.

Artkämper, H. (2007). Belehrung und Vernehmung von Beschuldigten. *Kriminalistik,* 517 ff.

Baurmann, M. C., & Schädler, W. (1999). *Das Opfer nach der Straftat – seine Erwartungen und Perspektiven.* Wiesbaden: BKA.

Beese, D. (2000). *Studienbuch Ethik. Problemfelder der Polizei aus ethischer Perspektive.* Hilden: Verlag Deutsche Polizeiliteratur.

Beleke, N. (2002-update 2016). Kriminalistische Kompetenz. In *Kriminaltechnik.* BDK Berthel, R., Mentzel, T., & Neidhardt, K. (2005). *Grundlagen der Kriminalistik – Kriminologie* (Bd. 1). (L. u. Kriminologie, Hrsg.) Hilden: Verlag Deutsche Polizeiliteratur

Berthel, R. & Schröder, D. (2006). *Kriminalwissenschaften an der Deutschen Hochschule der Polize*i, Polizei 6/2006, S. 185

Beulke, W. (2013). *Strafprozessrecht.* Heidelberg: C.F. Müller

Beulke, W., & Wessels, J. (2016). *Strafrecht Allgemeiner Teil – Die Straftat und ihr Aufbau.* Heidelberg: C.F. Müller

Bialon, J. & Springer, U. (2016). *Eingriffsrecht.* München: C.H.Beck

BKA. (ohne Datum). https://www.bka.de/DE/UnsereAufgaben/Aufgabenbereiche/InternationaleFunktion/internationalefunktion_node.html (zuletzt abgerufen am 4.5.2017)

BKA. (1998). *Methoden der Fallanalyse.* Wiesbaden: BKA.

BKA. (2011). *Polizeiliche Kriminalstatistik Bund.* Berlin: Bundesministerium des Inneren.

BKA. (2009). *Die IKPO-Interpol – eine internationale Organisation im Wandel der Zeit –.* Wiesbaden: BKA.

BKA. (o.J.). *Anleitung Tatortarbeit – Spuren.* Wiesbaden: BKA.

Böttcher, M., & Geiger, R.-E. (1997). *Ich war Monika Weimar.* Köln: Kiepenheuer & Witsch.

Breuer, T. (1998). *Kriminologie als kriminologische Handlungslehre.* Grevenbroich: Bernardus-Verlag.

Brodag, W.-D. (2001). *Kriminalistik: Grundlagen der Verbrechensbekämpfung.* Stuttgart: Boorberg Verlag.

Brodag, W.-D. (2008). *Strafverfahrensrecht – Kurzlehrbuch.* Stuttgart: Boorberg Verlag

Clages, H. & Ackermann, R. (2017). *Der rote Faden, Grundlagen der Kriminalpraxis.* Heidelberg: Kriminalistik Verlag

Clages, H., & Zimmermann, E. (2010). *Kriminologie für Studium und Praxis.* Hilden: Verlag Deutsche Polizeiliteratur.

Clages, R., Neidhard, K., & Weihmann, R. (2008). *Grundlagen der Kriminalistik/Kriminologie – Lehr und Studienbriefe.* Hilden: Verlag Deutsche Polizeiliteratur.

Cramer, S., & Bürgle, M. (2004). *Die Strafprozessualen Beweisverwertungsverbote – Systematische Darstellung für die Praxis.* Stuttgart: Boorberg Verlag.

Epping, V., & Lenz, S. (2015). *Grundrechte.* Heidelberg: Springer.

Ernst-Moritz-Arndt-Universität Greifswald. (ohne Datum). http://www.medizin.uni-greifswald.de/rechtsmed/index.php?id=41 (zuletzt abgerufen am 4.5.2017)

Europäische Union. (ohne Datum). http://europa.eu/european-union/about-eu/agencies/europol_de (zuletzt abgerufen am 4.5.2017)

Fachbereich Polizei (FB Polizei) NRW. (2016). *Modulbeschreibung Bachelorstudiengang PVD ab EJ 2016.* Gelsenkirchen: FHöV NRW FB Polizei

Fischer, T. (2016). *Strafgesetzbuch mit Nebengesetzen,* München: C.H.Beck.

Freundeskreis zur Unterstützung der Polizei SH e.V. (2001). *Täter und Opfer unter dem Hakenkreuz – Eine Landespolizei stellt sich der Geschichte.* Kiel: Freundeskreis zur Unterstützung der Polizei Schleswig-Holstein e.V.

Friedrichsen, G., & Mauz, G. (2001). *Er oder sie? Der Strafprozeß Böttcher/Weimar: Prozeßberichte 1987 bis 1999. Mit einer Dokumentation des Prozeßverlaufs und einem Nachwort.* Berlin: Berliner Wissenschafts Verlag.

Frings, C., & Raabe, F. (2016). *Grundlagen der Kriminaltechnik* (Bd. I). Hilden: Verlag Deutsche Polizei 2. Aufl. 2016

Frings, C., & Raabe, F. (2016). *Grundlagen der Kriminaltechnik* (Bd. II). Hilden: Verlag Deutsche Polizei

Gasch, M., & Lange, H.-J. (2006). *Wörterbuch zur Inneren Sicherheit.* Wiesbaden: Verlag für Sozialwissenschaften.

Groß, H., Frevel, B., & Dams, C. (2007). *Handbuch der Polizeien Deutschlands.* Wiesbaden: Verlag für Sozialwissenschaften.

Innes, B. (2008). *Spuren am Tatort – Fingerabdrücke, Fußspuren und Reifenabdrücke.* Wien: tosa Verlag.

IPA. (2011). *Festschrift 60 Jahre Polizeiliegenschaft Selm – 55 Jahre IPA-Verbindungsstelle Bork e.V.* Selm Bork: LAFP/IPA.

Joecks, W. (2010). *Studienkommentar StGB.* München: C.H.Beck.

Karl, G. (2004). *Die Welt mag untergehen, wenn nur das Recht gilt – Unser Beitrag zur aktuellen „Folterdebatte".* http://www.opfer-gegen-gewalt.de/folterdebatte.html (abgerufen am 1.7.2012, website seitdem gelöscht)

Lange, H.-J. (2008). *Kriminalpolitik.* Wiesbaden: Verlag für Sozialwissenschaften.

Madea, B., & Mußhoff, F. (2004). *Haaranalytik, Technik und Interpretation in Medizin und Recht.* Köln: Deutscher Ärzte Verlag.

Meyer-Goßner, L. & Schmitt, B. (2016). *Strafprozessordnung mit GVG und Nebengesetzen.* München: C.H.Beck

MIK. (21.10.2010). Organisation der Kreispolizeibehörden des Landes Nordrhein Westfalen 43.1 – 58.08.01 –. Düsseldorf: Ministerium für Inneres und Kommunales NRW.

Mohr, M., Schimpel, F., & Schröer, N. (2006). *Die Beschuldigtenvernehmung.* Hilden: Verlag Deutsche Polizeiliteratur.

Neidhardt, K. (März 2012). Handbuch für Führung und Einsatz der Polizei, Kommentar zur PDV 100. *Loseblattsammlung, zuletzt aktualisiert 46. Erg.Lfg.* Stuttgart: Boorberg.

Nimtz, H. (2012). *Strafrecht für Polizeibeamte, Band 1 und Band 2.* Hilden: Verlag Deutsche Polizeiliteratur, Bd. 1: 5. Aufl. 2016, Bd. 2: 4. Aufl. 2016

Nolden, W., Dittert, S., Pichocki, F. & Palkovitz, F. (2015). *Grundstudium Strafrecht.* München: C.H.Beck

Pientka, M. (2014). *Kriminalwissenschaften II.* München: C.H.Beck.

Pieroth, B., & Jarass, H.-D. (2016). *Grundgesetz für die Bundesrepublik Deutschland.* München: C.H.Beck

Pieroth, B., Schlink, B., & Kniesel, M. (2010). *Polizei- und Ordnungsrecht mit Versammlungsrecht.* München: C.H.Beck

Polizei NRW, P. (kein Datum). *Organisation.* http://www.polizei-nrw.de/artikel__89.html (zuletzt abgerufen am 4.5.2017)

Polizei RLP. (kein Datum). *www.polizei.rlp.de.* http://www.polizei.rlp.de (zuletzt abgerufen am 4.5.2017)

Pschyrembel. (2014). *Klinisches Wörterbuch.* Berlin: de Gruyter

Reichertz, J. (1990). „Meine Schweine erkenne ich am Gang" – Zur Typisierung typisierender Kriminalpolizisten. *Krim Journal*, S. 29–39.

Rolf, B., Anslinger, K., & Eisenmenger, W. (2005 Heft 6). Möglichkeiten und Grenzen der DNA-Analyse – zu den wissenschaftlichen Grundlagen und möglichen Entwicklungen. *Deutsche Richterzeitung*, S. 165 ff.

Roxin, K. (1998). *Strafverfahrensrecht.* München: Beck Verlag.

Roxin, K., & Schünemann, B.. (2017). *Strafverfahrensrecht: Ein Studienbuch.* München: C.H.Beck

Rudzio, W. (2011). *Das politische System der Bundesrepublik Deutschland.* Wiesbaden: Verlag für Sozialwissenschaften.

Schneider, H.-J. (1982). *Prüfe dein Wissen: Rechtsfälle in Frage und Antwort – Kriminologie-Jugendstrafrecht-Strafvollzug.* München: C.H.Beck.

Schwietring, T. (2011). *Was ist Gesellschaft? Einführung in soziologische Grundbegriffe.* Stuttgart: UTB.

Schwind, H.-D. (2011). *Kriminologie – eine praxisorientierte Einführung mit Beispielen (Grundlagen Kriminalistik).* Heidelberg: Kriminalistik.

Sieverts, R. (1977). *Handwörterbuch der Kriminologie, Bd. 2: Kriminalpolitik – Rauschmittelmissbrauch.* Berlin: de Gruyter

SPI. (2001, aktualisiert 2009). *Infoblatt Nr. 19.* Berlin: Stiftung Sozialpädagogisches Institut Berlin.

Tegtmeyer, H., & Vahle, J. (2010). *Polizeigesetz Nordrhein-Westfalen (PolGNRW) mit Erläuterungen.* Stuttgart: Boorberg

Thorwald, J. (1966). *Das Jahrhundert der Detektive.* Berlin-Darmstadt-Wien: Deutsche Buch-Gemeinschaft

Walder, H., & Hansjakob, T. (2016). *Kriminalistisches Denken.* Heidelberg: Kriminalistik Verlag Wehner, B. (1983). *Dem Täter auf der Spur.* Bergisch-Gladbach: Gustav-Lübbe Verlag.

Weihmann, R. (2012). *www.weihmann.info.* Stand: 14.11.2014. http://www.weihmann.info/images/Kriminalistik/Kapitel%2003,%20Beweislehre.pdf (zuletzt abgerufen am 4.5.2017.

Weihmann, R., & Schuch, C.-P. (2011). *Kriminalistik und Kriminaltechnik.* Hilden: Verlag Deutsche Polizei.

Westphal, N. (2010). *Der kriminalistische Beweis* (Bd. 14). (L. u. Kriminologie, Hrsg.) Hilden: Verlag Deutsche Polizeiliteratur.

Winter, M. (1998). *Politikum Polizei – Macht und Funktion der Polizei in der Bundesrepublik Deutschland* (Bd. Politische Soziologie Bd. 10). Münster: o. J.

Wirth, I. (2010). *Kriminalistik-Lexikon.* Heidelberg: Kriminalistik Verlag

Zeitner, J. (2015). *Einsatzlehre, Grundlagen für Studium und Praxis.* Hilden: Verlag Deutsche Polizeiliteratur

Abbildungsverzeichnis

1. Abschnitt. Vorbemerkungen zum Modulabschnitt „Grundstudium"

§ 1 Überblick über den Modulabschnitt

„... Das Grundstudium umfasst das erste Studienjahr (...) Im fachwissenschaftlichen Studium werden in sechs Modulen theoretische Grundlagen vermittelt. In rechts-, sozial- und polizeiwissenschaftlichen Fachdisziplinen wird die Basis für die polizeiliche Aufgabenwahrnehmung gelegt. In zwei Trainingsblöcken GS 7 werden ausgewählte Themenbereiche des theoretischen Studiums trainiert. Den Abschluss des Grundstudiums bildet das Modul GS 8 Praxis. Die Studierenden werden in den Ausbildungsbehörden in den Wachdienst eingeführt und bewältigen, angeleitet durch Tutorinnen und Tutoren, polizeiliche Standardsituationen."[1]

Die kriminalwissenschaftlichen Inhalte sind hier, wie die weiteren Fachdiszi- 1 plinen auch, in den Grundlagen zu vermitteln. Gefolgt und begleitet wird der Theorieteil des Grundstudiums von Trainings und einem Praktikum, in denen die erlernten Inhalte geübt und angewendet werden sollen. Da insbesondere im Praktikum eine Beschränkung der Tätigkeiten auf die Themenbereiche des Studiums nicht möglich ist, vielmehr das Vorhandensein von Einsatzanlässen die Möglichkeiten der Umsetzung des Erlernten bestimmen, muss hier die Basis gelegt werden, um eine mögliche Vielzahl von Anlässen zumindest beobachtend begleiten zu können. Einfache Anlässe sollen die Studierenden am Ende weitgehend selbstständig abarbeiten können.

Darüber hinaus enthält der gesamte Studiengang diejenigen Kenntnisse, Fähig- 2 keiten und Fertigkeiten, die den Polizeibeamten in den ersten fünf Jahren seiner Berufstätigkeit zu einer weitestgehend selbstständigen Arbeit befähigen. Alle Studierenden in Nordrhein-Westfalen müssen diese Inhalte erarbeitet haben; eine Spezialisierung, zB in die Bereiche Schutz- und Kriminalpolizei, kann in der Regel erst zu einem viel späteren Zeitpunkt erfolgen. Dafür erforderliches vertieftes Wissen in den ausgewählten Bereichen wird im Rahmen von Fortbildungsmaßnahmen vermittelt. Ebenso werden die jeweiligen spartenspezifischen Inhalte außerhalb des Studiums dargeboten, teils – zumindest in der Planung – innerhalb der Fachhochschule für öffentliche Verwaltung, in der Regel aber in Einrichtungen des Landesamtes für Aus-, Fortbildung und Personal NRW (LAFP NRW).

Dieses Grundstudium richtet sich also an alle Studierenden der Polizei im ers- 3 ten, dem Bachelorstudiengang; Vertiefungen sollten zu einem späteren Zeitpunkt vorgenommen werden.

---

[1] (*FB Polizei NRW*, 2016), S. 1.

§ 2 Richtziele des Grundstudiums

4 „... Die Studierenden
- verstehen die fachliche Struktur und Methodik der sozial-, rechts- und polizeiwissenschaftlichen Fächer.
- wenden Grundtechniken methodischen Arbeitens in den wissenschaftlichen Disziplinen an.
- wenden die fachlichen Grundlagen an und analysieren deren Relevanz für den Polizeiberuf.
- begründen polizeiliche Standardmaßnahmen in den Aufgabenfeldern Gefahrenabwehr/Einsatzbewältigung, Kriminalitätsbekämpfung und Verkehrssicherheitsarbeit in taktischer und rechtlicher Hinsicht und führen diese angeleitet durch.
- verstehen die Bedeutung der Menschenrechte für die Legitimation einer rechtsstaatlichen Polizei.
- Differenzieren gegensätzliche Meinungen und Interessen – auch unter Berücksichtigung verschiedener kultureller Prägungen.
- Reflektieren das eigene Handeln und richten es an rechtsstaatlichen Maßstäben aus."[2]

5 Diese Richtziele für das Grundstudium werden in den einzelnen Modulen weiter differenziert und den Fachdisziplinen zugeordnet. Die kriminalwissenschaftlichen Inhalte sind innerhalb des Modules „Grundstudium 5" zu vermitteln.

§ 3 GS 5 – Kriminalitätskontrolle

6 Das gesamte Modul 5 ist den Grundlagen der Kriminalitätskontrolle und damit den Kriminalwissenschaften gewidmet:

„Die Studierenden interpretieren die grundlegende Struktur der Kriminalwissenschaften. Sie wenden kriminalwissenschaftliches Grundlagenwissen und methodische Arbeits- und Analysetechniken an.

Die Studierenden bewerten polizeiliche Sachverhalte hinsichtlich ihrer Anzeigeerfordernisse. Sie entwickeln Handlungskonzepte zur qualifizierten Sicherung von Tatorten.

GS 5.1 Grundlagen der Kriminalistik

GS 5.2 Grundlagen der Kriminaltechnik

GS 5.3 Sicherungsangriff und Anzeigenaufnahme"[3]

---

2 (*FB Polizei NRW*, 2016), S. 1.
3 (*FB Polizei NRW*, 2016), S. 27.

2. Abschnitt. Grundlagen der Kriminalistik (GS 5.1)

§ 4 Kompetenzziele des Teilmoduls GS 5.1

Die Studierenden sind in der Lage, 7

1. die Kriminalwissenschaften innerhalb der Studienfächer einzuordnen.
3. Aufbau und Organisation der Kriminalitätsbekämpfung zu erläutern.
4. zwischen der kriminalistischen Beweisführung im Ermittlungsverfahren und der späteren gerichtlichen Beweisführung eine Beziehung herzustellen.
5. die kriminalistische Verdachtslehre auf polizeilich relevante Sachverhalte anzuwenden.[1]

§ 5 Die Kriminalwissenschaften

Um die verschiedenen Kriminalwissenschaften zu verstehen und die Kriminalistik innerhalb dieses Bereiches einordnen zu können, sollten zunächst einige Begriffe erläutert werden, wobei vom weiter gefassten Begriff der Polizeiwissenschaften ausgegangen wird: 8

„Polizeiwissenschaft ist das Wissenschaftsgebiet, das die Polizei als Institution und ihr Verhalten sowie ihre Tätigkeit – wie sie ist, wie sie sein kann und soll und wie sie nicht sein darf – mit wissenschaftlichen Methoden theoretisch, empirisch und systematisch mit dem Ziel erforscht, die Polizei-Organisation sowie die Gesetzmäßigkeit und die Wirksamkeit polizeilicher Strategien dem gesellschaftlichen Wandel anzupassen".[2]

Deutlich wird, dass sich Polizeiwissenschaften mit **DER POLIZEI** beschäftigen. Erforscht wird, ob die polizeiliche Tätigkeit ihre Ziele erreicht, ob die Organisation der Polizei, ihre Dienststellen und Abläufe innerhalb der Arbeit die Zielerreichung fördern oder hemmen und was im Einzelfall getan werden kann, um Fehler und Probleme zu beseitigen.

Der Wissenschaftsgegenstand der Polizeiwissenschaften ist also die Polizei selbst.

Hingegen befassen sich die Kriminalwissenschaften mit dem Verbrechen.

Zunächst ist daher von folgender **Definition** auszugehen:

> Alle Wissenschaften, die sich primär mit Verbrechen befassen, werden als Kriminalwissenschaften bezeichnet.

[1] (*FB Polizei NRW*, 2016), S. 27.

[2] Ergibt sich aus Landtag NRW-Drs. 13/6258 DHPolG. Eine verbindliche Definition gibt es zur Zeit nicht.

9 Oder umgekehrt, was in diesem Falle ebenso gilt: Die Kriminalwissenschaften befassen sich mit Verbrechen.

Was aber „Verbrechen" ist und wie dieser Begriff definiert wird, ist von Wissenschaft zu Wissenschaft durchaus unterschiedlich (→ Rn. 21 f.).

Definition: Unter Kriminalpolitik ist die Gesamtheit aller staatlichen Maßnahmen zu verstehen, die zum Schutz der Gesellschaft und des einzelnen Bürgers auf Verhütung und Bekämpfung von Kriminalität gerichtet sind.[3]

Beide Wissenschaftsbereiche – Polizei- und Kriminalwissenschaften – haben gleichsam als gemeinsame Klammer die Kriminalpolitik.

10 Politische Entscheidungen werden aufgrund der in den Wissenschaften gemachten Erkenntnisse vorbereitet und getroffen. Damit sind sowohl Gesetzgebungsverfahren als auch interne Regelungen, so zB Dienstanweisungen, Polizeidienstvorschriften, Erlasse und nicht zuletzt Fragen der inneren Organisation usw abhängig von einer fundierten Beratung seitens der Polizei- und Kriminalwissenschaftler. Hierzu gibt es aus der Vergangenheit einige Beispiele. Die immer wiederkehrende Diskussion über den Umgang mit Betäubungsmittelstrafrecht zeigt dies deutlich, ebenso so manche Gesetzesänderung der letzten Dekaden, die gesellschaftliche Veränderungen widerspiegeln.[4]

Zur Verdeutlichung der Zusammenhänge:

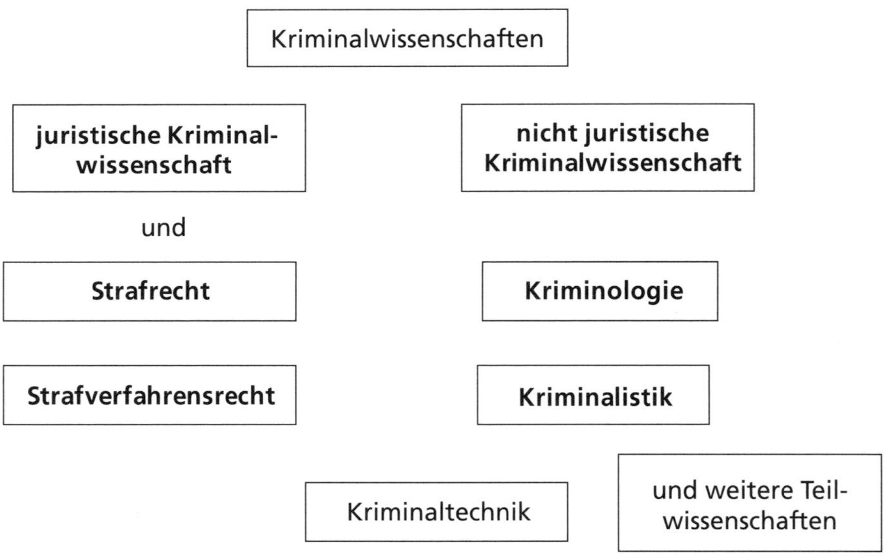

Abb. 1: Übersicht über die Kriminalwissenschaften

[3] S. hierzu Abschaffung des § 175 StGB, Anpassung des § 177 StGB, Einführung des § 238 StGB und vieles mehr.

[4] S. hierzu Abschaffung des § 175 StGB, Anpassung des § 177 StGB, Einführung des § 238 StGB und vieles mehr.

§ 6 Die Kriminologie

A. Definition

Die Kriminologie ist eine interdisziplinäre Wissenschaft. Das bedeutet, dass sie sich die Erkenntnisse verschiedenster Bezugswissenschaften zu eigen macht. An dieser Stelle sollen die verschiedenen Definitionen nicht gegeneinander gestellt und abgegrenzt werden; im Hauptstudium 1 ist einer der Studienschwerpunkte die Kriminologie, weshalb die Inhalte dort ausführlicher dargestellt werden.[5] 11

Um die Abgrenzung zur Kriminalistik verstehen zu können, soll lediglich **eine** gängige und aktuelle Variante von **Definitionen** vorgestellt werden:

> Unter Kriminologie ist der interdisziplinäre Forschungsbereich zu verstehen, der sich auf alle empirischen Wissenschaften bezieht, die zum Ziel haben, den Umfang der Kriminalität zu ermitteln und Erfahrungen
>
> - über die Erscheinungsformen und Ursachen der Kriminalität,
> - über Täter und Opfer sowie
> - über die Kontrolle der sozialen Auffälligkeiten einschließlich der Behandlungsmöglichkeiten von Straftätern und der Wirkung der Strafe (bzw. Maßregel)
>
> zu sammeln.[6]

Die Definition zeigt das Bemühen, die verschiedenen oben erörterten Strömungen der Kriminologie zu vereinen und führt gleichzeitig in die verschiedenen kriminologischen Teildisziplinen. 12

B. Teilwissenschaften der Kriminologie

Wie auch die Kriminalistik wird die Kriminologie ihren diversen Bezugswissenschaften dadurch gerecht, dass sie ein- und denselben Lebenssachverhalt aus den verschiedenen Blickrichtungen beleuchtet: 13

---

[5] Definitionen von *Schneider, Göppinger, Sack* und anderen: Kriminalwissenschaften im Hauptstudium, s. hierzu *Pientka* (2014), Kriminalwissenschaften II.

[6] (*Schwind*, 2011), § 1 Rn. 16, 8.

Kriminalphänomenologie	Lehre von den Erscheinungsformen des Verbrechens
Kriminalätiologie	Lehre von den Ursachen des Verbrechens
Kriminalstatistik	Lehre von der Verbreitung/statistischen Erfassung
Viktimologie	Lehre vom Opfer und der Wirkung seines Verhaltens
Kriminalpsychologie	Psychologie des Täters
Kriminalpsychiatrie	Forensische Psychiatrie – Behandlung des Täters
Instanzenforschung	Aufbau, Wirkung und Arbeit von Institutionen der Verbrechensbekämpfung
Poenologie	Lehre von den Strafen, deren Art und Wirkung
Kriminalgeographie	Lehre von den Einflussfaktoren der Geographie auf Kriminalität

Abb. 2: Teilwissenschaften der Kriminologie

§ 7 Die Kriminalistik

A. Definition

14 Eine aktuell gebräuchliche und einheitliche Definition für Kriminalistik gibt es nicht. Hingegen gibt es diverse ganz unterschiedliche Definitionsversuche, die sich je nach Herkunft des Nutzers in verschiedenen Schwerpunkten ausdrücken.

15 Im Duden findet man die folgende Aussage:

„Kriminalistik, Substantiv, feminin

(als Teilbereich der Kriminologie) Wissenschaft, Lehre von der Aufklärung und Verhinderung von Verbrechen“[7]

---

[7] Duden.

Diese Definition suggeriert, dass Kriminalistik keine eigenständige Wissenschaft sei, sondern vielmehr der Kriminologie unterzuordnen. Dieser Irrtum mag durch die Gemeinsamkeiten beider Wissenschaften entstehen, die sich teils mit derselben Fragestellung befassen (s. hierzu auch § 9). Jedoch legen sie jeweils eigenständige Maßstäbe an und stellen jeweils ganz individuelle Überlegungen an, sind also sehr wohl voneinander zu trennen.

Hingegen sind andere Definitionsversuche durchaus umfassender: 16

„Lehre von der Strategie und dem richtigen operativen, taktischen und technischen Vorgehen bei der Verbrechensverhütung und -aufklärung bezogen auf Tat oder Täter (Mikroebene) oder gesellschaftliche Phänomene/Täterkategorien Makroebene."[8]

Diese Definition ist ein Versuch, alle Ebenen der Verbrechensbekämpfung ebenso einzubeziehen wie die verschiedenen Dimensionen von Verbrechen und die unterschiedlichen polizeilichen Tätigkeiten.

Durch den Strategiebegriff innerhalb der Definition wird deutlich, dass es sich bei der Kriminalistik nicht um eine reine Hilfsdisziplin handelt, die lediglich kurzfristige Interventionen und Ermittlungsansätze beinhaltet, sondern dass sie ein planerisches Element enthält, das der Forschung zugänglich ist.

Definition: Kriminalistik ist ein wissenschaftliches, theoretisch begründetes, durch praktische Erfahrungen gestütztes sowie eng mit den Strafrechtswissenschaften verbundenes Fachgebiet, das sich mit den Mitteln, Methoden und Verfahren zur Aufdeckung, Untersuchung und Vorbeugung von Straftaten sowie kriminalistisch-relevanten Sachverhalten befasst.

Im Gegensatz zu den vorstehenden Definitionen beinhaltet dieser Erklärungsansatz auch wesentliche Hinweise auf die kriminalistische Methodik und die Frage, wie diese Wissenschaft arbeitet. Der strategische Ansatz und die Makroebene können durchaus innerhalb der Formulierung „kriminalistisch relevante Sachverhalte" gesehen werden. 17

Eine weitere, ebenfalls gebräuchliche Definition finden *Berthel/Schröder* (2006):

Definition: Kriminalistik befasst sich mit der Aufdeckung und Untersuchung von Straftaten, der Suche, Sicherung und Auswertung von Beweismitteln sowie der Prävention von Kriminalität.

Auch hier wird, trotz aller Knappheit, die Sicht auf die einzelne Tat mit dem Bemühen ihrer Aufklärung ebenso deutlich wie der strategische Aspekt und die Sicht auf gesamte Phänomene.

Dies ist nur dann möglich, macht man sich die Methoden strukturiert zu Nutze, die die verschiedenen Bezugs- und Teilwissenschaften anbieten.[9] 18

---

[8] *Deutsche Hochschule der Polizei (DHPol).*

[9] Hierzu stellen *Walder/Hansjakob* fest: „In vielen Menschen steckt ein Detektiv … **Kriminalist** wird ein Detektiv aber erst dann, wenn er diese Arbeiten methodisch und im Dienste der Strafrechtspflege betreibt …" (*Walder/Hansjakob*, 2016), S. 2.

Es lässt sich daher festhalten:

> Kriminalistik ist eine Wissenschaft, die
> - sich mit einzelnen Taten befasst und deren Aufklärungsmöglichkeiten betrachtet,
> - ebenso Tatkomplexe und Phänomene und deren Verhütung betrachtet,
> - Beweislehre im Gesamten im Blickfeld hat,
> - Erkenntnisse anderer Wissenschaften einbezieht und nutzt
> - und sich aus mehreren Teilwissenschaften zusammensetzt.
>
> Ihr Ziel ist es, die Beweisfindung, Beweissicherung und Beweisführung zu systematisieren und Straftaten zu erforschen und zu verhüten.

19 B. Teilwissenschaften der Kriminalistik

Kriminalmedizin	befasst sich mit allgemeinen medizinischen Inhalten; dabei richtet sie sich sowohl auf Fragen allgemeiner Art als auch auf solche zu konkreten Taten und Tatabläufen, wobei es sich hier um den Bereich der forensischen Medizin[10] handelt.
Kriminalpsychologie	befasst sich mit psychologischen Fragestellungen innerhalb kriminalistischer Fragen, so zB Fragen der Gestaltung und Durchführung von Vernehmungen, dem Verhalten von Personen im Verfahren, der Stützung von Täterermittlungen, Umgang mit Zeugen usw.
Kriminallogistik	befasst sich mit der Auswahl und dem Einsatz notwendiger Führungs- und Einsatzmittel. Je nach Umfang, Art und Lage des Ereignisortes sind unterschiedliche Ausrüstungsgegenstände und Materialien für die kriminalistische Arbeit vorzuhalten. Die jeweils korrekte Entscheidung dazu zu treffen, ist Inhalt dieses Bereiches.

[10] Die Forensische Medizin stellt einen der Hauptbereiche der Rechtsmedizin dar. Bei unklaren Todesfällen, hauptsächlich bei unklarer Todesart, liefert die Rechtsmedizin zur Einordnung der Todesart (ob es sich um einen natürlichen Tod oder um einen auf äußere Einwirkung zurückzuführender Tod = nicht natürlicher Tod handelt oder ob die Todesart unklar ist) durch die Leichenöffnung die entscheidenden Beweise, aus: (*Ernst-Moritz-Arndt-Universität Greifswald*).

Kriminalstrategie ist eine auf mittel- bis langfristige Wirkung angelegte Planungs- und Konzeptarbeit zur Verhütung und Verfolgung von Deliktsarten mit regionaler oder auch überregionaler Bedeutung, daher ist Kriminalstrategie eher auf Phänomene und Makroebene ausgerichtet als auf Einzeldelikte und Mikroebene.

Kriminaltaktik hingegen befasst sich mit der Frage, wie in konkreten Einzelfällen ermittelt und vorgegangen werden kann. In diesem Bereich überwiegen also eher kurz- bis maximal mittelfristige Ansätze, und es liegt eher ein Bezug zur regional eingegrenzten Mikroebene vor.

Kriminaldienstkunde ist ein (veralteter) Begriff für diejenigen Inhalte, die sich mit der Frage der korrekten Auswahl von Formularen, der Gültigkeit kriminalistischer Erlasse und Richtlinien befassen. In Zeiten der Digitalisierung der Daten, der damit verbundenen Menüsteuerung und automatisierten Auswahl von Vordrucken und der Schaffung des Intranets gerät diese Teildisziplin allerdings mehr und mehr in den Hintergrund.

Kriminaltechnik ist der Bereich der Kriminalistik, der sich mit den technischen und naturwissenschaftlichen Möglichkeiten der kriminalistischen Arbeit befassen. Der Umfang dieser Teildisziplin und ihre Bedeutung für die Gesamtwissenschaft steigen parallel zur technischen Entwicklung und dem Zugewinn naturwissenschaftlich-technischer Forschungserkenntnisse. Hier bestimmt der Innovationszyklus den kriminalistischen Fortschritt (s. hierzu auch die Ausführungen zur historischen Entwicklung).

Kriminalprävention ist die sog. „Königsaufgabe“ aller polizeilichen (und damit auch kriminalpolizeilichen) Arbeit. Die Frage, wie und mit welchen geeigneten Maßnahmen Straftaten insgesamt, als besondere Phänomene oder als Einzeltat verhindert werden könnten, muss den größten Raum einnehmen. Hier werden viele Berührungspunkte zur Kriminologie entstehen, aber auch wesentliche Unterschiede. Die Prävention im kriminalistischen Sinne befasst sich ausschließlich mit polizeilichen und kriminalpolizeilichen Maßnahmen zur Verhütung, wohingegen kriminologische Konzepte darüber hinausgehen.

Abb. 3: Teilwissenschaften der Kriminalistik

20 Um die Unterschiede zwischen kriminologischen und kriminalistischen Fragestellungen zu erläutern, beziehen wir die Teildisziplinen auf einen Lebenssachverhalt:

> **Beispiel:** Freitagabend, gegen 21.00 Uhr, treffen in der Innenstadt zwei rivalisierende Jugendgruppen aufeinander. Es kommt zum „show-down". Man geht mit Fäusten und Schlagringen aufeinander los. Am Ende gibt es einen Schwerverletzten, dem man auch seine gesamte Habe weggenommen hat; smartphone, Geld und Markenjacke fehlen.

Wissenschaft	Teildisziplin	Fragestellung (Beispiele)
Kriminologie	Phänomenologie	Welche Art eines Deliktes liegt hier vor? Handelt es sich um ein bestimmtes Phänomen? Gehört es zu Jugendkriminalität, Straßenkriminalität?
	Ätiologie	Warum machen Jugendliche so etwas? Welche Bedingungen spielen in solchen Begegnungen eine Rolle?
	Statistik	Wie häufig passieren solche Taten? Wie alt ist der durchschnittliche Täter, wie alt das durchschnittliche Opfer? Kannten sich Täter und Opfer vor der Tat?
	Viktimologie	Wie haben sich die Opfer verhalten? Haben sie damit die Tat begünstigt?
	Psychologie	Was denkt der Täter während der Tat, was empfindet er? Fühlt er mit dem Opfer mit? Kann er sich in die Gefühlswelt der Opfer hineinversetzen? Was hindert ihn daran, dies zu tun?
	Psychiatrie	Welche Möglichkeiten gibt es, dem Täter die notwendige Empathie zu vermitteln? Handelt es sich um einen Täter, der auf Dauer gefährlich ist? Wie kann ein Jugendlicher, der eine solche Tat begeht, „gebessert" werden?
	Instanzenforschung	Wie geht die Polizei mit den Jugendlichen um? Wie empfindet das Opfer die Maßnahmen der Polizei? Wie geht man mit ihm um, da man weiß, dass es andererseits auch Täter ist? Wie sollte die Sachbearbeitung erfolgen? Benötigt man eine Spezialdienststelle?
	Poenologie	Was passiert mit dem Täter, wenn man ihn ermittelt? Wie lange dauert es, bis er vor Gericht erscheinen muss? Welche Strafen drohen ihm, welche erscheinen sinnvoll, welche nicht?

Wissenschaft	Teildisziplin	Fragestellung (Beispiele)
	Kriminal-geographie	Kann man diesen Platz, der der Tatort war, durch bauliche Maßnahmen sicherer machen? Wo wohnen die Täter, in der Nähe? Wie wohnen sie?
	Krimina-prävention	Wie kann man das Verhalten von Jugendlichen so beeinflussen, dass sie weder Täter noch Opfer werden? Wie kann man den Platz in der Innenstadt verändern, sodass man hier nicht mehr unbeobachtet aufeinandertreffen kann? Wie kann man auf die Gesellschaft einwirken, damit Passanten reagieren? Wer ist außer der Polizei in diese Maßnahmen einzubeziehen, mit wem können wir zusammenarbeiten?
Kriminalistik	Kriminal-medizin	Welche Verletzungen hat das Opfer davon getragen? Welcher Arzt bescheinigt sie? Wie bekommen wir das Attest?
	Kriminal-psychologie	Wie und wann befragen wir das Opfer? Wann ist es in der Lage, die Belehrung zu verstehen? Wie und wann befragen wir den Täter? Welche geistige Reife bringen beide mit?
	Kriminal-logistik	Welche Einsatzmittel benötigen wir am Tatort? Ist der Platz ausreichend ausgeleuchtet für eine Spurensicherung?
	Kriminal-strategie	Müssen wir diesen Platz als kriminogenen Ort ansehen und mit weiteren Taten rechnen? Wie können wir Konzepte dagegen entwickeln?
	Kriminaltaktik	Wen vernehmen wir zuerst, Täter oder Opfer? Welche Spuren sichern wir in welcher Reihenfolge? Fahren wir mit Blaulicht und Signal zum Tatort, oder ist die Stille taktisch klüger?
	Kriminal-dienstkunde	Welche Formulare müssen wir ausfüllen? Reicht die Strafanzeige, oder benötigen wir Strafanträge? Was wird sichergestellt/beschlagnahmt, und nach welchen Vorschriften, was also müssen wir an Belegen ausfüllen und aushändigen? Wen müssen wir in Kenntnis setzen?

Wissenschaft	Teildisziplin	Fragestellung (Beispiele)
	Kriminal-technik	Welche Spuren sind zu sichern? Wie sichern wir die? Wer ist für deren Auswertung zuständig? Welche Untersuchungsanträge sind zu schreiben?
	Kriminal-prävention	Welche Maßnahmen können wir als Polizei selbst treffen, um künftige Taten zu verhindern? Reicht es, wenn wir hier vermehrt Streife fahren?

Abb. 4: Zuordnung und Inhalte der Teilwissenschaften

§ 8 Der Verbrechensbegriff

A. Natürlicher Verbrechensbegriff

21 Der natürliche Verbrechensbegriff bezeichnet diejenigen Taten, die „aus der Natur heraus" als verwerflich angesehen werden. Es handelt sich vornehmlich um diejenigen Delikte, die quasi aus sich heraus strafbar sind und in allen Kulturen und zu allen Zeiten gesühnt werden müssen (sog. delicta mala per se[11]), wenngleich sich die Art der Strafen und deren Findung unterscheiden.

Dies ist also derjenige Verbrechensbegriff, der einerseits sehr weit gefasst ist (weiter als der formelle Begriff), aber andererseits geringere Verstöße nicht umfasst (im Gegensatz zum kriminologischen Begriff). Ob es sich bei geringen Verstößen um ahndungs- und verfolgungswerte Taten handelt oder nicht, liegt im Ermessen und in der Definitionsmacht der jeweiligen Gesellschaft und des Zeitgeistes.

B. Strafrechtlicher Verbrechensbegriff

22 § 12 StGB teilt begangene rechtswidrige Taten in Vergehens- und Verbrechenstatbestände ein, dies ist eine sog. Legaldefinition. Man spricht vom **„formellen Verbrechensbegriff"**.[12]

Um Verbrechen handelt es sich demnach immer dann, wenn die mögliche **Mindest**strafe für eine Tat bei einem Jahr oder mehr liegt. Alle anderen möglichen Mindeststrafen (also zB die Formulierung „von 6 Monaten bis zu 5 Jahren") oder eine mögliche Geldstrafe deuten also darauf hin, dass es sich bei der vorliegenden Tat, die eine Norm im StGB oder einem Nebengesetz[13] verletzt, um ein Vergehen handelt.[14]

---

[11] Der Begriff geht zurück auf *Raffaele Garofalo* (1851–1934).

[12] S. *Nolden/Palkovits/Dittert/Pichocki* (2015): Grundstudium Strafrecht.

[13] ZB Betäubungsmittelgesetz – BtmG, Waffengesetz – WaffG, Abgabenordnung – AO und vieles mehr.

[14] Eine weitere Form ist die Ordnungswidrigkeit, deren Verfolgung und Ahndung unter anderem im Ordnungswidrigkeitengesetz – OwiG geregelt ist.

Damit wird deutlich, dass die Gesetzgebung bestimmt, welche Taten genau diesem formellen Verbrechensbegriff zuzuordnen sind; das kann in unterschiedlichen Ländern durch unterschiedliche Gesetzgebung auch verschieden sein. Ebenso wird bestimmt, ob Delikte aus der hohen Strafandrohung herausgenommen und mit geringerer Strafe bedroht werden, also vom Verbrechen zum Vergehen werden (sog. Entkriminalisierung), oder ob sie gar ganz erlaubt werden, also auf eine Strafbarkeit verzichtet wird (sog. Legalisierung).[15] Damit unterliegt der juristische formelle Verbrechensbegriff ebenso wie der natürliche Begriff immer auch den gesellschaftlichen, politischen Gegebenheiten und dem Wandel der Zeit. 23

Dessen ungeachtet ist die Kenntnis der angedrohten Strafe im Einzelfall von besonderer Bedeutung, da in der Kriminalitätsbekämpfung an verschiedenen Stellen Entscheidungen von der Frage abhängen, ob es sich hier um ein Verbrechen oder ein Vergehen handelt: 24

- dort, wo über eine eventuelle Strafbarkeit eines Versuchs zu entscheiden ist;[16]
- dort, wo es um die Frage der Zuständigkeiten in der Verfolgung der Tat geht;[17]
- dort, wo es um die Frage der Zulässigkeit mancher Maßnahmen geht, insbesondere in der Prüfung der Verhältnismäßigkeit;[18]
- dort, wo es um bestimmte Meldepflichten geht.[19]

C. Kriminalistischer Verbrechensbegriff

In der Kriminalistik geht der Begriff des Verbrechens weiter als im Strafrecht. Man spricht hier vom sog. materiellen Verbrechensbegriff. Er beinhaltet jeden Verstoß gegen eine Rechtsnorm ungeachtet der angedrohten Mindeststrafe. Damit ist im kriminalistischen Sinne im Grunde auch die Ordnungswidrigkeit ein „Verbrechen", und der Begriff wird allumfassend verwendet. 25

Clages/Ackermann (2017) stellt dazu fest: 26

„*... Der* kriminalistische Verbrechensbegriff *orientiert sich am Kriminalstrafrecht allgemein. Der* kriminalistische Verbrechensbegriff *umfasst somit alle mit einer Kriminalstrafe bedrohten rechtswidrigen Taten, also Verbrechen und Vergehen ...*"[20]

Wesentlich ist diese Unterscheidung zB

- dort, wo über die Art und den Umfang der Verfahrensführung zu entscheiden ist;
- dort, wo über Zuständigkeiten zu entscheiden ist.

---

[15] Solche Vorgehensweisen gab es zB im Zusammenhang mit § 175 StGB, der bis zum Jahre 1994 (abgeschafft im Zuge der Rechtsangleichung nach der Wiedervereinigung) sexuelle Kontakte unter Personen gleichen Geschlechts unter Strafe stellte.

[16] Der Versuch des Verbrechens ist immer strafbar, der eines Vergehens nur dann, wenn es im Gesetz steht; vgl. § 23 StGB.

[17] 3. Abschnitt und Fachliteratur Eingriffsrecht.

[18] S. hierzu Fachliteratur zum Eingriffsrecht.

[19] S. hierzu *Pientka* (2014): Kriminalwissenschaften II.

[20] (*Clages/Ackermann*, 2017).

D. Kriminologischer Verbrechensbegriff

27 Noch weiter ist die Definition in der Kriminologie zu fassen. Dennoch schreibt *Schneider: Der Begriff „Verbrechen" ist kriminologisch eine unerträgliche Abstraktion …"*[21] Da die Kriminologie eine Wissenschaft ist, die sich in vielen Bezugswissenschaften „bedient", sieht sie auch ihren Wissenschaftsgegenstand je nach Herkunft unterschiedlich:

28 Die soziologische Ausrichtung definiert das „Verbrechen" als **Verhalten, das sozialschädlich wirkt**, also die Gemeinschaft in einer Weise beeinträchtigt, die nicht hingenommen werden kann.

Korrekt wäre demnach ein Verhalten, das sozialadäquat ist, nicht korrekt hingegen dasjenige, das sozial abweichend ist.

Bereits hier wird deutlich, dass dieser Verbrechensbegriff derjenige ist, der am weitesten gefasst wird und ungeachtet der engeren Definition, die – wie oben festgestellt – zeitlichem Wandel unterliegt, seine Gültigkeit nicht verliert.

„Die Betrachtung des Delinquenzbegriffes im engeren Sinne (Anm. des Verf.: im kriminologischen Sinn) wird zusätzlich erweitert durch die Einbeziehung des verbrechensfördernden Vor- und Umfeldes."[22]

29 Damit ist dieser Begriff auch derjenige, der herangezogen wird,
- dort, wo über die Frage der Ursachen diskutiert wird;
- dort, wo über die Frage der Wirksamkeit von Vorbeugungs- und Bekämpfungsmaßnahmen diskutiert wird;
- dort, wo über die Wirkung von Strafen diskutiert und entschieden wird;
- dort, wo die Bedingungsfelder, die ein Verbrechen im kriminologischen Sinne fördern oder hemmen, geforscht wird.

Auf diese Weise ist auch dieser weit gehende Verbrechensbegriff derjenige, der in der Forschung und damit auch im Studium als allgemein bedeutsam bewertet wird.

§ 9 Die Verflechtung der Kriminalwissenschaften

A. Bezüge und Wechselwirkungen der nicht juristischen Kriminalwissenschaften

30 Der Abgrenzung der Kriminalistik und Kriminologie voneinander nähert man sich sinnvoll zunächst über die bestehenden Gemeinsamkeiten:

Beide Wissenschaften befassen sich, wie bereits unter Rn. 8 f. erörtert, mit dem Verbrechen. So haben sie auch beide Ihren Namen aus demselben Ursprung:

„crimen" – lat. – das Verbrechen,
„istik" – aus dem Griechischen – etwa wie „wissenschaftliche Vorgehensweise",
„logos" – griech. – die Lehre, die Wissenschaft

[21] (*Schneider*, 1982), S. 4.
[22] (*Breuer*, 1998), S. 32.

Damit erschließt sich bereits, dass beide Fachdisziplinen Wissenschaften sind, deren Zielrichtung sich jedoch teils unterscheidet, teils aber auch überlappt.

Zugleich haben beide als Inhalt sowohl den Blick auf das Einzelne, also die einzelne Tat, das einzelne Verbrechen (sog. Mikroebene), als auch den Blick auf das Allgemeine, also auf Phänomene und Grundsatzfragen (sog. Makroebene). 31

Innerhalb der kriminalistischen Betrachtung einer Tat oder eines Phänomens werden also auch immer wieder kriminologische Aspekte eine wesentliche Rolle spielen und umgekehrt. Ebenso gibt es in den Methoden beider Wissenschaften Überschneidungen, die dazu führen, dass derselbe Inhalt mit der gleichen Fragestellung in beiden Disziplinen zu betrachten ist. Die daraus zu ziehende Konsequenz kann jedoch durchaus in unterschiedliche Ergebnisse fließen.

B. Bezüge und Wechselwirkungen mit anderen Fachdisziplinen

Innerhalb des Studiums wird die Verzahnung der nicht juristischen und der juristischen Kriminalwissenschaften an jeweils denjenigen Positionen deutlich, wo unterschiedliche Lebenssachverhalte interdisziplinär betrachtet werden. 32

Ein und derselbe Sachverhalt kann sowohl eine strafrechtliche Bewertung erfordern als auch eine kriminalistische oder kriminologische Interpretation. Wie jede Situation des menschlichen Lebens auch, so sind auch die im Studium angebotenen Fälle komplexer Natur. In der Realität spielt sich in der Gedankenwelt eines einschreitenden Polizeibeamten zeitgleich eine Vielzahl von Überlegungen ab, die aus allen Fachdisziplinen bedient werden könnten. Sie münden sodann in seine Entscheidung über das Einschreiten.

In der Theorie, also im Studium, müssen dieselben Fragen nacheinander betrachtet werden, dazu werden sie den unterschiedlichen Fachdisziplinen zugeordnet. Dazu ein **Beispiel**: 33

Beispiel: Der Kioskbesitzer K ruft die Polizei und berichtet, er sei von einem jungen Mann attackiert worden, der Geld von ihm gefordert habe. Der sei nun mit 45 einzelnen 5-EUR-Scheinen weggelaufen, dabei habe er sich an einem Draht an der Tür am rechten Arm verletzt. Bestimmt blute er, denn es gebe Tropfen auf dem Boden.

K gibt eine gute Personenbeschreibung ab, aufgrund derer Sie in unmittelbarer Nähe des Tatortes eine männliche Person antreffen, die am rechten Arm eine tiefe Wunde hat und blutet.

Überlegung in der Praxis	Abbild in der Theorie
„Der junge Mann da vorne passt auf die Beschreibung, den halte ich an! Kann ich hier halten, oder fahre ich besser noch was vor?“	Inhalte einer Tatortbereichsfahndung (Kriminalistik) Identitätsfeststellung (Eingriffsrecht, Staats- und Verfassungsrecht) Verkehrsrecht Einsatzlehre

Überlegung in der Praxis	Abbild in der Theorie
„Wie sieht denn diese Verletzung aus, muss der ins Krankenhaus? Wo sind meine Handschuhe? Blutet ja gar nicht so schlimm, aber ich rufe trotzdem lieber den Rettungsdienst."	Erste Hilfe Einsatzlehre Psychologie Transport ins Krankenhaus? (Kriminalistik) Begleitung? (Kriminalistik, Einsatzlehre)
„Das passt alles zusammen, ob der auch das Geld dabei hat? Da gucke ich nach. Der scheint ja ganz friedlich, hoffentlich bleibt das so."	Durchsuchung (Eingriffsrecht, Staats- und Verfassungsrecht, Einsatzlehre, Kriminalistik inkl. Kriminaltechnik) Eigensicherung (Einsatzlehre) Vernehmung und Belehrung (Kriminalistik, Eingriffsrecht)
„Der macht auch sonst einen ganz friedlichen Eindruck. Wieso macht einer so was? Ob der Geld für 'ne Sucht oder so braucht?"	Ursachen/Theorien (Kriminologie) Psychologie Soziologie
„Das Geld scheint wirklich zu passen, so viele 5 EUR-Scheine. Die sollte ich mitnehmen, und den Jungen auch. Vielleicht ist der abhängig von irgendwas."	Sicherstellung/Beschlagnahme (Eingriffsrecht, Staats- und Verfassungsrecht) Durchführung der Sicherstellung/ Beschlagnahme (Kriminalistik inkl. Kriminaltechnik) Vorläufige Festnahme (Eingriffsrecht, Staats- und Verfassungsrecht) Schuldfähigkeit (Strafrecht)
etc	

Abb. 5: Zuweisung von Fachdisziplinen

34 Das Beispiel zeigt die Zusammenhänge der „Fächer": ein und dieselbe Entscheidung wird beeinflusst durch Erkenntnisse ganz unterschiedlicher Disziplinen und Wissenschaften, die sich jedoch gegenseitig bedingen, fördern oder hemmen können. Damit ist auch die Notwendigkeit deutlich, ein Denken „in Schubladen" möglichst zu vermeiden und Fragen aus verschiedenen Positionen zu beleuchten.

Optimal ist das Ergebnis dann, wenn es gelingt, die Inhalte des Studiums aus den unterschiedlichen Fachdisziplinen zu vereinen und wie im vorstehenden Beispiel zusammen zu führen.

Exkurs Die Entwicklung der Kriminalwissenschaften 35

Im Rahmen der Studiengangsreform 2016 wurden diejenigen Lehr- und Lerninhalte, die sich mit geschichtlichen Entwicklungen der Kriminalwissenschaften befassten, aus dem Angebot für die Präsenzlehre genommen bzw. in andere Bereiche verschoben (so zB die Entwicklung der Polizei – Kap. II – in die Angebote in Politikwissenschaften).

Dennoch sind die in der Historie bearbeiteten Fragestellungen aus Kriminalistik und Kriminologie aus der gegenwärtigen Wissenschaft nicht wegzudenken. Da sie nicht Bestandteil von Prüfungen im Studiengang sind, sind sie als Ziele nicht gesondert ausgeworfen worden.

Ihre Darstellung soll hier dennoch angeboten werden, allein um darzustellen, wie sich die Wissenschaften über die Jahre verändert hat und welche Ursprünge und Grundlagen zur heutigen kriminalistischen Arbeit geführt haben. So ist auch unbestritten, dass ohne Kenntnis einiger großer Namen im kriminalwissenschaftlichen Bereich zwar durchaus tägliche Sachbearbeitung erfolgen kann, eine fundierte kriminalistische und kriminologische Bildung aber nicht ohne diese Kenntnisse auskommen kann.

A. Entwicklung der Kriminologie im Überblick

Die Überlegungen, was Verbrechen ist, wie man ihm begegnen kann und wie man sich mit ihm befassen sollte, sind so alt wie das Verbrechen selbst. 36

Die systematische Befassung mit dem Verbrechen, seinen Ursachen und Erscheinungsformen aber datiert weniger weit zurück. Im Laufe der Jahre begann man, sich mit der Struktur des Verbrechens und seinen verschiedenen Komponenten und Ursachen zu beschäftigen und diese jeweils aus Sicht der eigenen Wissenschaft zu erforschen.

Während die Kriminologie bis etwa zur Jahrtausendwende die Ursprünge ihrer Wissenschaft in einigen Forschungsinhalten, bei Mathematikern, Strafrechtlern, Statistikern und Psychologen sah, geht die „moderne" Kriminologie davon aus, dass zwei Strömungen innerhalb der Gesellschaften parallel zueinander die wissenschaftliche Verbrechensbetrachtung vorantrieben: 37

1. Die Erforschung von Ursachen des Verbrechens, wie sie von jeher durch die bereits genannten Wissenschaftler betrieben wurde (sog. Lombrosianische Bewegung oder Lombrosianisches Projekt, Vertreten zB durch den Namensgeber *Lombroso, Lacassagne, Beccaria, Guerry* und viele mehr, s. hierzu *Pientka* [2014]: Kriminalwissenschaften II).
2. Die Frage nach der Bearbeitung des Verbrechens und der Verbrecher, also der Frage kriminalpolizeilicher Zweckerfüllung und gerichtlicher Arbeit bis hin zur möglichen Täterbestrafung und deren Sinnhaftigkeit (sog. Regierungsprojekt, vertiefend dazu *Pientka* [2014]: Kriminalwissenschaften II).

Im Vordergrund stehen also je nach Ausrichtung folgende Fragen: 38

- Warum begeht ein Mensch eine Straftat?
- Welche Bedingungen hemmen, welche fördern?

- Wie begegnet die Gesellschaft dem Verbrechen, dem Täter?
- Wie gehen Polizei und Gerichte mit ihm um?
- Welche Wirkungen haben Polizeiarbeit, Gerichtsverfahren und mögliche Bestrafungen?
- Warum wird jemand Opfer einer Straftat?
- Und vieles mehr.

39 Entsprechend prägten sich auch verschiedene Forschungsrichtungen aus; während Vertreter der erstgenannten Ausrichtung sich mit Erklärungsansätzen und Modellen befassten und entsprechende Theorien entwickelten, bewegten sich die Vertreter der zweiten Kategorie eher in Fragestellungen zur Verbesserung von Strafverfolgungsorganen, Behördenorganisationen und ähnlichem, nicht ohne ausreichend zu kritisieren (so zB radikale oder kritische Kriminologie).

40 Entsprechend dem jeweiligen Zeitgeist und der jeweiligen kriminologischen Orientierung „probierten" Länder, Gemeinden, Polizeibehörden das eine oder andere Konzept aus. Beispiele hierzu aus jüngster Vergangenheit (Ende des vergangenen Jahrhunderts bis ca. 2002) sind die in New York aufgrund der „broken windows"-Theorie praktizierte „zero tolerance"-Strategie, die auch in anderen Ländern Anklang fand.[23]

B. Entwicklung der Kriminalistik im Überblick

41 Da sich Kriminalistik aus den genannten Teilwissenschaften zusammensetzt, ist sie auch abhängig von deren jeweiligen Entwicklungsständen. Allein die Kriminaltechnik hat in den letzten ca. 100 Jahren derart rasante Fortschritte gemacht, dass die Entwicklung der Gesamtwissenschaften in diesem Zeitraum nur schwer in aller Kürze skizziert werden kann.

Dennoch gibt es einige Meilensteine, die dem Kriminalisten wesentliche Erkenntnisse gebracht haben, die daher in der Historie zu betrachten sind:

42 Der Ursprung der kriminalistischen Wissenschaft ist kaum konkret zu bestimmen, die kriminalistischen Inhalte sind so alt wie die Menschheit. Immer schon wurde versucht, für abweichendes Verhalten, das andere Menschen schädigt und zu jeder Epoche der Menschheitsgeschichte existierte, die Verursacher zu finden. Die Methoden, die man dabei verwandte, sind jedoch starkem Wandel unterworfen.

Zunächst galt es, die Täterschaft eines Verdächtigen um jeden Preis zu beweisen. Dabei spielte es keine Rolle, wie ein vorliegendes Geständnis erlangt worden war. Folter gehörte zu den zulässigen Vernehmungsmethoden.

Eine freie Beweiswürdigung existierte nicht. Anklage und Rechtsprechung lagen in einer Hand, die Kirche war diejenige Institution, die klagte, verurteilte, strafte.[24] Wissenschaftliche Ordnungskriterien gab es kaum, das sog. Gottesurteil war maßgebend.

---

[23] Eingeführt durch Bürgermeister *Rudolph Giuliani*; eine kritische Bewertung und Diskussion in *Pientka* (2014): Kriminalwissenschaften II.

[24] Die 1532 von Kaiser *Karl V.* verkündete Constitutio Criminalis Carolina manifestierte dieses System als erstes deutsches Strafgesetzbuch, in dem wesentliche noch heute

Etwa zur Zeit der Aufklärung, in der der Mensch als selbstbestimmtes, verständiges Wesen angesehen wurde, wurde auch die „freie Willensbetätigung“ für abweichendes Verhalten als bewusste Entscheidung betrachtet. Der Mensch konnte sich entscheiden: will er sich angepasst verhalten oder nicht. Entschied er sich dagegen, so hatte er die Konsequenzen zu tragen. Hier war ein wesentlicher Wechsel in der Sichtweise gegeben. Fortan mussten die Ermittlungen dieser Grundaussage gerecht werden und sich auch auf Motive, Entscheidungskriterien usw beziehen; allein eine Schilderung der Tat durch mögliche Zeugen oder ein Geständnis waren nicht mehr ausreichend für eine Verurteilung. Man musste sich mit dem Täter befassen, seine Persönlichkeit und seine Schuld erforschen, die Tat rekonstruieren usw. Folter war keine geeignete Methode mehr und wurde zunächst auf bestimmte Einzelfälle beschränkt, sodann verboten. Der Richter entschied am Ende, allein seiner individuellen Überzeugung und Verantwortlichkeit unterworfen, über das Urteil. So war die freie Beweiswürdigung geboten. 43

Um diesem Anspruch gerecht zu werden, benötigte man eine strukturierte und systematisierte Anwendung von Erkenntnissen, um die Beweise würdigen zu können. Man entwickelte also eine methodische Vorgehensweise zur Beweiswürdigung, die „moderne“ Kriminalistik war geboren. 44

Einig ist sich die Fachwelt daher darüber, dass hier die wesentlichen Meilensteine der kriminalistischen Entwicklung liegen, die also mit den kriminalistischen Ermittlungsmethoden, insbesondere der Beweissicherung, eng verwurzelt sind. So kann man durchaus die beiden wesentlichen Stränge der Sicherung und Auswertung von Personal- und Sachbeweisen in ihrer Entwicklung betrachten und diese jeweils auf die Gesamtwissenschaft übertragen. Dort, wo Spurenauswertungen sich veränderten und weiter entwickelten, haben auch Vernehmungsinhalte sich verändert und entwickelt, ebenso haben sich daraus Auswirkungen auf die Strategie, die Logistik usw ergeben. Damit sind diese beiden Bereiche maßgeblich. Da Spurenauswertung Inhalt der Kriminaltechnik und damit der Kriminalistik ist, kann man also festhalten: 45

Die Entwicklung der Kriminaltechnik, Erkenntnisse zur Sicherung von Personalbeweisen und die Bindung an Recht und Gesetz haben die moderne Kriminalistik bestimmt.

Den Begriff „Kriminalistik“ prägte zuerst *Hans Groß*[25], der damit die Basis für die weitere Entwicklung der Wissenschaft schuf. *Groß* (1847–1915) war Jurist 46

gültige Grundlagen gelegt wurden (zB nulla poena sine lege – keine Strafe ohne Gesetz), das aber auch den Inquisitionsprozess einführte. Auch als „peinliche Halsgerichtsbarkeit“ bezeichnet. Erst Mitte des 18. Jahrhunderts wurde die Folter in Preußen abgeschafft.

[25] *Hans Groß* betrachtete die Kriminalistik als „strafrechtliche Hilfswissenschaft“ und sah ihren Wert insbesondere in der Auslegung und Publikation von Strukturen. So erläuterte er in einer seiner Veröffentlichungen die Zeichen der sog. Gaunerzinken (auch „Rotwelsch“) und sorgte so für ein Bekanntwerden der Zeichen, damit auch für eine Art von Prävention.

und Professor für Strafrecht. Er verfasste ein Lehrbuch für Juristen[26], in dem er insbesondere Richter ansprach und ihnen Ermittlungsmethoden an die Hand gab. 1912 wurde er zum Leiter des Institutes für Kriminologie in Graz bestellt, 1913 erschien erstmalig das „Handbuch der Kriminalistik", das bis zum heutigen Tage seinesgleichen sucht.[27] Darin finden sich die noch heute wesentlichen und grundlegenden Überlegungen zB zum modus operandi[28]. Er schuf durch seine Sammlung von Tatortfundstücken das erste und noch heute existierende „Hans Gross Kriminalmuseum", angesiedelt bei der Universität Graz.

Abb. 6: *Hans Groß*

47 Etwa zur gleichen Zeit arbeitete *Franz von Lizst* (1851–1919), ebenfalls Jurist, Strafrechtslehrer und Kriminalist, an seiner Straftheorie. Er betrachtete die Strafe und all ihre Bedingungen und Komponenten als wesentliches spezialpräventives Element. Er setzte sich daher über die bis hierher existierenden Grundgedanken der Sühne und Wiedergutmachung durch Strafe hinweg. Sein Bestreben war es, die Strafe als mögliche Besserung der Täterpersönlichkeit zu etablieren.[29] Sein besonderes Verdienst für die moderne Kriminalistik liegt somit in der Verknüpfung der verschiedenen Teilebenen, die die Betrachtung eines Rechtsbruchs mit sich bringt: Straf- und Strafprozessrecht, Kriminalsoziologie, Kriminalbiologie, Untersuchungskunde, Strafvollstreckung und Kriminalpolitik.

Gemeinsam mit weiteren Juristen[30] gründete er die Internationale Kriminalistische Vereinigung (IKV). Die deutsche Sektion aber überlebte im Gegensatz zur englischen und französischen Sektion den ersten Weltkrieg nicht. Zielrichtung der IKV sollte es sein, Strafrechtsreformen zu initiieren und umzusetzen, die den Grundgedanken von *Lizsts* gerecht wurden (zB Bewährungsstrafen, Maßregeln, klares Bekenntnis zu Resozialisierungsaspekten und die besondere Betrachtung jugendlicher Straftäter).

48 Obwohl die Kriminalistik auf diese Weise eine wissenschaftliche Einordnung erfuhr, war sie an deutschen Hochschulen nur bis zu einem gewissen Maß vertreten. Im Jahre 1920 erhält der studierte und promovierte Jurist *Hans Schneickert* (1876–1944) einen Lehrauftrag an der Universität zu Berlin. *Schneickert* trat in den Kriminaldienst ein und wurde (Kriminalrat und) Leiter des Erkennungs-

[26] 1893: Handbuch für Untersuchungsrichter als System der Kriminalistik, das später als „Handbuch der Kriminalistik. Wissenschaft und Praxis der Verbrechensbekämpfung" in zwei Bänden, zuletzt 1987, neu aufgelegt wurde.

[27] (*Wehner*, 1983), S. 33.

[28] Art und Weise der Tatbegehung.

[29] Folgerichtig arbeitete er an einer Klassifizierung der Täterpersönlichkeiten, einer Art Tätertypologie. S. hierzu auch unter dem Stichwort „Marburger Programm".

[30] *Adolphe Prins* (1845–1900), *Joost Adrian van Hamel* (1880–1964).

dienstes in Berlin. Seine Arbeitsschwerpunkte lagen in Fragen der Handschriftenerkennung und – wesentlich für die weitere Entwicklung der Kriminaltechnik – in der Klassifizierung von Fingerabdrücken.

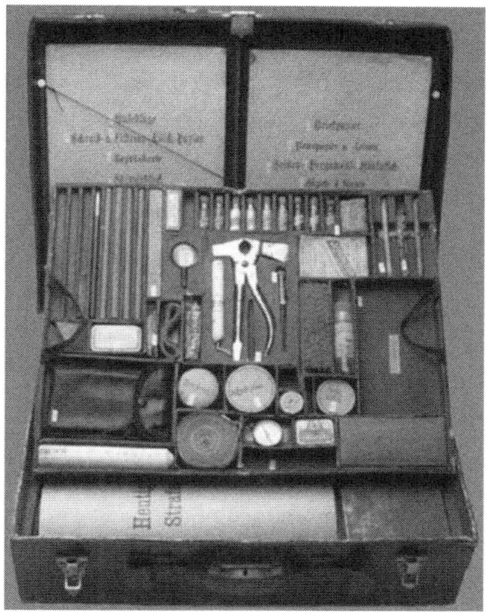

Abb. 7: Historischer Tatortkoffer, Quelle: privat

Zusammen mit ihm lehrte *Max Hagemann* (1883–1968), ebenfalls promovierter Jurist. Seine Berufung an die Universität Berlin im Jahre 1930 bezog sich auf den Lehrbereich „Kriminalistik und strafrechtliche Hilfswissenschaften". Allein durch diesen Titel wird deutlich, dass nunmehr die Kriminalistik erstmalig aus dem „Schattendasein" als reine Hilfswissenschaft herausgetreten ist und neben diesen als eigenständig betrachtet wurde. 49

Hagemann „erkundete" die Kriminalpolizei durch verschiedene Stationen[31], bevor er ab 1951 erster Präsident des neu gegründeten Bundeskriminalamtes wurde, dessen rechtliche Grundlagen und faktische Gründung er maßgeblich mit gestaltet hatte.

Das durch den zweiten Weltkrieg geteilte Deutschland nahm gerade in der Gestaltung der Kriminalistik eine ganz unterschiedliche Entwicklung:

Während in der damaligen DDR die universitäre Tradition fortentwickelt wurde, entstand in der Bundesrepublik eine eher praxisorientiert ausgerichtete Lehre. Während die Humboldt-Universität zu Berlin den Studiengang anbot, der mit dem Diplom abschloss (Diplom-Kriminalist), wurde im westlichen Teil ein Unterrichtsfach gestaltet, das zunächst durch Praktiker, Ermittlungsbeamte, Kriminalbeamte in den Aus- und Fortbildungseinrichtungen[32] der Polizei gelehrt wurde. Es ging somit im Gesamtkanin der unterrichteten Disziplinen auf, einen eigenen Abschluss gab es nicht und gibt es bis heute nicht. 50

Alle Bestrebungen verschiedenster namhafter Kriminalisten, das Fach als wissenschaftliche Disziplin an einer Hochschule zu etablieren, sind bislang gescheitert.[33] Erst seit 2007 gibt es an der Universität zu Jena das Angebot einer Lehrveranstaltung „Kriminalistik für Juristen"[34], das sich vornehmlich an Studenten und Absolventen der rechtswissenschaftlichen Fakultät richtet. Einen eigenen Lehrstuhl „Kriminalistik" bietet die Bundesrepublik nicht. Aktuell bietet die Steinbeis-Hochschule in Berlin mit Beginn Wintersemester 2012 einen nebenberuflichen Masterstudiengang „Criminal Investigation" an. 51

---

[31] (*Wehner*, 1983), S. 76.

[32] So zB im Wandel der Zeit in NRW: Höhere Landespolizeischule Carl Severin/Münster, Polizeiführungsakademie Münster Hiltrup – heute Deutsche Hochschule der Polizei, Fachhochschule für öffentliche Verwaltung NRW, Polizeiausbildungsinstitute usw.

[33] (*Clages/Ackermann*, 2017).

[34] Sommersemester 2012: Vorlesung von *Professor Dr. Rolf Ackermann/Professor Dr. Armin Forker/Dr. Holger Roll/Kriminalhauptkommissar a.D. Dieter Schulze.*

C. Entwicklung der Kriminaltechnik im Überblick

52 Kriminalistische Arbeit ist die Sammlung und Sicherung von Beweisen, die sich ganz unterschiedlich präsentieren. Die Einteilung in „Personalbeweis" und „Sachbeweis" wird in § 14 näher erläutert; hier soll lediglich auf die historische Entwicklung im Überblick eingegangen werden.

Beweisführung im Sachbeweis ist eng gekoppelt an die Möglichkeiten, die die naturwissenschaftliche Kriminalistik bietet, die wir dem Wissensbereich „Kriminaltechnik" unterordnen. Hier geht es darum, die möglichen Beweise hinsichtlich ihrer Aussage- und Interpretationsmöglichkeiten rechtssicher zu bewerten. Die verschiedenen Gebiete der Kriminaltechnik sind ebenfalls durch ihre eigenen Entwicklungsschritte geprägt:

53 Allen voran die Daktyloskopie mit weit zurückliegenden Ursprüngen. Schon um 700 v. Chr. wurden in China Dokumente mit geschwärzten Fingerabdrücken besiegelt. Und schon im 17. Jahrhundert veröffentlichte *Marcello Malphighi* (1628–1694) seine Erkenntnisse über die Hautbeschaffenheit.[35]

Etwa zeitgleich wurde im 19. Jahrhundert an unterschiedlichen Enden der Welt gezielt an Fingerabdrücken geforscht, deren Wert erkannt und genutzt, eine Vereinheitlichung aber sollte noch auf sich warten lassen:

54 *William Herschel* (1831–1907) war Kolonialbeamter des British Empire und arbeitete in Bengalen. Dort nutze er den Fingerabdruck einerseits, um Gefängnisinsassen zu registrieren und, sollten sie nach einer Flucht oder erneuten Tat ergriffen werden, zu identifizieren, andererseits aber auch zur Besiegelung von Verträgen und Empfangsquittungen. Er schlug 1877 vor, das System auf das gesamte Empire zu übertragen. Man hielt ihn aber damals für nicht ausreichend bewiesen.

Etwa zur selben Zeit experimentiert auch *Henry Faulds* in Tokyo mit Fingerabdrücken. Seine Hypothese, dass man aufgrund der Abdrücke Menschen identifizieren könne, verbreitete er durch einen wissenschaftlichen Artikel (Nature v. 28.10.1880).

55 Auch in Deutschland wurde die Fingerabdruckschau in ihrem Wert erkannt. Dr. *Wilhelm Eber*, Tierarzt und Leiter des Schlachthofes Berlin, war durch seinen Sauberkeitswahn darauf geeicht, alle Flecken, allen Schmutz in seiner Einrichtung zu entdecken. So stieß er immer wieder auf blutige Fingerabdrücke, die die Mitarbeiter an den Wänden hinterlassen hatten, und begann, diese zu erforschen.

56 Eine umfassende Forschung setzte ein, die durch *Francis Galton* (1822–1911) in seinem wegweisenden Buch „Finger Prints" (1892) zum Abschluss in Europa gebracht wurde. Er formulierte und bewies die gültigen Grundlagen der Daktyloskopie (s. hierzu 3. § 26). In Argentinien arbeitete und forschte zur selben Zeit *Juan Vucetich* (1858–1925) mit denselben Ergebnissen wie *Galton*. Am 29.7.1892 gelang ihm eine Fingerabdruckidentifizierung einer Mutter, die ihre beiden Kinder getötet hatte. Die blutige Fingerspur an einem Türrahmen hatte

[35] Nach ihm benannt ist die Malphigi-Schicht, eine Lage in der Keimschicht der Haut; (*Pschyrembel*, 2014).

man mitsamt dem Holz herausgesägt. Er fand einen Namen für seine Methode und nannte sie **Daktyloskopie**. Damit war er der Namensgeber der noch heute wesentlichen Identifizierungsmethode.

Abb. 8: *Juan Vucetich*

57 Die bereits beschriebene IKPK stützt eine ihrer wesentlichen Übereinkünfte auf die Personenidentifizierung durch Fingerabdrücke. Die Daktyloskopie war in der kriminalpolizeilichen Praxis angekommen und revolutionierte die Arbeit.

Darüber aber herrschte nicht nur Erleichterung, das Konkurrenzdenken französischer Kriminalisten hemmte zunächst die Verbreitung der Daktyloskopie, konnte sie aber letztlich nicht verhindern.

Abb. 9: *Alphonse Bertillon*

58 In Frankreich hatte *Alphonse Bertillon* (1853–1914) das erste Personen-Identifizierungssystem kreiert und flächendeckend eingeführt. *Bertillon* war Sohn eines Anthropologen, eigentlich eine „verkrachte Existenz“, dauernd kränkelnd, übel gelaunt, pedantisch und ein Einzelgänger, den man kaum um sich herum dulden wollte und den man daher nur als „Hilfsschreiber“ einstellte.[36] Und das auch nur, weil sein Vater als angesehener Mann ihn protegierte. Seine soziale Abgeschiedenheit führte dazu, dass er sich mehr mit seiner Kartei und seinen Messverfahren befasste. So wurde jeder Rechtsbrecher von ihm genauestens vermessen und später auch aus verschiedenen Blickrichtungen (en face, Profil) fotografiert. Er stellte fest, dass es umso leichter wird, einen Menschen an den Maßen wieder zu erkennen, je mehr Maße von ihm erhoben werden. Dabei bezog er sich auf die Kernaussagen der Forschung Quetelets, eines anthropologischen Statistikers.

Als es *Bertillon* am 20.3.1883 gelang, einen „neuen“ Häftling als Wiederholungstäter zu identifizieren, den er bereits unter anderem Namen in seiner Kartei hatte, erkannte man den Wert des Verfahrens und führte es in Paris ein. Von hier aus breitete sich die Bertillonage aus: 1896 in Dresden, Hamburg, Berlin, 1897 wird sie in allen deutschen Bundesstaaten als Grundlage des Erkennungsdienstes eingeführt. Eine Zentrale Datensammlung als Kartei wird in Berlin eingerichtet; 1898 Einführung in Wien.

Damit stand die Bertillonage zunächst im Widerspruch und Streit zur Dakty- 59
loskopie. *Bertillon* selbst bezeichnete die Daktyloskopie als Zeitverschwendung und hielt allein sein System für das zielführende. Dieser Meinungsstreit spie-

[36] (*Thorwald J.*, 1966), S. 20 ff.

gelte sich geraume Zeit in der kriminalpolizeilichen Arbeit international wider. Jedoch zeigten sich die Schwächen der Bertillonage schon schnell: die Flut der verschiedenen Messergebnisse und ihre Registrierung waren ebenso problematisch wie die möglichen menschlichen Fehlleistungen, etwas was die Genauigkeit der Messungen anging. So dachte man dann auch in Frankreich über eine Abschaffung der Bertillonage und die Einführung der Daktyloskopie nach.

Eine umfassende und erfolgreiche Identifizierung ist indes nur durch eine sinnvolle Kombination der Methoden möglich.

60 Auch heute noch nutzen wir die Grunderkenntnisse der Bertillonage und einzelne Elemente, vermessen und fotografieren den mutmaßlichen Straftäter (sofern die rechtlichen Voraussetzungen vorliegen, s. hierzu [*Bialon/Springer,* 2016), kombinieren Messergebnisse und Beschreibungen mit der Daktyloskopie und den weiteren Beweismethoden. Auch heute noch fertigen wir Lichtbilder aus verschiedenen Blickrichtungen. Insofern ist auch die Arbeit *Bertillons* wesentlicher Meilenstein in der Entwicklung der Sachbeweisführung.

Weitere vergleichende Untersuchungsmethoden schlossen sich in der Geschichte der Sachbeweiserhebung an:

61 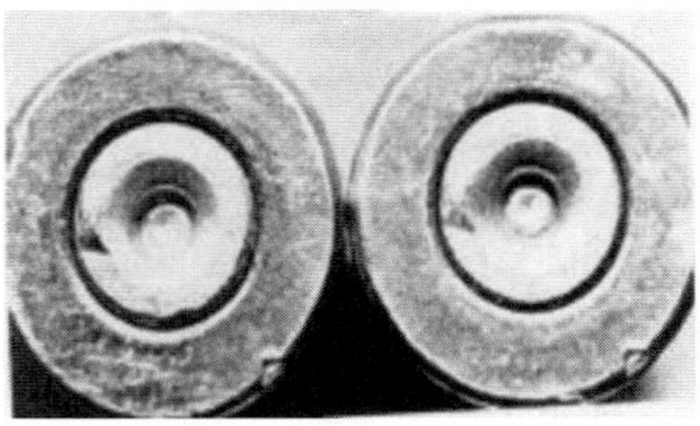

Abb. 10: Mordkugel (li) und Vergleichsbeschuss (re), vor 1966, Quelle: (*Thorwald J.*, 1966), S. 513

Die Ballistik[37], die sich mit den Flugeigenschaften zB von Geschossen befasst und deren Rekonstruktion und Berechnung ermöglicht, ist wesentlicher Bestandteil der Untersuchungen, wenn es sich zB um Kriminalität rund um Schusswaffen handelt.

1922 gründet *Charles E. Waite* das „Bureau of Forensic Ballistics" in Amerika. Seine Arbeit wurde später von Colonel *Calvin Hooker Goddard* (1891–1955) fortgesetzt und intensiviert. Der mikroskopische Vergleich in der Waffenkunde, bezogen auf Waffenteile und Geschosse, war sein Arbeits- und Forschungsschwerpunkt.[38] Mit dem Bau eines Vergleichsmikroskops durch *Gravelle*, das zwei Gegenstände mit zwei Bildern gleichzeitig zeigt, gelang der Durchbruch. Die Erkenntnisse flossen in die Ermittlungen des Attentäters von Generalmajor Sir *Lee Stack* in Ägypten ein, dessen Mörder 1925 aufgrund eines ballistischen Gutachtens ermittelt werden konnte. Dies sind die Anfänge der ballistischen Forensik.

Die ballistische Arbeit wurde vereinfacht durch die Erfindung des Rasterelektronenmikroskops (REM) im Jahre 1931, seine Weiterentwicklung revolutionierte auch hier die Möglichkeiten; einmal mehr hat der technische Fortschritt die Erfolge kriminalpolizeilicher Arbeit bestimmt.

---

[37] Aus dem Griechischen: ballein – werfen; Allgemein: die Lehre von geworfenen Körpern; Waffenkunde: Lehre von der Bewegung von Projektilen.

[38] (*Thorwald J.*, 1966), S. 526 f.

Dies setzte sich gerade im vergangenen Jahrhundert fort. Die Entdeckung der Desoxyribonukleinsäure (DNS) oder (englisch) Desoxyribonucleinacid (DNA) 1985 war ein weiterer wesentlicher Meilenstein (Sir *Alec John Jeffries*, *1950), hinzu kam die Erfindung der dazu wesentlichen Untersuchungsform, der Polymerasen Kettenreaktion (PCR) durch *Kary Mullis* (*1944). Es entstand die sog. „molekulare Kriminalistik", eine wissenschaftliche Untersuchungsmethode von Zellmaterial, die nur durch die ebenfalls fortgeschrittene Erfindung des Computers in der heutigen Form möglich ist. Hier macht man sich die Erkenntnisse der Genforschung zu Nutze, dass es nicht kodierende (also sich im Laufe des Lebens nicht verändernde) Abschnitte in den Zellen des Körpers gibt und hat gelernt, diese zu trennen.[39] Durch ihre Besonderheiten wird die DNA auch als „genetischer Fingerabdruck" bezeichnet. Eine Spurensuche und -sicherung an einem Kapitaltatort ist heute ohne Suche nach DNA-Spurenmaterial nicht mehr denkbar; bekannte Tötungsdelikte der letzten Jahre wurden häufig durch DNA-Spurenvergleiche geklärt (so zB der Mord an *Rudolph Moshammer*, München 2005). 62

So wie in diesem Fall die Naturwissenschaft der Kriminalistik großen Dienst erweist, so geschieht es auch an anderer Stelle; verwiesen sei hier nur auf die in Band zwei zu erörternde forensische Entomologie[40], eine uralte Wissenschaft aus dem 13. Jahrhundert, die durch aktuelle Vertreter, allen voran Dr. *Marc Bennecke*, eine neuerdings enorme Beachtung in der Öffentlichkeit findet, in der kriminalistischen Arbeit immer schon eine wesentliche Rolle spielte. 63

Und auch die Foto- und Videotechnik hat sich durch die Verbindung mit Computern erheblich weiter entwickelt. Eine Flugbahnbestimmung, wie sie noch zu Zeiten der großen Ballistiker erforderlich war, bei der man Schnüre durch den Raum spannte, ist heute in dieser Form nicht mehr erforderliche. Man nutz die „Rechenkünste" eines Computers, um Flugbahnen zu bestimmen, Blickwinkel nachzuvollziehen, Glaubwürdigkeit von Aussagen nachzustellen usw, indem man Orte scannt und im PC ein dreidimensionales Abbild nachstellt (3-D-Laser-Scan).

Damit sind wir in der Jetztzeit angekommen, die moderne Kriminalistik bietet eine Vielzahl von Möglichkeiten. Durch die intelligente Verbindung überlieferter Erkenntnisse mit moderner Technik ist das Verbrechen, dessen Täter nicht ermittelt wird, schwieriger geworden. 64

D. Entwicklung der Kriminalpolizei im Überblick

I. Entwicklung in ausgewählten Ländern

Die Historie deutscher Kriminalpolizeilicher Arbeit und Struktur ist eng verwurzelt mit dem nahen europäischen Ausland; bereits Anfang des 19. Jahrhunderts war man bereit, auch europäisch voneinander zu lernen: 65

---

[39] Weitere Hinweise zu Art und Weise der DNA Untersuchung und Bedeutung Rn. 350.

[40] Insektenbesiedlung an Leichen, die Hinweise auf Liegezeit, Liegeort, Todesart und Todesursache usw geben kann.

66 Die Geburtsstunde kriminalpolizeilicher Arbeit in Frankreich fand durch die Gründung der Sureté im Jahre 1810 durch *François Vidocq* (1775–1857) statt. Er war ein Krimineller, ein „Ausbrecherkönig", der die Seiten gewechselt hatte. Wer konnte sich in die Rolle eines Verbrechers besser einfühlen, als derjenige, der selbst dem Verbrechertum entwachsen war? Sein Leben diente Literatur- und Filmschaffenden als Vorlage.

Abb. 11: *Francois Vidocq*

Er diente zunächst der Polizei als Spitzel und spähte die Gefängnisinsassen aus. Seine Erklärung war, dass nur ein guter Verbrecher in der Lage sei, das Verbrechen zu erkennen und zu klären.

Er saß selbst verschiedene Haftstrafen ab; nach seiner Entlassung gründete er unbeobachtet von offizieller Seite seine „Brigade de la Sureté", die später in die „Sureté Nationale" als staatliche Behörde umgewandelt wurde, deren Chef selbstverständlich *Vidocq* selbst wurde. Hier arbeitete er mit verdeckt operierenden Agenten[41], die gewonnenen Erkenntnisse wurden auf Karteikarten erfasst und gesammelt[42], seine Methoden waren neu und unorthodox[43], wurden aber von den Kriminalpolizeien verschiedener Länder aufgegriffen und verfeinert.

Vidocq beschäftigte zunächst vier, dann zwölf und später 20 ehemalige Häftlinge, die er einer eisernen Zucht unterwarf. Innerhalb von einem Jahr verhaftete er mit seinen zwölf Agenten 812 Mörder, Diebe und sonstige Verbrecher.

Er führte die Sûretê Nationale bis 1833. Er hatte Kritiker und mit wachsenden Beschwerden zu tun. Hinzu kam, dass der neue Präfekt seine Personalzusammensetzung infrage stellte: er wollte nicht dulden, dass die gesamte „Kriminalermittlung" ausschließlich aus Kriminellen bestand. Damit war entschieden, dass *Vidocq* im Jahre 1827 seinen Rücktritt erklärte.[44]

Durch seine umfassenden Neuerungen in der kriminalistischen Arbeit gilt er allgemein als einer der Wegbereiter und Begründer der modernen Kriminalpolizei und deren Arbeit.

67 1836 wird unter High Constable *Jacob Hays* die Detektivabteilung der New Yorker Polizei gegründet, in der zwölf Beamte ihren Dienst in Zivil versehen.

1880 erfolgte durch *Byrnes* die Umorganisation und Aufstockung auf 40 Beamte.

68 Ein weiterer Meilenstein in der Entwicklung von Polizeiorganisationen findet sich im England des 19. Jahrhunderts. 1829 wird in England durch Staatssekre-

---

[41] Allgemein als die Geburtsstunde der Verdeckten Ermittlungen angesehen.

[42] Auch hier gilt er als Vorreiter, er kategorisierte Straftäter und legte erste Karteien an.

[43] Regelmäßige Besuche von Gefängnissen mit Beobachtung der Insassen sollten dazu führen, dass die Agenten sich die Personen einprägten, sie also später möglichen Straftaten zuordnen konnten.

[44] S. hierzu *Rubiner, Ludwig* (1920): Landstreicherleben, Denkwürdigkeiten Vidocqs des Mannes mit hundert Namen, München.

tär *Robert Peel* (1788–1850), dem späteren Premierminister, die Polizeiarbeit reformiert: gegründet wurde die „Metropolitan Police", die erste uniformierte[45] Polizei Englands[46]. Die Arbeit dieser Polizeieinheiten war so erfolgreich, dass die Organisationsform flächendeckend eingeführt wurde. Eine Abteilung von Zivilbeamten wurde dem Scotland Yard erst 1942 angegliedert. 1908 erfolgte unter Präsident *Theodor Roosevelt* die Gründung des FBI:[47]

„… By 1908, the time was right for a new kind of agency to protect America …"[48]

Bis zur Ernennung von *J. Edgar Hoover* 1924 erfüllte das FBI die Erwartungen einer Bundespolizeibehörde jedoch nicht.

1923 initiierten der Holländer *von Houten* und andere erneut einen internationalen Polizeikongress in Wien. Er führte zur Gründung der Internationalen Kriminalpolizeilichen Kommission (IKK) mit Sitz in Wien. Aufgabe war die Amtshilfe aller beteiligten Länder im Rahmen ihrer Gesetze zur Bekämpfung des internationalen Verbrechertums. 1938 wurde der Sitz der IKK von den Nazis nach Berlin verlegt und der Datenbestand für ihre Zwecke instrumentalisiert. Daher wurde die IKK dann aufgelöst. Dennoch gilt sie als Vorläufer der Internationalen Kriminalpolizeilichen Organisation (IKPO), zunehmend auch häufiger „Interpol" genannt (hierzu näher → Rn. 91). **69**

II. Entwicklung in Deutschland

Nachdem im Mittelalter die Opfer von Straftaten zunächst selbst für die Sühne und Wiedergutmachung sorgen mussten, wurde mit Einführung eines Gerichtssystems und mit Abkehr von der tolerierten Selbstjustiz in Deutschland die Arbeit der Polizei zunächst als Aufgabe der Inneren Sicherheit über das Land verteilt den Souveränen und deren Militärs übertragen. Erst nach und nach wurden Zuständigkeiten an andere Institutionen und Personen abgegeben, eine Abkehr vom föderalistischen System aber fand auch nach Gründung des Deutschen Reiches nicht statt. **70**

Aus diesem Grunde entwickelten sich in den deutschen Staaten sehr unterschiedliche Sicherheitsorganisationen, was bis heute – vergleicht man die Strukturen in den Bundesländern miteinander – nachwirkt.

In Preußen wird die Tätigkeit der Polizei zunächst durch das allgemeine Landrecht vom 5.2.1794, Teil II, Titel 17, § 10: **71**

„Die nötigen Anstalten zur Erhaltung der öffentlichen Ruhe, Sicherheit und Ordnung und zur Abwendung der dem Publikum oder einzelnen Mitgliedern desselben bevorstehende Gefahren zu treffen, ist das Amt der Polizei".

---

[45] Englische Polizeibeamte werden noch heute als „Bobbys" bezeichnet in Abkürzung des Vornamens von Peel.

[46] Nach einer nicht belegten Geschichte: der Metropolitan Police wurde ein Gebäude zugewiesen, das bis dahin vom schottischen König genutzt wurde, wenn er sich in England aufhielt und das nach Vereinigung zu Großbritannien in dieser Form nicht mehr benutzt wurde. Das Gebäude wurde daher „Schottischer Hof" = „Scotland Yard" genannt.

[47] *The FBI*, A Centennial History 1908–2008, US Department of Justice.

[48] *The FBI:* The nation calls, S. 1.

Ebenfalls durch das Allgemeine Landrecht wurden die Gerichtszuständigkeiten neu bestimmt: wer eine Straftat beging, landete vor dem sog. Kriminalgericht, wer eine Art Ordnungsverstoß beging, vor dem Polizeigericht. Somit waren die Gerichte in ihrer Organisation der Polizei um einiges voraus! Eine Teilung der Polizei in zwei Bereiche, also Schutz- und Kriminalpolizei, war zunächst nicht vorgesehen. Es gab eine Einheitspolizei, die sich mit der Erhaltung der öffentlichen Ruhe und Ordnung und Wohlfahrt befasste. Ermittlungen, Beweissuche und -sicherung gehörten nicht zu ihren Aufgaben. Es ging lediglich darum, die Ordnung herzustellen und den Angehörigen der Gerichte ihre Arbeit zu ermöglichen; die Beweissicherung und Tätersuche waren ausschließlich in der Zuständigkeit der Gerichte, in diesem Fall also der Kriminalgerichte.

72 Ermittlungen und Straftatenverfolgung durch zivile Kräfte, sog. „Kriminale", wurden erst nach und nach in Deutschland eingeführt:

Die ersten Kriminalbeamten gab es im Jahre 1799 in Berlin: Dem Kriminalgericht wurden sechs Polizeibeamte zugewiesen, die die Ermittlungen für das Gericht betrieben und – ein Novum – keine Uniform tragen mussten, was für Ausnahmefälle erlaubt war. Die ersten Kriminalbeamten waren also in Berlin dem Kriminalgericht unterstellt.

Selbstständige Ermittlungsentscheidungen trafen diese Beamten jedoch nicht. Dies war erst möglich, als durch das Berliner Polizeireglement vom 1.4.1811 der Polizei eine eigene Ermittlungskompetenz zugeschrieben wurde. Folgerichtig wurde auch in Berlin die Amtsbezeichnung „Kriminalkommissar" geschaffen; eine Trennung von Schutz- und Kriminalpolizei erfolgte aber immer noch nicht. Erst gegen Ende des 19. Jahrhunderts waren neben den „Ordnungs- und Sicherheitsaufgaben" der „Schutzpolizei" in allen großen deutschen Städten auch Kriminalbeamte zur Verbrechensaufklärung eingesetzt.

73 Die formale Basis für eine kriminalpolizeiliche Arbeit datiert auf der Gründung des Reichskriminalpolizeiamtes in Berlin 1922 und von Landeskriminalpolizeiämtern aufgrund des Reichskriminalpolizeiamtsgesetzes vom 21.7.1922.

Damit war der Weg zu einer hochspezialisierten Polizeiabteilung offen. Die Entwicklung führte weg vom Generalistentum, vom Polizeibeamten, der für alle zuständig ist, als Preis dafür aber kaum Entfaltungsmöglichkeiten hatte, hin zum Spezialisten, der sich je nach Spartenzugehörigkeit mit Fragen der Kriminalitätsbekämpfung oder der Verkehrsunfallermittlung und -verhütung oder der Sicherungsangriffe usw zu befassen hat – die Trennung in Schutz- und Kriminalpolizei mit jeweils eigenen Ausbildungsinhalten und Fortbildungserfordernissen war konsequente Folge.

74 Selbst in den schwerwiegendsten Delikten, den Mordtaten, waren nunmehr nicht die Kriminalgerichte zuerst vor Ort; es wurden Kommissionen mit spezialisierten Beamten gebildet. Sie erhielten ihre Hinweise zB aus dem bereits erwähnten „Handbuch für den Untersuchungsrichter" von *Hans Groß* (→ Rn. 46).

Damals wie heute aber gilt der Grundsatz, dass der Täter nicht an den Grenzen einer Stadt Halt macht. So stieß man durch die Anbindung der Ermittlungseinheiten an Städte und Gemeinden an Grenzen, da die zunehmende Mobilität der Menschen zu immer größeren Aktionsräumen der Täter führte.

Schon Ende des 19. Jahrhunderts erkannte man die Notwendigkeit einer überregional arbeitenden Kriminalpolizei; bis es aber zu einer Umsetzung der Forderung kam, sollten noch viele Jahre vergehen. Auch das Reichskriminalpolizeigesetz von 1922 (→ Rn. 73) – ein Vorläufer des späteren BKA-Gesetzes – fand nie seine Umsetzung.

Und auch die Tatsache, dass der Rechtsbrecher durchaus auch über Ländergrenzen hinweg tätig wurde, nahm man auf, indem in Wien die Internationale Kriminalpolizeiliche Kommission (IKPK) gegründet wurde. Bis hieraus aber ein funktionierendes System wurde, sollten noch Jahre vergehen.

Zunächst wurde Deutschland durch den Nationalsozialismus auch in seiner 75
polizeilichen Arbeit und der Struktur vereinheitlicht. Eine Teilung in verschiedene Zuständigkeiten gab es nicht mehr; die Zusammenlegung der verschiedenen Behörden (Kriminalpolizei, Geheime Staatspolizei und Sicherheitsdienst) innerhalb des Reichssicherheitshauptamtes (1939) war nur ein weiterer Schritt zur Instrumentalisierung der Behörden für das Nazitum.[49]

Im Deutschland der Nachkriegszeit wurden immer mehr und mehr die Dimensionen deutlich, in denen Polizeibeamte und -dienststellen für Verbrechen an den Menschen missbraucht wurden, indem man „befahl" und von „Befehl und Gehorsam" ausging.

Erst nach dem Ende des Dritten Reiches konnte Polizei sich wieder als unab- 76
hängige und neutrale Instanz staatlicher Gewalt etablieren. In der Konferenz von Jalta (1945) wurde durch die Alliierten beschlossen, dass Deutschland „seine" Polizei behalten dürfe, zunächst aber jeder Beamte überprüft, die Institution entnazifiziert wurde. Zusätzlich wurden die Polizeien dezentral organisiert, jeweils orientiert an der betreffenden Besatzungszone. Eine Differenzierung in die Sparten Schutz- und Kriminaldienst war zunächst nicht Gegenstand der Vereinbarungen.

Erst am 23.5.1949 wurde mit In-Kraft-Treten des Grundgesetzes der Bundesre- 77
publik Deutschland polizeiliches und kriminalpolizeiliches Arbeiten aufgegriffen:

„Art. 73 GG:

(1) Der Bund hat die ausschließliche Gesetzgebung über …

10. die Zusammenarbeit des Bundes und der Länder
    - a) in der Kriminalpolizei,
    - b) zum Schutze der freiheitlichen demokratischen Grundordnung, des Bestandes und der Sicherheit des Bundes oder eines Landes (Verfassungsschutz) und
    - c) zum Schutze gegen Bestrebungen im Bundesgebiet, die durch Anwendung von Gewalt oder darauf gerichtete Vorbereitungshandlungen auswärtige Belange der Bundesrepublik Deutschland gefährden,

sowie die Einrichtung eines Bundeskriminalpolizeiamtes und die internationale Verbrechensbekämpfung;

…"

[49] Vertiefend dazu (*Freundeskreis zur Unterstützung der Polizei SH e.V*, 2001).

Konsequente Folge waren das Gesetz über die Einrichtung eines Bundeskriminalamtes und dessen Gründung (→ Rn. 102), damit eng zusammenhängend die Einrichtung von Landeskriminalämtern und die Organisation der Behörden in Schutz- und Kriminaldienst.

78 Ein wesentlicher weiterer Meilenstein in der Entwicklung der Kriminalpolizei ist die Integration weiblicher Bediensteter. Die bereits im 19. Jahrhundert geführten Statistiken zeigten, dass Jugendliche für einen Großteil der Kriminalität verantwortlich zeichneten. Man behandelte sie, wie man erwachsene Straftäter auch behandelte, erkannte jedoch schon früh, dass hier unterschiedliche Gründe zur Straftat zu berücksichtigen sind, dass damit verbunden auch unterschiedliche Verfolgungsmaßnahmen und Strafmaßnahmen erforderlich sind. Konsequenterweise reagierte die Justiz mit der Einführung des Jugendgerichtsgesetzes (1923), in dem erstmalig „Erziehung statt Strafe" die Basis bildete und spezielle Jugendgerichte geschaffen wurden.

79 Dem musste Polizei gerecht werden. Die Überlegungen unterschieden sich in den Bundesländern; einig war man nur in dem Gedanken, dass der Umgang mit Kindern und Jugendlichen prinzipiell Frauen leichter fiele.[50] Man schuf also eine Dienststelle, in der sich Frauen mit Kindern und Jugendlichen als Opfer und Tatverdächtigen befassten. Bei den Mitarbeiterinnen dieser Abteilungen und Kommissariate handelte es sich zunächst um Erzieherinnen oder eher fürsorgerisch ausgebildete Frauen, die unter der Bezeichnung „Weibliche Kriminalpolizei" (WKP) organisiert waren. Ihre Arbeit unterschied sich aber maßgeblich von der der männlichen Kriminalbeamten:

> „Für die Behandlung von Kindern, weiblichen Jugendlichen und in der Regel auch weiblichen Heranwachsenden sind die Sachbearbeiterinnen der weiblichen Kriminalpolizei zuständig. Ausgenommen sind jedoch Knaben im Alter von 12 bis 14 Jahren, die bei polizeilichen Ermittlungen anlässlich der Aufklärung von Sittlichkeits-Straftaten gehört werden müssen. Die Behandlung dieser Knaben sowie der männlichen Jugendlichen und Heranwachsenden ist durch hierfür besonders geeignete Sachbearbeiter der jeweils zuständigen Dienststellen vorzunehmen."[51]

80 Erst in der jüngeren Geschichte, in der zweiten Hälfte des 20. Jahrhunderts, wurden mit Neuorganisationen in den Bundesländern die damals sog. „WK-Pistinnen" in die „normalen" Kommissariate integriert. Mit der Zusammenlegung der männlich und weiblich besetzten Dienststellen, der gemeinsamen Aufgabenbewältigung und der damit untrennbar verbundenen gemeinsamen Ausbildung war der Schritt in eine Gleichbehandlung von Mann und Frau in der Kriminalpolizei getan. Fortan hatten Kriminalbeamtinnen dieselbe Arbeit zu tun wie ihre männlichen Kollegen: vom Ladendiebstahl bis zur Mordsache, vom Rauschgiftdelikt eines erstmals kiffenden Jugendlichen bis hin zum gewerbsmäßig und organisiert mit Drogen international handelnden Straftäter – die Zuteilung der Aufgaben orientierte sich nicht mehr am Geschlecht der Er-

[50] Zur Vertiefung s. (*Sieverts*, 1977), S. 41 ff.
[51] (*Sieverts*, 1977), S. 42.

mittlerin oder des Ermittlers, sondern fortan (und bis heute) an ihren/seinen Kenntnissen, Fähigkeiten und Fertigkeiten.[52]

III. Entwicklung in der internationalen Zusammenarbeit

Schon sehr früh zu Ende des 19. und Anfang des 20. Jahrhunderts wurde durch 81
die zunehmende Mobilität der Menschen das Erfordernis deutlich, dass Verbrechensbekämpfung über die regionalen und Landesgrenzen hinausgehen muss. Die Bestrebungen einer Internationalisierung wurden bereits angesprochen: Eine knappe, aber umfassende Darstellung der Ursprünge bietet *Sieverts*:

„Fest steht auf jeden Fall, daß die Kriminalpolizei, insbesondere in den europäischen Ländern, vor diesen Hindernissen nicht kapituliert und immer wieder versucht hat, sich selbst zu helfen.

Die von Franz von Liszt bereits im Jahre 1905 auf dem 10. Kongreß der Internationalen Kriminalistischen Vereinigung (IKV) zu Hamburg erhobene Forderung, ein sämtlichen Staaten „Zentralstellen zur Bekämpfung des internationalen Verbrechertums" einzurichten, wurde von einer Reihe von Polizeifachleuten aufgegriffen und auf dem „1. Internationalen Polizeikongreß" zu Monaco (1914) eingehend erörtert. Der Ausbruch des 1. Weltkrieges erstickte jedoch diese Bemühungen um eine intensivere Bemühung zur Bekämpfung des internationalen Verbrechertums im Keime. Dem unermüdlichen Einsatz des Kapiteins der Koninklijke Maréchaussee M. C. van Houten, Niederlande, des Geheimrats Dr. Heindl, Deutschland, des Hofrats Dr. Dressler, des Polizeipräsidenten Dr. Schober, Österreich und vieler anderer Persönlichkeiten gelang es nach dem 1. Weltkrieg, den jäh zerrissenen Faden einer sich anbahnenden internationalen kriminalpolizeilichen Zusammenarbeit wieder vorsichtig zu knüpfen und im Jahre 1923 den „Internationalen Polizeikongreß" in Wien einzuberufen. Dieser Kongreß kann als die Geburtsstunde der Interpol-Organisation betrachtet werden. Sie nannte sich zunächst „Internationale Kriminalpolizeiliche Kommission" (IKK). Das wichtigste Ergebnis des Kongresses war wohl der Beschluß, in Zukunft alle Fragen der internationalen Verbrechensbekämpfung in sich periodisch wiederholenden Konferenzen einer gemeinsamen Lösung zuzuführen."[53]

Während des 2. Weltkrieges war eine internationale Zusammenarbeit nicht 82
möglich und seitens des Führers des Deutschen Reiches auch nicht erwünscht.

Erst nach dem Zusammenbruch des Hitlerstaates und der Befreiung aus dem Dritten Reich wurde die grenzüberschreitende Zusammenarbeit wieder neu strukturiert:

„Die Wiederbelebung der Internationalen Kriminalpolizeilichen Kommission (IKK) unter der Bezeichnung „Internationale Kriminalpolizeiliche Kommission (IKPK)" im Jahre 1946 in Brüssel ist vor allem das Verdienst des Inspecteur Générale au Ministère de la Justice F. E. Louwage aus Brüssel."[54]

---

[52] Die ersten Einstellungen von Frauen in die Schutzpolizei wurden in NRW im Jahre 1982 vorgenommen; erstmals seit Beginn des 20. Jahrhunderts traten 25 Frauen ihren Dienst zur Ausbildung an. S. hierzu (*Winter*, 1998), S. 90 f.

[53] (*Sieverts*, 1977), S. 40.

[54] (*Sieverts*, 1977), S. 40.

In der Vollversammlung 1952 wird die Bundesrepublik als Vollmitglied aufgenommen.

„Seit der 25. Generalversammlung in Wien (1956) lautet die offizielle Bezeichnung „Internationale Kriminalpolizeiliche Organisation – IKPO – (Interpol)"."[55] [56]

83 Im Zuge der fortschreitenden Europäisierung wurde auch auf politischer Ebene die Notwendigkeit einer Harmonisierung erkannt. So trafen sich am 14.6.1985 in einem kleinen luxemburgischen Ort namens Schengen die Vertreter der Bundesrepublik Deutschland, Frankreichs, Belgiens, Luxemburgs und der Niederlande. Man einigte sich darauf, die Freizügigkeit innerhalb dieser Länder zu gewähren und die Kontrollen an den Grenzen abzuschaffen.

84 Damit ermöglichte man den Bürgern der Mitgliedsstaaten eine ungehinderte Ein- und Ausreise, aber auch den Straftätern das Reisen zwischen diesen Staaten. Folge musste also sein, die mit dem Wegfall der Grenzkontrollen verbundenen Probleme zu bewältigen. Somit einigte man sich 1990 auf das sog. „Schengener Durchführungs-Übereinkommen" (SDÜ):

Am 19.6.1990 wurde zur Umsetzung des Schengener Abkommens das Übereinkommen zur Durchführung des Schengener Abkommens (Schengener Durchführungsübereinkommen – SDÜ) unterzeichnet. Regelungsgegenstand des Abkommens sind Ausgleichsmaßnahmen, die infolge der Abschaffung der Binnengrenzkontrollen einen einheitlichen Raum der Sicherheit und des Rechts gewährleisten sollen. Es handelt sich dabei um

- die Vereinheitlichung der Vorschriften für die Einreise und den kurzfristigen Aufenthalt von Ausländern im „Schengen-Raum" (einheitliches Schengenvisum),
- Asylfragen (Bestimmung des für einen Asylantrag zuständigen Mitgliedstaats),
- Maßnahmen gegen grenzüberschreitenden Drogenhandel,
- polizeiliche Zusammenarbeit und
- Zusammenarbeit der Schengenstaaten im Justizwesen.[57]

85 Diese Grundgedanken, die die europäische Zusammenarbeit definieren und Sicherheit und Recht in den Mitgliedsstaaten konzeptionell beschreiben, werden auch als „Schengener Besitzstand" bzw. „Schengen Acquis" bezeichnet.

Das SDÜ trat am 1.9.1993 in Kraft, die praktische Anwendung seiner Einzelbestimmungen erfolgte jedoch erst nach Schaffung der erforderlichen technischen und rechtlichen Voraussetzungen (zB Einrichtung von Datenbanken und der dafür erforderlichen Datenschutzbehörden) – sog. „Inkraftsetzung" am 26.3.1995.[58]

Seine kriminalpraktische Auswirkung findet das Abkommen in Fragen der Fahndung, der sog. Täternacheile, in Datenspeicherung und -austausch (s. hierzu *Pientka* [2014]: Kriminalwissenschaften II).

---

[55] (*Sieverts*, 1977), S. 40.

[56] Weitere Ausführungen zu Arbeit und Zuständigkeiten der IKPO ⊠ Rn. 91.

[57] http://www.auswaertiges-amt.de/DE/EinreiseUndAufenthalt/Schengen (zuletzt abgerufen am 3.5.2017).

[58] http://www.auswaertiges-amt.de/DE/EinreiseUndAufenthalt/Schengen ((zuletzt abgerufen am 3.5.2017).

Gerade in der heutigen Zeit, in der durch Zuwanderung und internationalen Terrorismus mehr und mehr Staaten separatistische Ziele verfolgen, wird die Zusammenarbeit auf internationalem Gebiet jedoch wieder zunehmend schwieriger, aber auch immer notwendiger. Dieses Dilemma aufzulösen, ist Aufgabe der aktuellen politischen Bestrebungen.

Die naturwissenschaftlichen Entwicklungen (zB die Möglichkeiten der DNA- 86
Untersuchungen) und der internationale Terrorismus (Höhepunkt im Anschlag auf das World Trade Center in New York vom 11.9.2001) nahmen gerade zum Ende des 20. und Beginn des 21. Jahrhunderts derart „Fahrt auf", dass bereits sehr schnell deutlich wurde, dass allein der Nachrichtenaustausch innerhalb der Fahndungsdatenabgleiche im Rahmen des SDÜ nicht mehr ausreichte. Ergebnis war ein Treffen von Vertretern der Innenministerien Belgiens, der Bundesrepublik Deutschland, Spaniens, Frankreichs, der Niederlande, Luxemburgs und Österreichs am 27.5.2005 in Prüm/Eifel und deren Einigung auf den sog. „Prümer Vertrag":

Der Vertrag regelt den automatisierten Austausch von DNA-Daten, Fingerabdruckdaten und Daten aus Kraftfahrzeugregistern zwischen den Staaten. Während im Falle der Kfz-Registerdaten der volle lesende Online-Zugriff ermöglicht wird, erfolgt bei DNA- und Fingerabdruckdaten der Zugriff auf anonymisierte Indexdatenbanken im sog. hit-/no-hit-Verfahren, bei dem im Trefferfall eine KennZiff. für weitere Anfragen übermittelt wird, die im Wege der Rechtshilfe zu stellen sind. Das automatisierte Verfahren bedeutet eine enorme Zeitersparnis und einen erheblichen Effizienzgewinn für die Strafverfolgungsbehörden.

Daneben regelt der Vertrag den Informationsaustausch über terroristische Gefähr- 87
der und Hooligans und sieht verschiedene Formen der operativen polizeilichen Zusammenarbeit, wie etwa gemeinsame Streifen und polizeiliche Hilfeleistung bei Unglücksfällen und Großereignissen, vor. Er enthält zudem umfangreiche spezifische Datenschutzbestimmungen, die insbesondere für den automatisierten Datenaustausch „maßgeschneidert" wurden.

Seit Unterzeichnung sind neben den sieben Unterzeichnerstaaten sieben weitere EU-Staaten dem Prümer Vertrag beigetreten.

Am 26.8.2008 ist der „Beschluss des Rates 2008/615/JI vom 23.6.2008 zur Vertiefung 88
der grenzüberschreitenden Zusammenarbeit, insbesondere zur Bekämpfung des Terrorismus und der grenzüberschreitenden Kriminalität" (Ratsbeschluss Prüm) in Kraft getreten. Hierdurch werden die wesentlichen Inhalte des Prümer Vertrages in den Rechtsrahmen der Europäischen Union überführt und gelten damit für sämtliche EU-Mitgliedstaaten. Der Überführungsprozess, welcher auf Initiative Deutschlands innerhalb kürzester Zeit zu einer Einigung aller 27 Mitgliedstaaten auf einen entsprechenden Beschluss des Rates geführt hat, war durch eine im Bereich der Innenpolitik in der Europäischen Union bislang beispiellose Dynamik gekennzeichnet. Hierdurch wird deutlich, in welchem Maße die vertraglichen Regelungen die Interessen aller Mitgliedstaaten nach einer Balance zwischen Sicherheitsgewinn und Datenschutz, zwischen Kooperationswillen und nationalen Belangen vereinen.

In Deutschland wurde der Ratsbeschluss Prüm durch das „Gesetz zur Umsetzung des Beschlusses des Rates 2008/615/JI vom 23.6.2008 zur Vertiefung der grenzüberschreitenden Zusammenarbeit, insbesondere zur Bekämpfung des Terrorismus und der grenzüberschreitenden Kriminalität" innerstaatlich umgesetzt. Es ist seit dem 5.8.2009 in Kraft.[59]

89 Auf Basis dieses Vertrages ist es möglich, unter den vereinbarten Voraussetzungen und Bedingungen Ermittlungen auch über die Grenzen der Mitgliedsstaaten hinaus durchzuführen, so die Zuordnung bestimmter Spuren zu weiteren Taten im Ausland oder Zuordnung von Inlandstaten zu Spuren, die im Ausland vorgefunden wurden.

Eine weitere Zusammenarbeitsform auf europäischer Ebene ergibt sich durch das 1994 eingerichtete Europäische Polizeiamt (EuroPol), das unter → Rn. 97 erläutert wird.

Zur vereinfachten Übersicht:

Jahr	Wichtiger Name	Wichtiges Ereignis
1532	Kaiser *Karl V.*	Condition Criminalis Carolina
1794		Erste Kriminalgerichte in Preußen
1799		Erste Kriminalbeamte am Kriminalgericht Berlin
1810	*Francois Vidocq*	Gründung der Sureté
1829	*Robert Peel*	Gründung der Metropolitan Police, London
1877–1892		Verschiedene Forschungen zu Fingerabdrücken
1889		Gründung der IKV
1892	*Ivan (Juan) Vucetich*	Namensgebung „Daktyloskopie"
1893	*Hans Groß*	Handbuch für Untersuchungsrichter
Ende 19. Jhd.	*Alphonse Bertillon*	Entwicklung des Personenmessverfahrens
1897		Einführung der Bertillonage in Deutschland
1908	*Theodor Roosevelt*	Gründung des FBI
1913	*Hans Groß*	Handbuch für Kriminalistik
1920	*Hans Schneickert*	Lehrauftrag für Kriminalistik an der Universität Berlin
1922		Wesentliche Forschungen zu Ballistik

[59] www.bmi.bund.de Stichwort „Prümer Vertrag".

Jahr	Wichtiger Name	Wichtiges Ereignis
1922		Reichskriminalpolizeigesetz
1923	*Dr. Johann Schober*	2. Internationaler Kriminalpolizeilicher Kongress Wien, Gründung der IKPK
1923		Einführung des Jugendgerichtsgesetzes
1930	*Max Hagemann*	Lehrstuhl (Kriminalistik und strafrechtliche Hilfswissenschaften)
1942		Gründung des New Scotland Yard
1945		Konferenz von Jalta
1946		Gründung der IKPK
23.5.1949		Inkrafttreten des Grundgesetzes
1956		Gründung der IKPO (aus IKPK)
1985	*Jeffries, Mullis*	Entdeckung der DNA und PCR
1985		Schengen-Vertrag
1994		Einrichtung Europol
2005		Vertrag von Prüm
2007	*Rolf Ackermann unter anderem*	Kriminalistik für Juristen – Universität Jena

Abb. 12: Meilensteine der Entwicklung der Kriminalwissenschaften

§ 10 Die Kriminalitätsbekämpfung

Die Entwicklung der kriminalpolizeilichen Arbeit und Möglichkeiten ist im vorstehenden Kapitel im Ansatz dargelegt worden. Die sich entwickelnden Methoden und Ansprüche müssen durch handelnde Personen umgesetzt werden; diese sind regelmäßig Behörden zugeordnet, die bestimmte Zuständigkeiten erfüllen. **90**

Sinnvoll sind daher die Betrachtung von Zuständigkeiten und Aufgaben sowie deren jeweilige Aufbauorganisation.

A. Aufbau

I. International – die IKPO

Unter den Anforderungen einer immer weiter zusammenrückenden Welt entstand, wie bereits im vorstehenden Kapitel angesprochen, das Bedürfnis internationaler Zusammenarbeit zunehmend dringlicher. **91**

Zunächst wurde daher der Internationale Kriminalistische Kongress in Monaco (1914) abgehalten, wiederholt nach dem Ende des Krieges 1923 in Wien. Hier fand die Gründung der IKPK statt:

Im Jahr 1923 lud Dr. *Johann Schober* – Polizeichef von Österreich und Wien – zum Zweiten Internationalen Kriminalpolizeilichen Kongress in Wien ein. An diesem Kongress nahmen 138 Delegierte aus 17 – überwiegend europäischen – Staaten teil. Der Kongress endete am 7.9.1923 mit der Gründung der „Internationalen Kriminalpolizeilichen Kommission" (IKPK) mit Sitz in Wien. Erster Präsident wurde Dr. *Schober.*

Durch die Annektion Österreichs im Juni 1938 und dem Beginn des II. Weltkrieges am 1.9.1939 kam der Geschäftsverkehr der Organisation fast vollständig zum erliegen. Der Sitz der IKPK wurde 1942 von Wien nach Berlin verlegt. Mit Ende des II. Weltkrieges 1945 war die IKPK praktisch erloschen.

Aber bereits 1946 lebte die IKPK mit der Durchführung der 15. Generalversammlung der IKPK 1946 in Brüssel wieder auf. „Alle Gründe, die für die Schaffung der IKPK sprachen, gebieten uns heute ihren Wiederaufbau, wir dürfen die Flamme nicht erlöschen lassen", mit diesen Worten eröffnete der während der Versammlung zum Präsidenten gewählte Belgier *Florent E. Louwage* die Veranstaltung.[60]

92 Die Organisation hatte ihren Sitz in Paris und behielt zunächst den offiziellen Namen „IKPK" bei. Da der Datenverkehr zwischen den Büros zu dieser Zeit weitgehend durch Telegramme abgewickelt werden musste, suchte man nach einer entsprechenden Adresse: aus „international" und „police" wurde „Interpol". Dies ist also nicht die Bezeichnung der Behörde, sondern „nur" ihre Telegrammadresse; allerdings hat sich der Name bis heute gehalten und wird – insbesondere in den Medien – als Bezeichnung der Behörde genutzt.

Nach und nach fand die Organisation immer mehr Mitgliedsstaaten, was zu einer Novellierung im Jahre 1956 führte, wobei auch der noch aktuelle Name Internationale Kriminalpolizeiliche Organisation – IKPO entstand. Mittlerweile war auch die Bundesrepublik Deutschland seit 1952 Mitglied der Organisation.

93 Seit 1988 hat die IKPO ihren Zentralsitz in Lyon.

Die IKPO besteht aus mehreren Unterabteilungen mit unterschiedlichen Zuständigkeiten:

- An der Spitze der IKPO steht das Präsidium, bestehend aus vier gewählten Mitgliedern.
- Dieses Präsidium, um neun weitere Mitglieder ergänzt und erweitert, bildet auch das Exekutivkommitee; es überwacht die Einhaltung der Beschlüsse der Generalversammlung durch die Mitgliedsländer.
- Die Generalversammlung ist das zentrale Gremium, das die Geschicke der IKPO leitet; es vereint die Delegierten der aktuell 190 Mitgliedsstaaten.
- Das Generalsekretariat: Das Generalsekretariat der IKPO-Interpol in Lyon ist zuständig für die Administration und dient als Kommunikations-, Informations- und Nachrichtenzentrale der Organisation.[61]

---

60 (*BKA*, 2009), S. 2.
61 (*BKA*, 2009), S. 4.

- Um die regionalen Unterschiede aufzugreifen in Sinne einer Optimierung der Zusammenarbeit ist die IKPO in vier Regionalzonen eingeteilt: Europa, Amerika, Afrika, Asien/Ozeanien.
- In den Mitgliedsstaaten sind die sog. Nationalen Zentralbüros, die die Verbindung zur IKPO aufrecht erhalten:

  „Gem. Artikel 4 der Statuten der IKPO-Interpol benennt jeder Mitgliedsstaat eine nationale Polizeibehörde, „deren Aufgaben in den Rahmen der Tätigkeit der Organisation fallen", als Nationales Zentralbüro (NZB). Das NZB der Bundesrepublik Deutschland ist das gesamte Bundeskriminalamt (BKA) mit seinen ca. 5.000 Mitarbeitern. Dieser Ansatz gewährleistet, dass alle Interpol-Anfragen in kürzester Zeit direkt durch die jeweiligen Experten kompetent beantwortet werden können. Das BKA als NZB ist der nationale Knotenpunkt für die Interpol-Kommunikation zu allen anderen NZB sowie dem Generalsekretariat."[62]

Ein wesentlicher Arbeitsschwerpunkt der IKPO ist der Bereich der Fahndung. 94
Hier werden die Mitgliedsstaaten in Fahndungsarbeit durch weltweite Verbreitung unterstützt. Fahndungsnotierungen werden durch sog. „notices" gekennzeichnet, die sich durch ihre Farben unterscheiden, wobei jeder Farbe eine eigene Bedeutung zugewiesen ist. Die Notices stehen den berechtigten Beamten der Mitgliedsstaaten online zur Verfügung (in früherer Zeit nutzte man dazu das bereits erwähnte Telegrammsystem).

Beispiel: „red notice" – kennzeichnet Fahndungsausschreibungen zur Festnahme und Auslieferung, „black notice"-Ausschreibung zur Identifizierung unbekannter Toter.[63]

Fahndungsausschreibungen, die sich nicht auf alle Mitgliedsstaaten beziehen und weltumspannend sein müssen, werden in sog. „diffusions" nur an diejenigen Mitgliedsstaaten gesteuert, für die sie von Bedeutung sind und in denen eine weitere Fahndung erforderlich erachtet wird.

Weiteres wesentliches Standbein der IKPO ist die Führung von Datenbanken; die den deutschen Datensystemen entsprechenden Dateien (zB AFIS – Automatisiertes Fingerabdruck Identifizierungssystem, DAD – DNA-Analysedatei usw) finden hier ihre Entsprechung und Verbreitung.

Darüber hinaus unterhält die IKPO eigene Forschung- und Analysestellen. 95
Aktuelle Daten werden genutzt, um Entwicklungen zu erkennen, zu analysieren und zu interpretieren und entsprechende Prognosen und Konzepte zu entwickeln.

Seit der Jahrtausendwende werden die technischen Möglichkeiten zur Steuerung von Daten und zur Unterstützung der in der ganzen Welt bei außergewöhnlichen und besonderen Einsatzanlässen arbeitenden Kriminalpolizeibeamten zügig weiter entwickelt. Anlass dazu waren der unter anderem der Anschlag auf das World Trade Center in New York 2001 und die Tsunami-Katastrophe im indischen Ozean Weihnachten 2004.

---

62 (*BKA*, 2009), S. 5.
63 (*BKA*, 2009), S. 8.

96 So entstand auch der IKPO-Dauerdienst (Command and Coordination Center-CCC[64]), der rund um die Uhr einsatzfähig zur Unterstützung in ähnlich gelagerten Fällen agieren kann. Ebenso gibt es mittlerweile Verbindungsbüros bei den Vereinten Nationen (UN), der EU in Brüssel und bei Europol. Ziel ist und bleibt eine Vereinfachung und Intensivierung der internationalen kriminalpolizeilichen Zusammenarbeit zur Bekämpfung auch des internationalen Verbrechens.

II. Europäisch – das Europol

„Europol ist die Strafverfolgungsbehörde der Europäischen Union, die den Austausch und die Analyse kriminalpolizeilicher Erkenntnisse abwickelt. Ihre Aufgabe besteht darin, die Effektivität und die Zusammenarbeit zwischen den EU-Strafverfolgungsbehörden bei der Verhütung und Bekämpfung schwerer internationaler Kriminalität und Terrorismus zu verbessern. Ziel ist dabei die Schaffung eines sichereren Europas für alle Bürger."[65]

97 Das Europol entstand auf eine 1991 gestartete Initiative des damaligen Bundeskanzlers *Helmut Kohl* im Jahre 1994. Heute ist das Europol eine Agentur der Europäischen Union mit Sitz in Den Haag, Niederlande.

98 Europol hat keine Zuständigkeit für Fahndungsmaßnahmen, wie sie die IKPO hat, und ebenfalls keine Erlaubnis für operative Maßnahmen, das heißt: Mitarbeiter des Europol können weder konkrete Ermittlungen anstellen noch irgendwelche Maßnahmen treffen.

99 Allerdings ist die Aufgabe des Europol dennoch bestimmend für die Qualität der kriminalpolizeilichen Arbeit in den Mitgliedsstaaten:

„Europol hat die Aufgabe, Informationen und Erkenntnisse zu sammeln, zu analysieren und auszuwerten und die EU-Mitgliedstaaten über die sie betreffenden Informationen unverzüglich zu unterrichten. Europol stellt den Mitgliedstaaten außerdem forensische und technische Unterstützung zur Verfügung. Ferner sind bei Europol verschiedene Projekte angesiedelt."[66]

100 Welche Delikte jeweils zu denen gehören, über die Europol entsprechende Daten sammelt, wird durch Ratsbeschluss jeweils festgelegt. Aktuell gehören dazu illegaler Drogenhandel, Terrorismus, Schleuserkriminalität, Menschenhandel und sexuelle Ausbeutung von Kindern, Produktfälschungen und Produktpiraterie, Geldwäsche, Fälschung von Geld und anderen Zahlungsmitteln.

Auch Europol hat ein Verbindungsbüro in der Bundesrepublik Deutschland, die sog. „Nationale Stelle für Europol", auch hier wird das BKA tätig.

---

64 (*BKA*, 2009), S. 14.

65 (*Europäische Union*): http://europa.eu/european-union/about-eu/agencies/europol_de (zuletzt aufgerufen am 4.5.2017).

66 (*BKA*): https://www.bka.de/DE/UnsereAufgaben/Aufgabenbereiche/InternationaleFunktion/Europol/europol_node.html;jsessionid=EE86AFF4AAD39D58ABDC17D2F6803D9D.live2302 (zuletzt aufgerufen am 4.5.2017)

III. Europäisch – das Schengener Abkommen

Ebenfalls auf europäischer Ebene hat das Schengener Durchführungs-Übereinkommen mit dem Schengener Informationssystem (SDÜ/SIS) Bedeutung. Über die Gründung und Ziele des Schengener Abkommens wurde bereits unter → Rn. 83 Stellung genommen. Seine praktische Bedeutung erlangt es in konkreten Ermittlungsfällen, Fahndungsmaßnahmen usw und wird daher dort jeweils einbezogen und weiter erläutert. 101

IV. National

Die föderalistische Struktur der Bundesrepublik Deutschland ist bereits mehrfach angesprochen worden. Auch das Bundeskriminalamt (BKA) und seine Aufgaben in bestimmten Bereichen der Verbrechensbekämpfung sind erläutert worden. Zugleich ist das BKA auch diejenige Behörde, die in der Bundesrepublik die umfassenden Aufgaben einer Kriminalpolizei wahrnimmt. Diese richten sich nach dem „Gesetz über das Bundeskriminalamt und die Zusammenarbeit des Bundes und der Länder in kriminalpolizeilichen Angelegenheiten (§ 1 BKAG). Zunächst hatte das BKA seinen Sitz in Hamburg, zog jedoch 1852 nach Wiesbaden. Dort ist der Hauptsitz des BKA, einzelne Dienststellen sind ausgelagert.[67] 102

Danach nimmt das BKA nur in besonderen Fällen die Ermittlungen in Strafverfahren auf, die in § 4 BKAG genau beschrieben sind. Hier wird deutlich, dass es sich um Taten besonderer Dimensionen oder Ziele handeln muss, zB internationalen Terrorismus, Taten gegen die Bundesrepublik usw. 103

Abb. 13: Haupthaus des BKA in Wiesbaden, Quelle: www.bka.de

Damit wird dem BKA eine besondere Zuständigkeit zur Übernahme der Ermittlungen zugeschrieben, die es in einigen Fällen auch umgesetzt hat.

Weiterhin wird das BKA als im Unterabschnitt 2 – internationale Zusammenarbeit – Zentralstelle für die IKPO (§ 14 V BKAG) und Steuerungsinstanz für Europol tätig und vertritt die Bundesrepublik in internationalen Arbeitsgruppen (so. zB TREVI-Terrorism, Racism, Extremism, Violence oder STAR – Ständige Arbeitsgruppe Rauschgift). Bei außergewöhnlichen Einsätzen werden Spezialisten des BKA in aller Welt eingesetzt. So zB die Mitglieder der IDKO (Identifizierungskommission), die zur Unterstützung bei Katastrophenlagen die Identifizierungen Toter im Auftrag des BKA durchführen, teils Beamte des BKA sind, teils aus den Ländern hinzugezogen werden.

[67] ZB an den Regierungssitz nach Berlin.

104 Eine wesentliche Aufgabe besteht weiterhin in der Unterstützung der Länderpolizeien durch Tatortunterstützung, kriminaltechnische Untersuchungen, Entwicklung von Untersuchungsmethoden, kriminologische Forschung und vieles mehr. Viele wesentliche Forschungsimpulse sind in den Jahren seit der Gründung des BKA von ihm ausgegangen, die teilweise an konkrete Personen geknüpft sind, teils aus der Arbeit der Behörde resultierten. So schuf der ehemalige Leiter des BKA Herold wesentliche Grundlagen in der Fahndung, Baurmann forschte zu Opferfragen und Opferrechten usw.

105 Wesentlich für den täglichen Dienst des Kriminalbeamten sind die im BKA zu recherchierenden Daten. Überregionale Taten, die die Grenzen von Bundesländern überschreiten, wären ohne das BKA und seine „Datentöpfe" nicht aufzuklären. Auch die jährlich veröffentlichte Polizeiliche Kriminalstatistik des Bundes (PKS), die die Daten der Länder zusammenfasst und interpretiert, sowie die speziellen Lagebilder einzelner Kriminalitätsbereiche sind für den Kriminalbeamten für die Bewertung seiner Arbeit von grundlegender Bedeutung.

Die politische Struktur der Kriminalpolizeilichen Organisation ist ebenfalls für die Länderpolizeien von Bedeutung, zumal in den Gremien getroffene Entscheidungen bis in die tägliche Arbeit des einzelnen Kriminalbeamten hineinwirken.

106 Die Innenminister und Innensenatoren der Bundesländer und der Bundesinnenminister konferieren regelmäßig und befassen sich dabei mit den Themen, die ihren Behörden zugeschrieben sind – sog. Innenministerkonferenz – IMK. Dazu sind ihnen sechs Arbeitskreise zugeordnet, die wiederum die Vorlagen für die IMK bearbeiten. Der Arbeitskreis II (AK II) ist derjenige, der für die Themen rund um Innere Sicherheit, also auch Polizei und Kriminalpolizei, zuständig ist.

107 Innerhalb des AK II sind wiederum AGs tätig, die sich – je nach Sparte – aus den jeweiligen Führungen innerhalb der Bundesländer zusammensetzen. Für den Bereich Kriminalpolizei heißt das: AG Kripo, bestehend aus dem Präsidenten des Bundeskriminalamtes, den Direktoren der Landeskriminalämter, usw.

Hier werden diejenigen Kriminalitätsfragen diskutiert, die von allgemeiner Bedeutung sind. Die Beschlüsse werden in den Ländern durch Erlasse umgesetzt.

V. Bundeslandintern (NRW)

108 In Nordrhein-Westfalen ist die Polizeiliche Organisationsstruktur in den letzten 25 Jahren mehrfach verändert worden. Das Ziel sollten jeweils eine Optimierung von Abläufen, eine effizientere Arbeit und ein zielorientierteres Einsetzen des Personals zur Folge haben.

Im Zuge der Reformierung Anfang der 1990er Jahre wurde die Spartenteilung in Schutz- und Kriminalpolizei abgeschafft.

So wurden auch die Bezeichnungen von Dienststellen geändert. Ebenso gab es eine maßgebliche Veränderung der Zuständigkeiten: Während bis zu diesem Zeitpunkt die „Kripo" für Ermittlungen bei allen Straftaten zuständig war, wurde nunmehr die Ermittlungszuständigkeit bei bestimmten Delikten an die frühere Schutzpolizei übertragen, wo in den Inspektionen eigene Ermittlungsdienststellen eingerichtet wurden. Es gab fortan (auf dem Papier) nur noch „eine Polizei".

Spricht man aber mit den Beamten in den verschiedenen Dienststellen, so ist immer noch die Auffassung vorhanden, der eine sei „bei K" (also der Kriminalpolizei), die andere „bei S", also der Schutzpolizei.

Seit 2007 ist die Polizei NRW erneut neu organisiert worden. Nach einer Über- 109
gangszeit, in der verschiedene Modelle „getestet" wurden, ist nunmehr eine einheitliche Organisationsstruktur gefunden worden, nach der sich die verschiedenen Behörden ausrichten.

Abb. 14: Dienstmarke der Kriminalpolizei; Foto von privat

Die Organisation der nordrhein-westfälischen Polizei ist übersichtlich und knapp zusammengefasst auf deren Internetpräsentation:

„In Nordrhein-Westfalen nimmt die Polizei ihre Aufgaben in 47 Kreispolizeibehörden und drei Landesoberbehörden mit circa 50.000 Beschäftigten, davon mehr als 42.000 Polizeibeamtinnen und -beamten wahr. Die Polizei untersteht dem Innenminister. Er ist gegenüber dem Parlament politisch verantwortlich.[68]"

Diejenigen Beschäftigen, die nicht als 110
Polizeibeamte oder Polizeibeamtinnen aufgeführt sind, sind Regierungsbeschäftigte. Innerhalb der polizeilichen Bereiche, die nicht durch Beamte mit der Befähigung und Befugnis zu Entscheidungen über Grundrechtseingriffe, insbesondere von Zwangsmaßnahmen, besetzt sein müssen, sind vornehmlich Regierungsbeschäftigte im Einsatz (zB zur Pflege, Wartung der polizeilichen Technik, innerhalb der polizeiärztlichen Dienste usw).

Das Ministerium für Inneres und Kommunales (MIK) ist diejenige Behörde, die unbedingte Entscheidungskompetenz für die Polizei, damit auch für die Kriminalpolizei, hat. Sie erfüllt ihre Regelungsaufgabe durch sog. „Erlasse", die für die Behörden Bindungswirkung haben.

„Die nordrhein-westfälische Polizei ist seit dem 1.7.2007 zweistufig organisiert.

Die Basis bilden 47 Kreispolizeibehörden. Das Innenministerium ist oberste Aufsichtsbehörde. Es führt die Aufsicht über alle Polizeibehörden und wird bei der Aufsicht über die Kreispolizeibehörden von den drei Landesoberbehörden (LOB) unterstützt. Die LOB nehmen zudem landeszentrale Aufgaben wahr."[69]

Bei den LOB handelt es sich um das LKA, das LAFP und das LZPD: 111

---

[68] (*Polizei NRW*), http://www.polizei-nrw.de/artikel__89.html (zuletzt aufgerufen am 4.5.2017).

[69] (*Polizei NRW),* http://www.polizei-nrw.de/artikel__89.html (zuletzt aufgerufen am 4.5.2017).

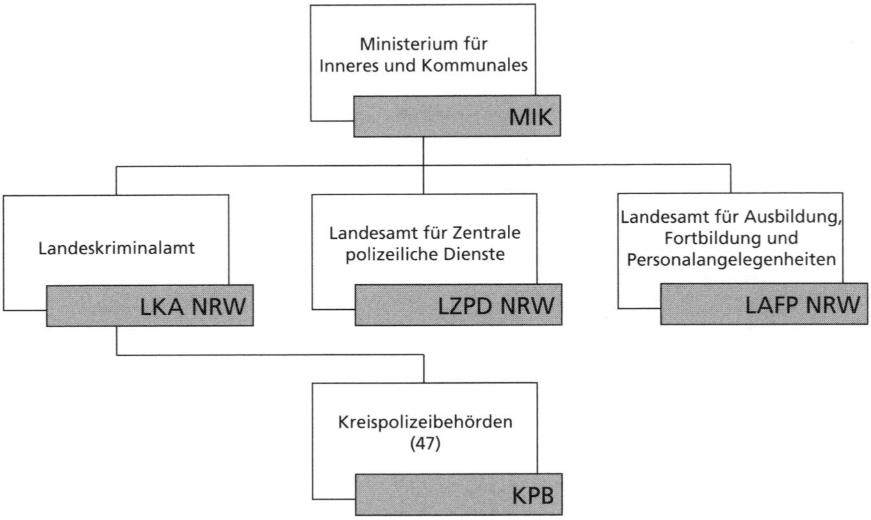

Abb. 15: Organisation der Polizei NRW

Die LOB erfüllen, jede für ihren Bereich, die Aufgaben, die ihnen per Gesetz übertragen sind (s. hierzu POG NRW). Sie arbeiten zudem durch ihre Fach- und Sachkenntnis in ihren jeweiligen Zuständigkeitsbereichen dem MIK zu, indem sie geeignete Analysen und Vorbereitungen für die dortigen Erlasse erstellen.

1. Landeskriminalamt (LKA NRW)

112 Die Aufgaben des LKA ergeben sich insbesondere aus § 13 POG. Es hat seinen Sitz in Düsseldorf und ist mit fast 1.000 Mitarbeiterinnen und Mitarbeitern Zentralstelle für kriminalpolizeiliche Aufgaben. Es unterstützt das Innenministerium in Angelegenheiten der Kriminalitätsbekämpfung und die KPB bei der vorbeugenden Bekämpfung sowie bei der Verfolgung und Aufklärung von Straftaten

Abb. 16: Logo LKA NRW, Quelle: LKA NRW

Im Auftrag des Innenministeriums sowie auf Ersuchen eines Gerichts oder einer Staatsanwaltschaft verfolgt das Landeskriminalamt Straftaten in eigener Zuständigkeit. Darüber hinaus sammelt es alle für die Kriminalitätsbekämpfung der Polizei bedeutsame Nachrichten und wertet sie aus. Außerdem nimmt es landeszentrale Aufgaben im Bereich des Waffen- und Vereinsrechtes wahr.

113 Das LKA NRW ist eines von 15 LKÄ im Bundesgebiet. Das Land Brandenburg unterhält kein LKA im engeren Sinne, sondern eine Fachdirektion Landeskriminalamt innerhalb der Polizei, weshalb es nicht ebenso viele LKÄ wie Bundesländer gibt. Das LKA hat im Ermittlungsbereich insbesondere für die Arbeit der Kriminalpolizei Grundlagenkompetenz, das heißt, dass von hier aus sowohl unterstützend für die Behörden gearbeitet wird, aber auch Richtlinien vorge-

geben werden. Beispiele hierfür sind die zentral beim LKA geführte Dienststelle zur Fahndungsunterstützung „Visuelle Fahndungshilfen", die Tatortgruppe und vieles mehr.

2. Landesamt für Zentrale Polizeiliche Dienste (LZPD NRW)

„Die Aufgaben des LZPD sind in § 13a POG zusammengefasst. Der zentrale Standort befindet sich in Duisburg, die größte Außenstelle ist in Neuss untergebracht. In diesem Landesamt, in dem mehr als 1.000 Beschäftigte arbeiten, wird eine Vielzahl unterschiedlicher Aufgaben gebündelt. So unterstützt das LZPD das Innenministerium in allen Fragen der Gefahrenabwehr, der Einsatzbewältigung und der Verkehrssicherheitsarbeit, es koordiniert landesweit Kräfte und Einsatzmittel und unterhält – bundesweit einmalig – eine landeszentrale Leitstelle (in Neuss)."[70] 114

Das LZPD NRW ist zuständig für die Koordinierung aller derjenigen Anlässe, die von landesweiter Bedeutung sind und die die Kreispolizeibehörden zur Unterstützung benötigen. Darüber hinaus werden hier diejenigen Entscheidungen des MIK vorbereitet, die sich für jeden einzelnen Polizeibeamten auswirken: Fragen zur technischen Ausrüstung, zur Bewaffnung, zu Art und Umfang der Motorisierung usw. 115

Neben diesen Aufgaben ist es zuständig für die technische Ausstattung der Polizei und alle Angelegenheiten der Informations- und Kommunikationstechnik. Nach Bestimmung des Innenministeriums werden hier Aufgaben der Steuerung und Führung sowie Belange von Haushalts-, Wirtschafts- und Liegenschaftsangelegenheiten landeszentral für die Polizei NRW wahrgenommen."[71]

Auch die Einführung polizeilicher Datenpools und Recherchemöglichkeiten ist wesentlicher Aufgabenschwerpunkt des LZPD, ohne dessen Arbeit in den Gremien des AKII eine Einführung zB von Inpol[72] aktuell, dem Informationssystem der Polizei, bundesweit erschwert gewesen wäre. 116

3. Landesamt für Ausbildung, Fortbildung und Personalangelegenheiten (LAFP NRW)

„Die Aufgaben des LAFP werden insbesondere in § 13b des Polizeiorganisationsgesetzes (POG) beschrieben. Mit ca. 1.200 Beschäftigten ist es zuständig für die Ausbildung und Fortbildung der Polizei, soweit die Ausbildung nicht von der Fachhochschule für öffentliche Verwaltung oder den Kreispolizeibehörden als Ausbildungsbehörden wahrgenommen werden. 117

Daneben führt das LAFP die Aufsicht über die Kreispolizeibehörden in allen dienstrechtlichen Angelegenheiten. Der Sitz des LAFP befindet sich in Selm-Bork, weitere Standorte befinden sich in Brühl, Linnich, Neuss, Münster und Schloß Holte-Stukenbrock."[73]

---

70 (*Polizei NRW*), http://www.polizei-nrw.de/artikel__89.html (zuletzt aufgerufen am 4.5.2017).
71 (*Polizei NRW*), http://www.polizei-nrw.de/artikel__89.html (zuletzt aufgerufen am 4.5.2017).
72 Informationssystem der Polizei – bundesweites Recherchesystem.
73 (*Polizei NRW*), http://www.polizei-nrw.de/artikel__89.html (zuletzt aufgerufen am 4.5.2017).

Abb. 17: LAFP Selm-Bork, aus: (IPA, 2011)

118 Das LAFP NRW ist zuständig für die Fortbildung der Polizei NRW. Lehrgänge und Seminare, die die Fortbildung zum Ermittlungsdienst der Kriminalpolizei beinhalten, finden im LAFP und einer seiner Einrichtungen statt. Dort sind auch Spezialfortbildungen angesiedelt, etwas zum Dienst in der Kriminaltechnik, für Vernehmungsbeamte, Sachbearbeiter bei Rauschgift-, Sexualdelikten uvm. Das LAFP erfüllt damit eine wesentliche Aufgabe für eine qualitativ gelungene Beweissicherung in Strafverfahren und eine gut arbeitende Kriminalpolizei.

119 Auch für das Studium der Kommissaranwärter an der Fachhochschule für öffentliche Verwaltung NRW übernimmt das LAFP NRW wesentliche Aufgaben: durch den konsequent verfolgten Aufbau des Studiums in Theorie – Training – Praxis ist jeweils zweite Instanz des Studiums das LAFP, das mit Trainern, Rollenspielern und seinen Lehrenden den gesamten Trainingsbereich übernimmt. Hier finden auch die Schulungen in den Grundtechniken des Schusswaffengebrauchs, der Einsatztechniken, der Ersten Hilfe und nicht zuletzt der Schulung zur Nutzung von Kfz (Fahrten mit Sonder- und Wegerechten) und Sport statt.

Diejenigen Behörden aber, in denen die kriminalpolizeiliche Arbeit geleistet wird, in denen „am Fall" gearbeitet und ermittelt wird, sind die Kreispolizeibehörden.

4. Kreispolizeibehörden (KPB)

120 „Der Schwerpunkt der Polizeiarbeit in Nordrhein-Westfalen liegt bei den 47 KPB. Ihre Zuständigkeitsbereiche decken sich zumeist mit denen der kreisfreien (Groß-) Städte und Kreise. KPB in kreisfreien Städten sind die 18 Polizeipräsidien, in den Kreisen sind dies die 29 Landrätinnen und Landräte. Neben den in allen KPB wahrzunehmenden Verwaltungsaufgaben sind hier die Vollzugsaufgaben in die Kernbereiche Gefahrenabwehr/Einsatz, Kriminalitäts- und Verkehrsunfallbekämpfung gegliedert.

Für bestimmte schwerwiegende Straftaten oder besondere Einsatzanlässe besteht ein abgestuftes System, nach dem größere und leistungsstärkere KPB Aufgaben über ihren eigenen Zuständigkeitsbereich hinaus wahrnehmen. Weitere Besonderheiten ergeben sich für die Überwachung von circa 2.000 km Autobahn und über 900 km Wasserstraßen. Für die Autobahn sind auch über den eigenen Bereich hinaus die Polizeipräsidien Bielefeld, Dortmund, Düsseldorf, Köln und Münster zuständig, für die Wasserstraßen ist es landeszentral das Polizeipräsidium Duisburg."[74]

74 (*Polizei NRW*), http://www.polizei-nrw.de/artikel__89.html (zuletzt aufgerufen am 4.5.2017).

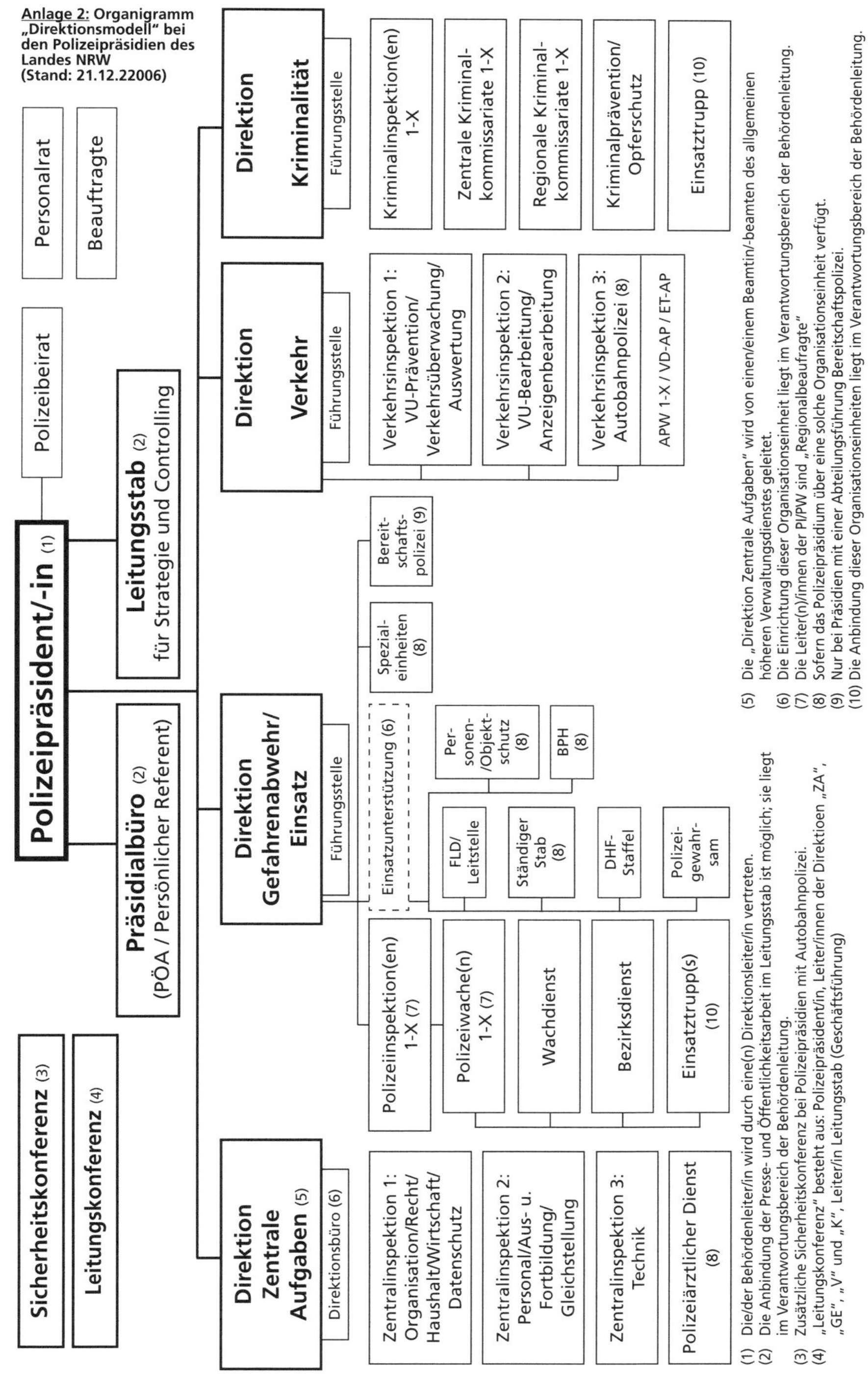

Abb. 18: Organigramm eines Polizeipräsidiums, Quelle: Erlass MIK – Anl. 2

121 Diese Einteilung in verschiedene Strukturen der Kreispolizeibehörden steht ebenso ständig auf dem Prüfstand wie deren Anzahl und Größe. Um- und Neuorganisationen sind durch Entscheidung des MIK jederzeit möglich. Die vorstehenden Angaben (Stand Juni 2012) zu Organisation und Anzahl sind (noch) aktuell.

Die letzte Reform der Organisation der Polizei hat gerade in den letzten Jahren diese vereinheitlichte Form gefunden und wurde abgeschlossen durch den Erlass „Organisation der Kreispolizeibehörden des Landes Nordrhein-Westfalen; RdErl. d. Ministeriums für Inneres und Kommunales – 43.1–58.08.01 – v. 21.12.2010". Darin werden die Kreispolizeibehörden verpflichtet, ihre Organisation an den Kernaufgaben der Inneren Sicherheit, also den Hauptaufgaben der Polizei auszurichten (sog. Kernaufgabenorientierung).

122 Danach haben alle Behörden sowohl Dienststellen zu diesen drei Kernaufgaben als auch eine für die Verwaltung einzurichten, jeweils Direktionen genannt; sie werden in

„... Direktionen Gefahrenabwehr/Einsatz (GE), Kriminalität (K) und Verkehr (V) sowie in eine Direktion Zentrale Aufgaben (ZA) gegliedert (Direktionsstruktur) ..." [75]

Weiter wird unter Ziff. 1.3 des Erlasses den Kreispolizeibehörden die Struktur als Rahmen vorgegeben, in der sie sich bewegen können.

Damit sind zwar die grundlegenden Organigramme der Behörden identisch, deren Zuständigkeit bestimmter Dienststellen, insbesondere deren Bezifferung aber durchaus regional unterschiedlich, ebenso gibt es zwangsläufig Unterschiede durch die politische Struktur einer Behörde (Polizeipräsidium vs. Landratsbehörde).

123 Beispielhaft soll hier das Organigramm einer großen Behörde erläutert werden.

Dieses Organigramm zeigt die grundlegenden Strukturen einer Polizeibehörde; darüber hinaus gibt es Kreispolizeibehörden, die für bestimmte Aufgaben zuständig sind und diese nicht nur für sich selbst, sondern auch für andere ihnen zugewiesene Behörden übernehmen müssen. Dies ergibt sich zunächst aus dem Gesetz zur Organisation der Polizei.

B. Polizeiorganisationsgesetz NRW (POG NRW)

124 Organisation der Polizeibehörden insgesamt richtet sich nach dem „Gesetz über die Organisation und die Zuständigkeit der Polizei im Lande Nordrhein-Westfalen – Polizeiorganisationsgesetz (POG NRW) (s. hierzu [*Bialon/Springer*, 2016). Aus diesem Gesetz geht hervor, wann und in welchen Fällen (jeweils in Verbindung mit den Aufgabenzuweisungen aus anderen Gesetzen, insbesondere § 1 PolG NRW iVm weiteren, s. hierzu [*Bialon/Springer*, 2016]) die Polizei allgemein ihre Arbeit aufnehmen muss und wie sie dafür aufgebaut ist.

125 Im Vierten Abschnitt des Gesetzes werden die sachlichen Zuständigkeiten zugeschrieben, darunter in § 11 POG NRW:

---

[75] (*MIK*, 2010).

„Sachliche Zuständigkeit der Kreispolizeibehörden

(1) Die Kreispolizeibehörden sind zuständig

1. für die Gefahrenabwehr insbesondere nach dem Polizeigesetz des Landes Nordrhein-Westfalen,
2. für die Erforschung und Verfolgung von Straftaten und Ordnungswidrigkeiten; die Wasserschutzpolizei insoweit nach Maßgabe einer vom Innenministerium zu erlassenden Rechtsverordnung,
3. für die Überwachung des Straßenverkehrs.

(2) Die Wasserschutzpolizei ist darüber hinaus zuständig für die Überwachung des Verkehrs auf den schiffbaren Wasserstraßen und Gewässern.[76]"

§ 11 I 2 POG NRW gibt also den Kreispolizeibehörden die sachliche Zuständigkeit, Straftaten zu erforschen und zu verfolgen. Schon in § 2 III Nr. 1 POG NRW wird der Weg in weitere Bestimmungen eröffnet, die sich mit den Kreispolizeibehörden insoweit befassen, als es um ihre Struktur ausschließlich zu den Zuständigkeiten der Straftatenverfolgung geht: 126

„…

(3) Das Innenministerium wird ermächtigt,

1. durch Rechtsverordnung Polizeipräsidien zu Kriminalhauptstellen zu bestimmen, indem ihnen im Einzelnen zu bezeichnende Aufgaben der Strafverfolgung und der Gefahrenabwehr anderer Kreispolizeibehörden übertragen werden,

…"

Die zur Ausgestaltung dieser Vorschrift erlassene Rechtsverordnung ist die „Verordnung über die Bestimmung von Polizeipräsidien zu Kriminalhauptstellen (KHSt-VO) vom 17. Dezember 2002 idF von 2008".

C. Kriminalhauptstellenverordnung NRW (KHSt-VO)

I. Zuständigkeiten nach § 2 KHSt-VO

Von den 47 Kreispolizeibehörden werden in § 1 KHSt-VO 16 Polizeipräsidien zu Kriminalhauptstellen bestimmt. Ihnen werden jeweils umliegende Kreispolizeibehörden zugeordnet, für die sie in bestimmten Ermittlungsfällen mit zuständig sind. 127

Beispiele:
- Das PP Bielefeld ist zuständig für seinen Polizeibezirk und die Polizeibezirke der Kreise Gütersloh, Herford, Höxter, Lippe, Minden-Lübbecke und Paderborn.
- Das PP Hagen für seinen Polizeibezirk und die Polizeibezirke des Ennepe-Ruhr-Kreises, des Märkischen Kreises, der Kreise Olpe und Siegen-Wittgenstein.

---

[76] (*LandNRW*, 2002 – geändert 2007).

128 In §2 KHSt-VO werden diesen 16 Behörden, die daher auch als „§2-Behörden“ bezeichnet werden, Aufgaben übertragen, die über die Aufgaben der ihnen zugeordneten Kreispolizeibehörden hinausgehen:

„(1) Die zu Kriminalhauptstellen bestimmten Polizeipräsidien sind in ihrem Bereich zuständig für die Erforschung und Verfolgung folgender Straftaten:
1. vorsätzliche Tötung,
2. Bildung krimineller Vereinigungen (§129 StGB),
3. illegale Herstellung von Betäubungsmitteln (§30 Abs. 1 Nr. 1 und §30a Abs. 1 Nr. 1 BtmG),
4. Straftaten, die im Rahmen Organisierter Kriminalität begangen werden, und Geldwäsche (§261 StGB),
5. Erpressung (§253 StGB) und räuberische Erpressung (§255 StGB) mit unbekanntem Täter, wenn eine gemeingefährliche Straftat angedroht wird,
6. Wirtschaftsstraftaten,
7. Straftaten der Computerkriminalität in den Fällen der §§202a, 263a, 269, 270, 271, 274 Abs. 1 Nr. 2, 303a, 303b und 348 StGB,
8. Angriffe auf den Luft- und Seeverkehr (§316c StGB), soweit nicht die Voraussetzungen des §4 vorliegen.“

Sie sind im Rahmen der Erforschung und Verfolgung der genannten Straftaten auch für die Gefahrenabwehr zuständig. Das Polizeipräsidium Oberhausen ist, ohne Kriminalhauptstelle zu sein, in seinem Polizeibezirk zuständig für die Erforschung und Verfolgung von Straftaten nach Satz 1 Nr. 4.

„(2) Die zu Kriminalhauptstellen bestimmten Polizeipräsidien sind ferner zuständig für die Verhütung und vorbeugende Bekämpfung sowie für die Erforschung und Verfolgung der politisch motivierten Kriminalität, insbesondere von Straftaten auf dem Gebiet des strafrechtlichen Staatsschutzes. Für die Verhütung von Straftaten der politisch motivierten Kriminalität im Rahmen der Wahrnehmung polizeilicher Aufgaben aus Anlass von Versammlungen oder Veranstaltungen bleibt die Zuständigkeit der Kreispolizeibehörden gem. §7 Abs. 1 des Polizeiorganisationsgesetzes erhalten. Die zu Kriminalhauptstellen bestimmten Polizeipräsidien unterstützen sie dabei.

(3) Bedarf es zur Aufklärung einer der in Absatz 1 genannten Straftaten nicht des Einsatzes der Kräfte und Mittel des zur Kriminalhauptstelle bestimmten Polizeipräsidiums, kann es die Verfolgung der nach §7 Abs. 1 des Polizeiorganisationsgesetzes örtlich zuständigen Kreispolizeibehörde mit deren Zustimmung überlassen.

(4) Die zu Kriminalhauptstellen bestimmten Polizeipräsidien unterstützen die Kreispolizeibehörden ihres Bereichs bei der Wahrnehmung von Aufgaben der Kriminalprävention.“

129 In der Praxis bedeutet das: Der Beamte, der zu einem Einsatz gerufen wird, muss sich zunächst darüber klar werden, ob ein hier aufgeführtes Delikt vorliegen könnte. Ist dies der Fall, so muss er, sofern er nicht Angehöriger einer der 16 Hauptstellen ist, für die Meldung an „seine“ Hauptstelle sorgen. Dort wird sodann entschieden, ob die weiteren Arbeiten in diesem Fall von der Hauptstelle übernommen werden oder ob sie in der KPB verbleiben. Diese Norm soll der Tatsache Rechnung tragen, dass nicht in allen 47 Behörden Beamte mit

speziellen Kenntnissen eingesetzt werden können und dass die Bildung von Kommissionen zur Ermittlungsarbeit die Personalanforderungen kleinerer Behörden häufig übersteigen würden, sodass das Tagesgeschäft mit den Ansprüchen an die Ermittler kaum noch bewältigt werden könnte.

Damit sind aber auch von jedem Beamten vor Ort in den Überlegungen über die Führung eines Einsatzes, die Übernahme der Ermittlungen und die Meldeerfordernisse (s. hierzu Ausführungen zur Kriminalistischen Fallanalyse, → Rn. 241) die Regelungen der KHSt-VO regelmäßig einzubeziehen.

II. Zuständigkeiten gem. § 4 KHSt-VO

Noch höhere Ansprüche an Ausbildung, Kenntnisse, Fähigkeiten und Fertig- 130
keiten und Anzahl der einzusetzenden Beamten stellen diejenigen Einsatzanlässe, für die gem. § 4 KHSt-VO sechs der Hauptstellen ernannt werden:

„(1) Die Polizeipräsidien **Bielefeld**, **Dortmund**, **Düsseldorf**, **Essen**, **Köln** und **Münster** sind sachlich zuständig für die Gefahrenabwehr, die Erforschung und Verfolgung von

1. Straftaten des erpresserischen Menschenraubs (§ 239a StGB) und der Geiselnahme (239b StGB), wenn Täter bei Bekanntwerden der Tat Personen in ihrer Gewalt haben,
2. Straftaten im Zusammenhang mit größeren Gefahren- und Schadenslagen, Anschlägen und Amoklagen.

(2) Die in Absatz 1 genannten Polizeipräsidien sind für den Personen- und Zeugenschutz zuständig."

Aufgrund dieser Regelung werden diese sechs Behörden auch „§ 4-Behörden" 131
oder „Megabehörden" genannt.

Wie die Aufzählung aus der Verordnung bereits zeigt, sind diese Einsatzanlässe solche, die auch die Hinzuziehung von Spezialeinheiten erfordern. Daher sind die Megabehörden diejenigen, die eine andere Organisationsstruktur haben als die übrigen Polizeibehörden, denn sie verfügen über Spezialeinheiten, Ständige Stäbe usw.

Allein durch den Blick auf ein Organigramm einer Behörde kann der geübte Beamte, der diese Bestimmungen kennt, die Einordnung einer Behörde als § 4-Behörde vornehmen.

Auch hier wird in der Praxis regelmäßig die Frage zu beantworten sein, ob der 132
Einsatzanlass, den man gerade zu bewältigen hat, in eigener Zuständigkeit zu bearbeiten ist, ob er über die § 2-Behörde hinaus geht und den Einsatz einer § 4-Behörde erfordert. Auch dies wird im Zusammenhang mit der Kriminalistischen Fallanalyse (KFA) näher betrachtet.

Die Regelungen der §§ 2 und 4 KHSt-VO ändern jedoch nichts an dem Erfordernis, dass jeder Polizeibeamte, egal welcher „Art" Behörde er angehört, den sog. Sicherungsangriff im Rahmen des Ersten Angriffs zu erledigen hat. Dazu sagt § 6 KHSt-VO:

Die Pflicht der nach § 7 Abs. 1 des Polizeiorganisationsgesetzes örtlich zuständigen Kreispolizeibehörden zum ersten Angriff und zur Durchführung der notwendigen unaufschiebbaren Maßnahmen bleibt unberührt. Sie haben die zu Kriminalhauptstellen bestimmten Polizeipräsidien unverzüglich zu unterrichten, wenn sich der Verdacht einer in deren Zuständigkeit fallenden Straftat ergibt.

133 Hierzu ein **Fall:**

Fall:

Spaziergänger finden in dem kleinen Ort Gruiten an einem Sonntagnachmittag auf einer Waldlichtung eine offenbar verletzte Frau. Sie rufen über 110 die Polizei.

Lösung: Polizeibeamte der Wache Haan übernehmen den Einsatz und fahren nach Gruiten, einem Stadtteil von Haan. Dort übernehmen sie die Sicherung des Tatortes und sorgen für die Versorgung der Verletzten. Die Beamten betreiben alle diejenigen Maßnahmen, die den Tatort in seiner ursprünglichen Form erhalten sollen (s. hierzu „Sicherungsangriff") und warten auf das Eintreffen ihrer zuständigen KPB (Mettmann).

Fall:

Leider kann ein Notarzt vor Ort nur noch den Tod der Frau feststellen.

Lösung: Damit dürfte ein nicht natürlicher Tod vorliegen, es könnte sich um ein Tötungsdelikt handeln. Zuständig ist mithin eine § 2-Behörde. Die aus Mettmann am Tatort eingesetzten Kriminalbeamten haben also „ihre" Hauptstelle zu benachrichtigen, was in diesem Fall das PP Düsseldorf ist.

Fall:

Das PP Düsseldorf setzt eine Mordkommission ein. Im Zuge deren Ermittlungen stellt sich bereits sehr schnell heraus, dass der getrennt lebende Ehemann der Toten auch die gemeinsamen Kinder in seiner Gewalt hat und droht, auch sich und die Kinder zu töten.

Lösung: Die nun zu treffenden Maßnahmen gehen auch über die § 2-Behörde hinaus und fallen in den Aufgabenbereich der zuständigen § 4-Behörde, die in diesem Fall ebenfalls Düsseldorf ist. Von dort werden Spezialeinsatzkräfte zur Befreiung der Kinder und zur Festnahme des Tatverdächtigen entsandt.[77]

§ 11 Das kriminalistische Denken

134 Die Arbeit eines Kriminalbeamten, eines Ermittlers, ist geprägt vom Versuch, Straftaten zu beweisen und Täterschaften nachzuweisen, beweissichere Strafverfolgung zu betreiben und alle Ermittlungshandlungen zu treffen, die Tat und Täterschaft beweisen oder in bestimmten Fällen auch widerlegen.

Damit sind wir in einem wesentlichen Bereich polizeilicher Tätigkeit. Warum und in welchen Fällen es gelingt, Taten aufzuklären, welche Methoden dazu genutzt werden und wie strukturiert die Beamten vorgehen, ist Gegenstand verschiedenster Forschungen. Von der Aussage, man „erkenne seine Schweine am Gang"[78] bis hin zur wissenschaftlich orientierten Ermittlerarbeit gibt es eine ganze Bandbreite.

---

[77] S. hierzu vertiefend im Bereich Einsatzlehre.

[78] (*Reichertz*, 1990).

Faktisch ist der Erfolg von Ermittlungen häufig abhängig vom sog. „Kommissar Zufall". Das aber ist nicht die qualitativ hochwertige Arbeit, die von kriminalistisch geschulten Beamten erwartet werden kann und darf. Hier kann gefordert werden, dass den Grundsätzen des „kriminalistischen Denkens" folgend gearbeitet wird. Darunter versteht man allgemein eine umfassende, aus den Bezugswissenschaften genutzte Technik, zielgerichtet und dem Anlass angemessen Fragestellungen zu formulieren und Lösungen und Maßnahmen dazu zu finden.

„Entscheidend ist gerade nach schweren Straftaten, dass nicht einfach die üblichen Ermittlungshandlungen abgearbeitet werden, oft sogar auf breitester Basis, ohne diese Maßnahmen der konkreten Aufgabe genügend anzupassen."[79]

Erfolgreicher in der Ermittlungsarbeit ist jedoch derjenige, der in der Lage ist, 135
aus einer Bandbreite verschiedenster Überlegungen jeweils diejenige zu wählen, die dem Fall angemessen ist und für diese konkrete Situation Erfolg verspricht, also eben „kriminalistisch zu denken". Das aber bedeutet konsequenterweise auch, dass die Ermittler über ein Portfolio von Entscheidungsmöglichkeiten verfügen und entsprechend ausgebildet sein müssen. Dies scheint umfassend Zustimmung zu erfahren, wo es um die Spezialkenntnisse eines Kriminalbeamten geht. Allerdings wird dabei verkannt, dass auch der Beamte der „Schutzpolizei", also des Wach- und Wechseldienstes über diese umfassenden Kenntnisse und Fähigkeiten verfügen muss. Er ist in der Regel als erster vor Ort, er muss für den Schutz des Ereignisortes und seine Erhaltung sorgen. Wie aber soll er dies tun, wenn er nicht weiß, welches die erhaltenswerten Dinge überhaupt sind? Er muss also ebenfalls über fundiertes Wissen und die Fähigkeit des kriminalistischen Denkens verfügen.

Daher wird ein wesentlicher Anteil des Grundstudiums sich mit den Methoden kriminalistischen Denkens befassen. Deren Ursprung liegt darin, dass ein Beamter eine Wahrnehmung macht, die ihn dazu bringt, etwas näher hinzuschauen. Er hinterfragt die Wahrnehmung und interpretiert sie jeweils, damit ist der erste Schritt des kriminalistischen Denkens getan: Die Verdachtsfindung.

§ 12 Die Verdachtslehre

A. Begriffsbestimmung

Auch der Verdacht muss, ebenso wie die Begriffe „Verbrechen" und „Tatort" 136
(→ Rn. 21 , → Rn. 435), sowohl aus rechtlicher als auch aus kriminalistischer Sicht definiert werden.

Definition: Verdacht (Anm. d. Verf.: im kriminalistischen Sinne) hegen heißt, mehr oder anderes vermuten, als sich offen zeigt.[80]

---

[79] (*Walder/Hansjakob*, 2016), S. 4
[80] (*Walder/Hansjakob*, 2016), S. 95 ff.

In dieser Definition wird auf eine „Vermutung" verwiesen, dass hinter einer erkennbaren Situation etwas anderes, Weitergehendes stecken könnte. Damit aber ist der Verdacht nur ansatzweise erklärt.

Eine derartige Vermutung kann nur dann entstehen, wenn jemand eine irgendwie wahrgenommene Situation mit seinen vorhandenen Erfahrungswerten verknüpft. Am Anfang eines jeden Verdachts steht daher die Wahrnehmung. Mit welchem der verfügbaren Sinne diese Wahrnehmung gemacht wird, ist unerheblich, einzig das Erkennen einer Besonderheit zählt.

Beispiele:
- Es riecht außergewöhnlich süßlich, streng, faul, nach Benzin, Öl oder sonst auffällig.
- Es sind Geräusche zu hören, die nicht „normal" sind – Rufen, Schreien, Schüsse, quietschende Bremsen und Reifen …
- Es sind besondere Dinge zu sehen: laufende Menschen, torkelnde Menschen, kaputte Fahrzeuge, eingeschlagene Scheiben, offen stehende Türen …

usw

Eine solche Wahrnehmung wird aufgenommen und mündet in einer Interpretation. Diese ist in ihrem Inhalt stark abhängig von dem, was der interpretierende Mensch an Erfahrungen gesammelt hat und in welcher Zielrichtung er denkt.

137 Diese Interpretation kann in der Aussage münden: „Hier stimmt etwas nicht!", also in einem Misstrauen der Situation gegenüber. Während der nicht polizeilich geprägte Mensch die Interpretation aus seinem Lebensalltag trifft, kommt der Polizeibeamte auf den Gedanken, etwas näher hinzuschauen und zu versuchen, sein Misstrauen zu bestätigten (also zu verifizieren) oder zu widerlegen (also zu falsifizieren).

Aus diesem Misstrauen wird, wenn es verifiziert wird, eine Vermutung mit dem Inhalt, es könne eine Straftat vorliegen. Dieser Vermutung folgend wird weiter und tiefer auf die Situation geschaut, es werden Fragen zu den Hintergründen gestellt und Ermittlungen durchgeführt, an deren Ende als ein mögliches Ergebnis die Aussage steht, es sei alles in Ordnung, und als anderes mögliches Ergebnis der Verdacht qualifiziert und entsprechend formuliert wird.

Man spricht, wenn man diesen Prozess der Verdachtsfindung darstellen möchte, auch von der „Verdachtstreppe":

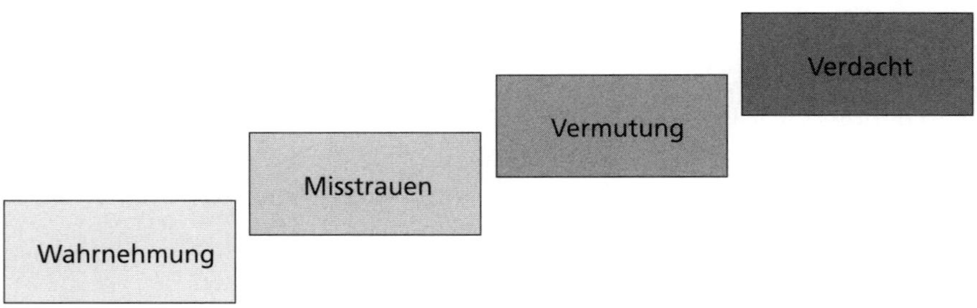

Abb. 19: „Verdachtstreppe"

Erst, wenn ein Verdacht klar begründet werden kann, sprechen bestimmte Kriterien für eine Straftat. Innerhalb dieser Stufe „Verdacht" gibt es wiederum mehrere Abstufungen der Verdachtsgrade (s. hierzu unten unter C.).

B. Verdachtsfindung

Der Weg über die Treppe von der Wahrnehmung zum Verdacht ist der der 138
Verdachtsfindung. Der Kriminalist bedient sich zur Findung und Begründung des Verdachts verschiedener Methoden:

I. Heuristik

Der Begriff kommt aus dem Griechischen, „heurisko", was so viel heißt, wie 139
„ich finde" oder „heuriskein" = „finden" und bezeichnet eine wissenschaftliche Herangehensweise als Methode.[81] Innerhalb dieser Methode setzt sich der Forschende mit komplexen Problemen so auseinander, dass er sie durch „back and forth" Denkprozesse zu neuen und unvorhergesehenen Lösungsansätzen und Hypothesen führt. Es geht also im Grunde darum, durch Überdenken etwas zu finden.

In der Kriminalistik ist jedoch dieses Ziel nicht immer deutlich, es ist unklar, 140
was zu finden wäre, **wer** zu finden ist. Daher ist der Schwerpunkt der kriminalistischen Heuristik, also der kriminalistischen Methode zur Erkenntnisgewinnung, die Suche an sich ohne Rücksicht auf das Finden.

Walder und *Hansjakob* führen dazu zutreffend aus:

„Heuristische Methoden versuchen, die Komplexität eines Problems zu reduzieren, um mit weniger Aufwand zur Lösung zu kommen."[82] Und „Der Kriminalist, der noch nach der Lösung sucht, muss sich das verbrechensverdächtige Ereignis in der ganzen Breite, in allen Erscheinungen und denkbaren Zusammenhängen vorstellen. Das Verbrechen ist in diesem Moment noch nicht die auf die juristische Fragestellung reduzierte Angelegenheit; es ist vielmehr eine Erscheinung im Leben des Einzelnen und im Leben der Gesellschaft. Die Straftat ist keine solierte Erscheinung, sondern steht immer in Beziehung zu einer Person, zum Täter zur Zeit der Tat und zu einer Tatsituation, wie sie der Täter gesehen hat. Wenn man sich zu früh dafür entscheidet, diese Erscheinung im Hinblick auf einen bestimmten in Frage kommenden Tatbestand zu überprüfen, riskiert man, sie nicht vollständig zu erfassen. Erforderlich ist aber einen komplexen Ablauf im Sinne der Heuristik so zu reduzieren dass sich bestimmte Tatbestände herausschälen lassen."[83]

Dieser Aussage kann man sich anschließen. Allerdings ist das Ziel des Kriminalisten sicher nicht nur die Suche allein. Seine Arbeit soll am Ende eine Klärung des Verbrechens bewirken, also Tat und Täterschaft nachweisen und diesen Nachweis gerichtsverwertbar aufbereiten.

Es muss also auch eine Methode geben, die das Finden als Ziel hat.

---

81 *Meyers*: Heuristik [zu griechisch heurískein »finden«] die, Lehre von der methodischen Gewinnung neuer Erkenntnisse mithilfe von Denkmodellen, Analogien, Gedankenexperimenten; im Unterschied zur Logik, welche lehrt, sie zu begründen.

82 (*Walder/Hansjakob*, 2016), S. 21

83 (*Walder/Hansjakob*, 2016), S. 22

II. Syllogistik

141 Diese Methode finden wir in der Syllogistik.[84] Dies ist eine auf Logik basierende Methode, derer sich der Kriminalist regelmäßig bedient. Auf zwei Ausgangsaussagen (die Prämissen) folgt zwingend eine Schlussfolgerung (die Konklusion):

Prämisse 1: Alle Hunde haben von Natur aus vier Beine.
Prämisse 2: Vicco ist ein Hund.
Konklusion: Vicco hat von Natur aus vier Beine.

Absichtlich hergestellte Fehlschlüsse nennt man „Sophismus", das wäre hier etwa „alle Hunde sind Vicco", aus Unkenntnis unabsichtlich hergestellte Fehlschlüsse sind „Paralogismen". Nur, wenn die Schlussfolgerung zwingend ist, nennt man sie **deduktiv** (und dann hinreichend zutreffend), ansonsten wird die Konklusion als **induktiv** bezeichnet.

Der Vorteil der Syllogistik liegt darin, dass in allen Feldern, die ein Verbrechen aufweist (Tat, Täter, Werkzeug, Opfer, Beute, Tatort, Tatzeit usw) Wirkungen bestehen, die in die jeweils anderen Felder eingreifen. Die Fragen, die sich die Syllogistik stellt, sind dann diejenigen, die Beziehungen zwischen den Feldern herstellen.

Versuchen wir, dies an einem **Beispiel** zu erläutern:

In ein Juweliergeschäft wurde eingebrochen. Und das an einem Sonntag, an dem wegen Reparaturarbeiten die Alarmanlage außer Betrieb war. Entwendet wurden lediglich hochwertige Armbanduhren. Schmuckstücke, die entweder absolut einmalig waren oder in ihrem Wert „gering", wurden liegen gelassen.

Die Scheibe in der Tür des Hintereinganges wurde eingeschlagen, Scherben liegen innen und außen, ein Nothammer liegt im Inneren neben der Tür.

Die Syllogistik bedient sich der bekannten Tatsachen:
- an einem Sonntag, an dem wegen Reparaturarbeiten die Alarmanlage außer Betrieb war. Daraus ergibt sich …
- lediglich hochwertige Armbanduhren. Daraus kann man schließen, dass …
- einmalige Teile blieben liegen, was bedeutet, dass …
- Teile von geringerem Wert blieben liegen. Das lässt vermuten, dass …

Daraus werden allein oder in der Verknüpfung logische Schlüsse gezogen, die die Ermittlungen zumindest so lange in eine Richtung konzentrieren, wie diese Schlüsse nicht als unlogisch oder falsch bewiesen wurden.

142 Im vorliegenden Fall ist logisch, dass – geht man nicht von einem Zufall aus – der oder die Täter Kenntnis über die Sicherheitsvorkehrungen hatten. Hinzu

---

[84] *Meyers*: Syllogistik [griechisch] die, Logik: von Aristoteles begründete Lehre vom Schluss als Kernstück der traditionellen Logik. Aus der Verbindung von zwei Vordersätzen (Prämissen) geht dabei der Schlusssatz (Konklusion) als logische Folgerung hervor. Die Syllogistik stellt in der modernen Logik einen Teil der prädikatenlogischen Schlüsse dar.

kommt Sachkenntnis über die Uhren, die leicht abgesetzt werden können und nicht den Verdacht möglicher Käufer auf sich ziehen. Schlussfolgerung kann sein, dass es sich um einen Insider handelt, man also im Umfeld des Juweliers ermitteln sollte.

Man leitet also die nächsten Ermittlungsschritte aus den logischen Schlussfolgerungen ab, arbeitet also deduktiv. Aus diesen Deduktionen bildet man Hypothesen, die die Zielrichtung der nächsten kriminalistischen Schritte bestimmen.

III. Abduktion

Diese Methode kehrt quasi die Logik um. Sie beginnt ihre Überlegungen in der 143
festgestellten Tatsache als Schlussfolgerung und entwickelt sie zurück, um den Ursprung zu erkennen. Also zB „Scherben liegen innen und außen", das könnte bedeuten, dass die Tür auch von innen eingeschlagen wurde. Dann ergäbe sich als überraschende Schussfolgerung, dass der oder die Täter gar nicht von außen in das Objekt kamen, sondern schon drin gewesen sein müssen. Ermittlungen würden sich nunmehr vermehrt auf Insider richten.

Dies sind drei Methoden, die für eine gelungene und zielführende kriminalis- 144
tische Arbeit nicht als „Entweder-Oder" gesehen werden dürfen. Nur mit einer **Kombination der Methoden** und einem gleichsam virtuosen Wechsel zwischen den verschiedenen Ansätzen wird es gelingen, Tat und Täterschaft gerichtsfest nachzuweisen. Dazu gehören alle die Elemente, die rechtlich zu Tat und Täterschaft zu zählen sind: objektiver und subjektiver Tatbestand inklusive eines die subjektive Seite erläuternden Motives, das Fehlen von Rechtfertigungsgründen, das Vorliegen aller Schuldmerkmale, die Betrachtung möglicher Annexe oder Prozessvoraussetzungen usw (s. hierzu *Nolden/Palkovits/Dittert/Pichocki* [2015]).

So lange der Polizeibeamte in einem Sachverhalt noch auf den ersten drei Stufen der Verdachtstreppe steht, also bestenfalls eine Vermutung hat, werden keine strafprozessualen Eingriffsmaßnahmen zu treffen sein. Erst, wenn das Stadium eines Verdachts begründet werden kann, werden Ermittlungsmaßnahmen möglich und zulässig. Welche Maßnahmen dies sind, ist jeweils abhängig vom Verdachtsgrad, der zu begründen ist, also der Ausprägung der letzten Stufe der Verdachtstreppe.

C. Verdachtsqualifizierung

I. Anfangsverdacht[85]

Der Anfangsverdacht und der in der Literatur häufig zu findende einfache 145
Verdacht sind in ihrer rechtlichen Bedeutung als identisch anzusehen. Eine Legaldefinition für den Anfangsverdacht findet sich in § 152 StPO. Er enthält in Abs. 1 die Aufgabe der Staatsanwaltschaft zur Erhebung der Öffentlichen Klage und schreibt in Abs. 2 die Verpflichtung dazu und die Voraussetzungen vor:

„(2) Sie ist, soweit nicht gesetzlich ein anderes bestimmt ist, verpflichtet, wegen aller verfolgbaren Straftaten einzuschreiten, sofern zureichende tatsächliche Anhaltspunkte vorliegen."

---

[85] S. hierzu auch (*Bialon/Springer,* 2016).

Hinweis: Ein Anfangsverdacht liegt immer dann vor, wenn „zureichende tatsächliche Anhaltspunkte" für eine Straftat vorliegen.

Damit können reine Vermutungen nicht mehr ausreichend sein, denn sie gehören nicht zu den geforderten Tatsachen bzw. tatsächlichen Anhaltspunkten. Es gehören all diejenigen Tatsachen dazu, die den Schluss, dass eine Straftat vorliegen kann, nahelegen.

Beispiel: Oma O ruft Samstagabend kurz vor 20.30 Uhr die Polizei an. Sie fühlt sich durch Lärm gestört. Vor ihrem Wohnzimmerfenster hat ein, wie sie es nennt, „Stadtstreicher" sein Wohnzimmer aufgeschlagen. Er steht am Sandkasten des Spielplatzes und empfängt seine Freunde, mit denen redet er dann so laut, dass sie die Volksmusik im Fernsehen nicht mehr hören kann. Sie verlangt, dass die Polizei den Lärm abstellen soll. Die Überprüfungen ergeben, dass auch die „Freunde" des R als Rauschgiftkonsumenten bekannt sind. Einer von ihnen hantiert (A) vor den Augen der eingesetzten Beamten mit einigen 5-EUR-Scheinen herum.

Die eingesetzten Kräfte erkennen in einem der neben dem Sandkasten stehenden Männer den stadtbekannten Rauschgifthändler R.

Der den Anruf entgegennehmende Beamte vermutet hinter dieser Schilderung mehr als die alte Dame. Aufgrund seiner Erfahrung und der Schilderung von Zeit und Ort geht er davon aus, dass hier illegale Geschäfte abgewickelt werden. Allerdings ist dies noch nicht ausreichend verifiziert. Er schickt einen Funkstreifenwagen zu O.

Für die Beamten ergibt sich nunmehr der Verdacht, dass R dort seinen Geschäften nachgeht und Drogen verkauft. Nach ihrer kriminalistischen Erfahrung sind Zeit und Ort prädestiniert für solche Delikte. Darüber hinaus kennen sie R bereits. Die Situation, wie von O geschildert, passt ebenfalls zu Drogendelikten. Die Beamten haben also Tatsachen, die die Annahme rechtfertigen, dass hier eine Straftat nach dem BtmG begangen wird. Sind diese Tatsachen ausreichend, so besteht der Anfangsverdacht eines Verstoßes gegen das BtmG, und die Beamten können Maßnahmen treffen, bei denen der Verdacht als Voraussetzung besteht (so zB Identitätsfeststellungen nach § 163b I StPO, Befragung nach § 163 I 2 StPO, weiter s. hierzu [*Bialon/Springer*, 2016])

146 Die hier zu treffenden Maßnahmen benötigen „nicht mehr" als den einfachen Verdacht. Sie dienen dazu, diesen einfachen Verdacht zu erhärten oder zu widerlegen. Würden diese Maßnahmen dazu führen, das glaubhaft und nachvollziehbar festgestellt werden kann, dass es sich hier wirklich um ein „gemütliches Treffen" von Freunden handelt, könnte man sie bestenfalls zur Einhaltung der Ruhe auffordern oder vom Spielplatz wegschicken, weitere Maßnahmen kämen dann nicht in Betracht.

Gehen wir aber davon aus, dass in unserem Fall neue Erkenntnisse hinzugewonnen werden:

Nunmehr sind weitere Hinweise hinzugekommen, die für eine Straftat sprechen. Aus dem einfachen, dem Anfangsverdacht, ist ein weiter führender Verdacht geworden:

II. Hinreichender Verdacht

Hier sind die festgestellten Tatsachen umfangreich, mit der Verknüpfung der 147
polizeilichen Erfahrung ist nun mit hinreichender Sicherheit davon auszugehen, dass es zu Drogendeals gekommen ist. Damit sind die Beamten jetzt auch befugt, Maßnahmen zu treffen, die weiterführende Tatsachen hervorbringen könnten, so zB die Durchsuchung nach Beweismitteln nach § 102 StPO. Der hinreichende Verdacht bezieht sich jetzt nicht mehr nur auf das Vorliegen eines konkreten Deliktes, er umfasst in diesem Fall auch den Verdacht gegen eine konkrete Person. Diesen Verdacht durch Ermittlungen zu erhärten oder zu widerlegen, ist nunmehr die Aufgabe der Beamten.

Beide, R und A, gelten im Sinne des Gesetzes noch immer als Verdächtige und werden damit auch als solche behandelt.

> **Definition:** Verdächtiger ist derjenige, der als Täter oder Teilnehmer einer Tat in Betracht kommt.

Verdächtige werden im Verfahren wie Zeugen behandelt, also auch wie ein Zeuge belehrt. Sodann können aber gegen sie Maßnahmen gerichtet werden, die als Adressaten den Verdächtigen fordern, sofern die eingriffsrechtlichen Voraussetzungen dazu erfüllt sind.

III. Dringender Verdacht 148

> **Beispiel:** Die Beamten durchsuchen den R und auch den A als Verdächtige, weil sie die Voraussetzungen des § 102 StPO erfüllt sehen. Dabei finden sie bei R drei kleine Bubbles (Bezeichnung für Verpackungseinheit von Drogen, meist Heroin), 13 Fünf-EUR-Scheine und bei A ein Spritzenbesteck.

Nicht nur für den „geübten" Polizei- und Kriminalbeamten liegt nun der Schluss nahe, dass „mehr dafür als dagegen spricht", dass es sich hier um ein Rauschgiftdelikt und bei R und A um die beiden Täter handelt. Damit liegt der dringende Tatverdacht vor, gegen beide Personen wird nun gezielt ermittelt. Das heißt auch, dass jetzt das Strafverfahren gegen sie betrieben wird, sie erlangen nunmehr den Status eines Beschuldigten.

> **Definition:** Beschuldigter ist derjenige, gegen den sich das Verfahren richtet und gegen den mit dem Ziel der Anklageerhebung ermittelt wird.

Es wird also deutlich, dass auch die letzte Stufe der Verdachtstreppe, der Ver- 149
dacht selbst, wiederum mehrere Stufen beinhaltet, die sich immer enger auf eine Tat und auf deren Täter oder Teilnehmer beziehen.

In welchem Stadium welcher Verdachtsgrad erreicht ist, hängt von vielen Faktoren ab. Zwischen den beiden Extremen, einem „Oberverdachtsschöpfer", der in allem und jedem einen Anfangsverdacht sieht und damit die rechtlichen Voraussetzungen verkennt, und dem „Drüberweggucker", dem die illegale Waffe schon vor den Füßen liegen muss, damit er sie erkennt, liegt die ganze Bandbreite der möglichen Einschätzungen.

Dazu hat das Bundesverfassungsgericht sinngemäß ausgesagt: Die Qualität eines Verdachtsgrades hängt entscheidend von der kriminalistischen Erfahrung des Beurteilenden ab, hinzu kommen seine Allgemeinbildung, Lebenserfahrung, Berufserfahrung, theoretische Kenntnisse über Kriminalistik und Kriminologie und seine Phantasie.

Dem folgend kann festgestellt werden, dass das Formulieren eines Verdachts eine komplexe, aber grundlegende Arbeit der Polizei ist, die nur mit kriminalistischem Denken erfüllt werden kann. Und nicht nur der Kriminalbeamte im Ermittlungsdienst muss über Bewertungs- und Handlungssicherheit verfügen. Auch der Beamte des Wachdienstes braucht die entsprechenden Kenntnisse, um eine Entscheidung vor Ort treffen zu können und die Beurteilung des Verdachtsgrades qualitativ hochwertig und nachvollziehbar vornehmen zu können, denn er übergibt sowohl die Sache in Form von Berichten oder Anzeigen als auch ggf. die Beschuldigten der jeweiligen Fachdienststelle, die dann auf seine Arbeit aufbauen kann.

150 Besteht Einigkeit über die Formulierung eines Verdachts, so sind die entsprechenden und geeigneten Maßnahmen zu treffen, um die Verdunkelung der Sache zu verhüten (s. § 163 I 1 StPO, sog. Legalitätsprinzip).

Diese Maßnahmen haben zum Ziel, die Tat in all ihren Komponenten und die Täterschaft so zu widerlegen oder zu beweisen, dass durch die Staatsanwaltschaft die Anklage erhoben werden kann und die Beweise gerichtsverwertbar sind.

§ 13 Die Beweisführung

151 „Das gesamte Ermittlungsverfahren, das tatrichterliche Verfahren und zT auch das Revisionsverfahren bestehen aus dem Suchen nach Beweisen, der Erhebung der Beweise, ihrer Würdigung und aus dem Ziehen von Konsequenzen aus den Beweisergebnissen in der Form von Entscheidungen …"[86] Beweisführung ist somit die wesentliche Aufgabe des Gerichts: Nach § 244 I StPO folgt die gerichtliche Beweisaufnahme nach der Vernehmung des Angeklagten, also im Verlaufe des Hauptverfahrens. Das Gericht tritt in die Beweisaufnahme ein und damit in

„… den Teil der Hauptverhandlung, in dem mit den gesetzlich zugelassenen Beweismitteln (…) von Amts wegen oder auf Antrag eines Prozessbeteiligten vergangene oder gegenwärtige Tatsachen und Erfahrungssätze aufgeklärt werden …"[87]

---

[86] (Meyer-Goßner/Schmitt/*Meyer-Goßner*, 2016), Einl. Rn. 47.
[87] (Meyer-Goßner/Schmitt/*Meyer-Goßner*, 2016), § 244 Rn. 2.

Gem. § 244 II StPO hat das Gericht 152

„… zur Erforschung der Wahrheit die Beweisaufnahme von Amts wegen auf alle Tatsachen und Beweismittel zu erstrecken, die für die Entscheidung von Bedeutung sind."[88]

Damit wird gefordert, dass eine lückenlose Beweisaufnahme zu leisten ist, darüber hinaus wird durch diese Formulierung definiert, was ein Beweis ist:

Definition: Beweise sind Tatsachen und Mittel, die für die Entscheidung von Bedeutung sind.

Definition: Beweisen heißt, dass der Richter von einer Tatsache überzeugt sein muss.[89]

Das Gericht ist dann von einer Tatsache überzeugt, wenn es im Rahmen der freien Beweiswürdigung gem. § 261 StPO zu der „… Subjektive(n) Überzeugung mit einer objektiv tragfähigen Tatsachengrundlage …" (BGHZ 53, 245 [256] = NJW 1970, 946) gelangt ist. Das heißt, dass das Gericht die Beweise einzeln und insgesamt zu würdigen und daraus einen Schluss zu ziehen hat, der für jeden Außenstehenden unter Beachtung von Recht und Gesetz genauso nachvollzogen werden kann.

Welche Beweise das im Einzelnen sind, bestimmt das Gericht selbst aufgrund eigener Anschauung oder auf Antrag eines Prozessbeteiligten. Solche Beweisanträge stellt regelmäßig die Staatsanwaltschaft; ebenso können Beweisanträge gestellt werden durch die Verteidiger oder andere Prozessbeteiligte (zB Nebenkläger, Opfervertreter usw).[90]

Zu den Beweisen zählen also auch alle zB am Tatort gemachten Feststellungen. Da das Gericht die Aufnahme der Beweise aber erst während der mündlichen Verhandlung durchführt, diese wiederum aber die Begutachtung aller Beweise beinhaltet, die dem Gericht vorliegen und zugänglich sind, ist diese Beweisaufnahme detailliert vorzubereiten durch die Sicherung der Beweise für das Gericht. Das ist die Aufgabe der Polizei im Rahmen der Tatort- und Ermittlungsarbeit.

A. Beweisführung

Der Begriff der Beweisführung ist weder im Gesetz noch in der Literatur klar 153
formuliert. Vereint man die Gesamtheit der Aussagen dazu, so ergibt sich, dass dieser Begriff den gesamten Prozess des Beweisens beinhaltet. Dieser beginnt im Ermittlungsverfahren[91] durch Staatsanwaltschaft und Polizei, setzt sich fort

88 § 244 II StPO.

89 (*Brodag*, 2008), Rn. 245.

90 S. hierzu vertiefend (Meyer-Goßner/Schmitt/*Meyer-Goßner*, 2016), zu § 244 StPO, (*Westphal*, 2010), S. 25 ff.

91 Über den Gang des Verfahrens und seine Bestandteile (Erkenntnisverfahren mit Vorverfahren = Ermittlungsverfahren, Zwischen- und Hauptverfahren und Vollstreckungsverfahren s. weiter unter § 10).

in der Bewertung und Analyse der gesicherten Beweise und endet mit der Bewertung in der Hauptverhandlung (HV) unter Beachtung der Prinzipien des Verfahrens. So lange der Beweis einer Tat und/oder einer Täterschaft nicht erbracht ist, gilt eine Beschuldigter oder Angeklagter als unschuldig, so lange liegt die Unschuldsvermutung vor.

Meyer-Goßner führt dazu aus:

„Die Erhebung oder Aufnahme eines Beweises (...) besteht darin, dass ein Beweismittel in das Verfahren eingeführt und zur Gewinnung eines Beweisergebnisses verwendet wird.

Beweisergebnis (...) ist das, was das Beweismittel an tatsächlichem Beurteilungsstoff für die Entscheidung der Beweisfrage ergibt. (...).

Die Gesamtheit der Beweisergebnisse, einschließlich der Indizien (...), wird durch die Beweiswürdigung für die zu treffende Entscheidung verwertet (...).

Die gleiche Methode wird bei jeglicher Beweiswürdigung angewendet, die einer Entscheidung oder Maßnahme eines Strafverfolgungsorgans vorausgeht und nur einen bestimmten Verdachtsgrad voraussetzt, zB bei der Prüfung, ob dringender Tatverdacht vorliegt ..."[92]

154 Veranschaulicht man diese Darstellung, so ergibt sich eine Methode, die wie ein Kreislauf immer wieder den neuen Stand der Beweislage aufgreift, erneut würdigt, mit anderen abgleicht und so letztendlich zu einem nachvollziehbaren Ergebnis kommt.

Beispiel: Mit einem Baseballschläger wird ein Mann in einem Park niedergeschlagen und anschließend beraubt. Auf der Flucht verliert der Täter den Schläger, an dem sich Blutspuren befinden.

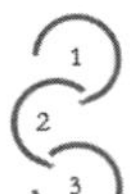

1. Sicherung des Beweises (zB Baseballschläger sichergestellt)
2. Verwendung für die Frage der Herkunft von Blutspuren
3. Ergebnis – es handelt sich um Opferblut, Schläger ist die Tatwaffe

1. Sicherung des Beweises (Baseballschläger)
2. Verwendung für die Frage, woher der Schläger stammt
3. Ergebnis – besonderer Schläger, es gibt nur sieben Stück davon

1. Sicherung des Beweises (Baseballschläger)
2. Verwendung für die Frage, wo die verbleibenden sechs Schläger dieser Art sein können
3. Ergebnis – alle sechs werden bei ihren Besitzern vorgefunden

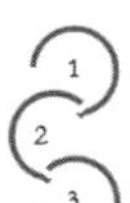

1. Sicherung des Beweises (Baseballschläger)
2. Verwendung für die Frage, wer der siebte Käufer war
3. Ergebnis – Käufer steht fest (K), sein Schläger ist verschwunden

[92] (Meyer-Goßner/Schmitt/*Meyer-Goßner*, 2016), Einl. Rn. 48.

1. Sicherung des Beweises (Baseballschläger)
2. Verwendung für die Frage, wessen Fingerabdruckspuren vorhanden sind
3. Ergebnis – es sind ausschließlich daktyloskopische Spuren von K vorhanden

Sodann werden die fünf Ergebnisse verknüpft und zu einer Gesamtaussage verbunden. Zusammen mit den weiteren ebenso zu bewertenden Beweisen steht letztlich die Entscheidung des Gerichtes.

Diese Darstellung zeigt, dass die angewandte Methode des Sammelns, Bewertens und Interpretierens bis zur Verknüpfung aller Erkenntnisse sich durchgängig durch die gesamte Praxis von Gericht, Staatsanwaltschaft und Polizei zieht: Ebenso wurde sie bereits im Prozess der Verdachtsgewinnung dargestellt, und ebenso wird sie auch im Zusammenhang mit den Indizienbeweisen wieder dargestellt werden. Daraus ist zu erkennen: Beweisarbeit, Beweissicherung und Beweiswürdigung sind zentrale Aufgaben kriminalpolizeilicher Ermittlungsarbeit.

B. Beweisarten

Man unterscheidet zunächst die Bereiche Streng- und Freibeweis. Zugegebe- **155**
nermaßen sind diese Unterscheidungen für die polizeiliche Praxis zunächst kaum von Bedeutung, da der Polizeibeamte sich ohne auf die Zugehörigkeit des von ihm zu sichernden Beweises an die Form- und Verfahrensvorschriften zu halten hat. Jedoch gehört die Kenntnis dieser Unterscheidung zu den Basiskenntnissen der Beweisführung.

Der Strengbeweis ist geregelt in den bereits genannten §§ 244–261 StPO. Diese Beweise beziehen sich ausschließlich auf diejenigen Tatsachen, die die persönliche Situation des Angeklagten, also die Schuld, und damit die Frage einer Bestrafung betreffen.[93] Die für den Strengbeweis zulässigen Beweismittel sind in der StPO klar definiert:

- Zeugen (§§ 48 ff. StPO),
- Sachverständige und Augenschein (§§ 71 ff. StPO),
- Urkunden und andere Schriftstücke (§§ 249 ff. StPO),
- Einlassung des Angeklagten (die jedoch nach der Formulierung aus § 244 I StPO nicht zu den Beweisen im eigentlichen zählt, denn die Beweisaufnahme beginnt danach erst **nach** dessen Einlassung).

Die Beweise, die durch das Gericht als Strengbeweise aufgenommen und bewertet werden, entfalten auch für das Revisionsgericht Bindungswirkung. In Berufungsverhandlungen jedoch geht es häufig eben gerade darum, die Beweise neu zu bewerten, weshalb sie für Berufungsgericht nicht bindend sind.

Neben dem Strengbeweis steht der Freibeweis. Hier handelt es sich um die **156**
Erhebung von Tatsachen, die zur Bewertung von Schuld und Strafe nicht dienen, aber zB Prozessvoraussetzungen oder Bedingungen, die im Hauptverfah-

[93] (*Brodag*, 2008), Rn. 252 und (*Westphal*, 2010), S. 10 f.

ren zu berücksichtigen sind (zB Fragen zum Alter von Zeugen, zu bestehenden Verweigerungsrechten von Zeugen, etwa die Nachfrage nach gerade geschlossener Ehe beim Standesamt usw).

Die weitere Unterscheidung der Beweisarten in direkte und indirekte Beweise ist auch für den Beamten vor Ort entscheidend. Er muss diese Beweisarten kennen und einordnen können, um Beweiskraft und Beweiswert zu beurteilen, wonach er erst eine Entscheidung über den Schutz und die Sicherung treffen kann.

I. Direkter Beweis

157 In der kriminalistischen Fachliteratur ist der direkte Beweis derjenige, der in der verfahrensrechtlichen Betrachtung als „Haupttatsache" bezeichnet wird.[94] Es handelt sich also um Beweise, die „*... durch sich selbst die Strafbarkeit begründen, sich direkt unter eine materiell-rechtliche Vorschrift subsumieren lassen ...*".[95] Solche direkten Beweise werden auch unmittelbare Beweise genannt. Als „direkt" im engeren Sinne, also „unmittelbar", ist ein Beweis jedoch nur dann zu bewerten, wenn der Richter selbst in seiner Beweisaufnahme diesen als direkt auf die Tat bezogenen Inhalt erkennen kann. Wenn der Beweis etwa durch Personen in das Hauptverfahren eingebracht wird, ist er „nur" noch als indirekter Beweis zu bewerten. Als direkte Beweise zählen zB sichergestellte Gegenstände bei Besitzstraftaten, zB sichergestellt Drogen, deren Besitz nach dem BtmG strafbar ist.[96]

Hinweis: Für die polizeiliche Praxis bedeutet dies: Direkte Beweise sind eher selten, häufiger ist der indirekte Beweis anzutreffen.

II. Indirekter Beweis (Indizienbeweis)

158 Der Indizienbeweis wird in der verfahrensrechtlichen Literatur auch als „Hilfstatsache" bezeichnet. Damit wird bereits deutlich, dass es sich hier um unterstützende Tatsachen handelt, die in aller Regel auf weitere Tatsachen hindeuten. Diese müssen dann miteinander verknüpft werden, sodass am Ende durch eine intelligente Verknüpfung aller Hilfstatsachen, aller Indizien, eine Kette entsteht, die durch kriminalistisches Denken von einem Kettenglied zum nächsten führt und am Ende nur einen Schluss zulässt: Tat und Täterschaft sind bewiesen. Bestehen auch nur geringe Zweifel, so sind weitere Indizien zu suchen oder der Angeklagte aufgrund des Grundsatzes „in dubio pro reo" – im Zweifel für den Angeklagten – freizusprechen „mangels Beweisen".

159 Der indirekte Beweis ist derjenige, der uns als Polizei-/Kriminalbeamte am häufigsten beschäftigt. Ihn zu finden, zu schützen, zu sichern, auszuwerten und zu interpretieren und vor allen Dingen dem Gericht nachvollziehbar zur Verfügung zu stellen, ist die Kernaufgabe kriminalistischer Ermittlungsarbeit.

---

[94] Der Grund für die unterschiedliche Bezeichnung liegt darin, dass in § 244 StPO von „Tatsachen" die Rede ist, die als Beweise dienen.

[95] (*Beulke*, 2013), Rn. 405.

[96] Vertiefend hierzu s. (*Westphal*, 2010), S. 11 f.

Betrachten wir die Arbeit an einer Indizienkette an einem **Beispiel**, das aus Rn. 141 bereits bekannt ist:

> **Beispiel:** In ein Juweliergeschäft wurde eingebrochen. Und das an einem Sonntag, an dem wegen Reparaturarbeiten die Alarmanlage außer Betrieb war. Entwendet wurden lediglich hochwertige Armbanduhren. Schmuckstücke, die entweder absolut einmalig waren oder in ihrem Wert „gering", wurden liegen gelassen.
>
> Die Scheibe in der Tür des Hintereinganges wurde eingeschlagen, Scherben liegen innen und außen, ein Nothammer liegt im Inneren neben der Tür.
>
> Der Tatort wird aufgenommen, die zuständige Dienststelle nimmt die Ermittlungen auf. Dabei wird festgestellt, dass der Geschädigte (GES) gut versichert ist, aber seit einiger Zeit hoch verschuldet. Die letzte Uhrenlieferung konnte er noch nicht bezahlen.
>
> Am sichergestellten Nothammer werden Fingerabdruckspuren gesichert, die dem Juwelier zugeordnet werden können.
>
> Indiz 1: die Tatzeit und die Bedingung der nicht arbeitenden Alarmanlage
>
> Indiz 2: Scherbenlage und Splitterfeld
>
> Indiz 3: der Nothammer und insbesondere die Fingerabdruckspuren
>
> Indiz 4: die finanzielle Situation des GES

In der Verknüpfung der Indizien ergibt sich also eine immer enger auf den Tatverdächtigen bezogene Beweiskette. Sie so zu ergänzen durch weiter führende Ermittlungsarbeiten, dass am Ende die Täterschaft gerichtsverwertbar nachgewiesen ist, ist die Aufgabe der Ermittler.

Dabei gilt auch heute noch der aus der Physik nachvollziehbar abgeleitete Grundsatz, dass jede Kette nur so stark ist wie ihr schwächstes Glied.

Ergibt sich im vorliegenden Fall zum Beispiel, dass die Versicherung vom GES bereits vor Monaten gekündigt wurde, ist dieses Kettenglied hinfällig, damit kippt der gesamte Rest der Beweiskette und die Arbeit muss von vorne beginnen, entweder bezogen auf denselben Beschuldigten (BES) oder auf einen neuen Tatverdächtigen oder BES.

Der Sachbearbeiter der zuständigen Ermittlungsdienststelle wird also versuchen, andere, neue, weitere Beweise zu finden. Dazu muss er über fundierte Kenntnisse über die verschiedenen Beweismittel und deren Bewertung verfügen.

C. Beweismittel

Wir unterscheiden die Beweismittel grundsätzlich, auch in der Kriminalistischen Fallanalyse, in **160**

Personalbeweis und Sachbeweis.

In der StPO wird diese Unterscheidung zunächst so nicht getroffen:

„Die Beweismittel des Strafverfahrens sind: Zeugen (§§ 48 ff.), Sachverständige und Augenschein (§§ 71 ff.), Urkunden und andere Schriftstücke (§§ 249 ff.), ferner die

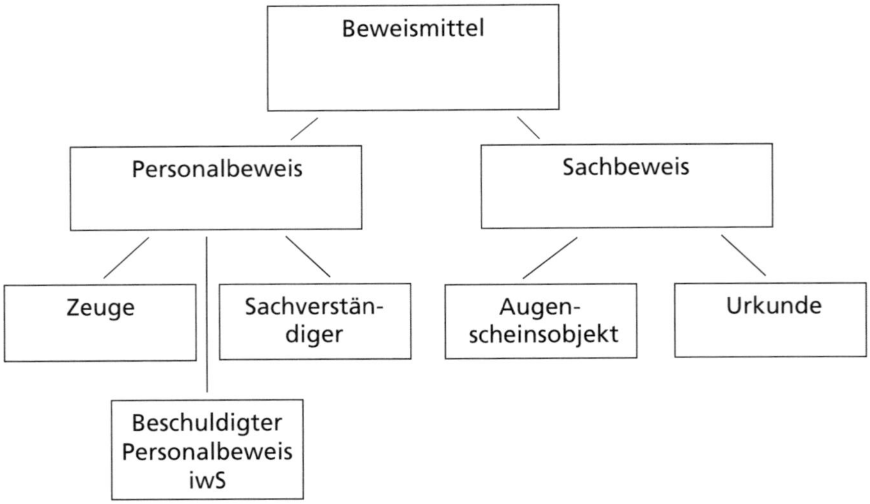

Abb. 20: Beweismittel

Aussagen des Beschuldigten (§§ 136, 163a I, 243 III) und der Mitbeschuldigten (vgl. zB § 152 I, II), obwohl deren Vernehmung nicht zur Beweisaufnahme im prozesstechnischen Sinn gehört (§ 244 I)."[97]

I. Personalbeweis

161 Laut StPO gibt es also nur zwei persönliche Beweismittel: Zeugen und Sachverständige. Personalbeweis ist der Mensch, der in irgendeiner Weise in das Geschehen eingebunden war und dazu eine Aussage machen kann. Personalbeweis kann also immer nur eine natürliche Person sein.

162 Damit ist der Personalbeweis ein subjektiver Beweis. Gleichzeitig ist der Personalbeweis diejenige Beweisart, die die wesentliche Säule des Verfahrens ist. Hierzu erläutert *Weihmann* unter Verweis auf BVerfG NJW 1975, 104 und BGHSt 32, 115 (127) = NJW 1984, 247:

„Der Zeugenbeweis ist eines der wichtigsten Beweismittel, das die StPO zur Wahrheitserforschung zur Verfügung stellt."[98]

und weiter unter Verweis auf BGHSt 18, 238 (241) = NJW 1963, 869:

„Die Beweiskraft hängt nicht von der strafprozessrechtlichen Stellung der Person ab, sondern vom persönlichen Gesamteindruck."[99]

163 Die StPO sieht als mögliche Personalbeweise vor:

- Zeugen – §§ 48 ff. StPO, dazu gibt es die Sonderformen des
  - Sachverständigen Zeugen – § 85 StPO und
  - des Zeugen vom Hörensagen und des

[97] (Meyer-Goßner/Schmitt/*Meyer-Goßner*, 2016), Einl. 49.
[98] (*Weihmann*, www.weihmann.info, 2012), S. 15.
[99] (*Weihmann*, www.weihmann.info, 2012), S. 15.

- Opferzeugen, also des Geschädigten/Verletzten – § 81 II StPO
- Sachverständige – § 73 StPO

und im weiteren Sinne auch den

- BES und seine Aussage.

1. Zeugen

Definition: Zeuge ist, wer aus eigener Anschauung Angaben zu einem relevanten Geschehen machen kann und gegen den sich das Verfahren nicht richtet.

Meyer-Goßner führt dazu aus: 164

„Der Zeuge ist ein persönliches Beweismittel (Einl. 49), eine Beweisperson, die in einem nicht gegen sie selbst gerichteten Strafverfahren Auskunft über die Wahrnehmung von Tatsachen gibt (…). Wer nichts aussagen, sondern nur in Augenschein genommen werden soll, ist kein Zeuge (…). Gleichgültig ist, wann und aus welchem Anlass (Zufall, Berufsausübung, Auftrag des Gerichts oder der Polizei) der Zeuge die Wahrnehmungen gemacht hat, über die er aussagen soll (BGH 33, 178, 181 = NJW 1985, 1789) Wahrnehmungen sind auch die dem Zeugen von anderen gemachten Mitteilungen; der Zeuge vom Hörensagen ist ein taugliches Beweismittel (…)“.[100]

Durch diese Erklärung wird deutlich, dass Zeuge in einem Strafverfahren jeder sein kann, ganz ohne Rücksicht auf Alter, geistige Fitness, Beruf und ähnliches.

Auch die Polizeibeamten, die den Tatort aufgesucht haben, können Angaben 165 machen zur vorgefundenen Situation. Die Rettungskräfte können Angaben machen zu Art und Umfang der Verletzungen. Der GES kann Angaben machen zum Tathergang usw.

Und auch derjenige, der nur indirekt etwas „mitbekommen“ hat, dem man zB über den Tathergang erzählt hat, ist Zeuge, denn er kann darüber aussagen, was ihm erzählt wurde, von wem und bei welcher Gelegenheit usw.

Und auch diejenigen Personen, die nicht unmittelbar zum Tatgeschehen aussagen können, aber über Kenntnisse rund um die Sache verfügen (zB Situation von Täter oder Opfer, Persönliche Bedingungen und Lebensumstände, Herkunft von Gegenständen usw) gelten als Zeugen.

Der Zeuge hat im deutschen Recht die Pflicht, an der Aufklärung der Sache 166 mitzuwirken (§ 161a StPO) und seine Aussage im Verfahren wahrheitsgemäß zu machen. Er muss daher vor Gericht erscheinen, seine Aussage wahrheitsgemäß machen und kann vereidigt werden. Die Zeugenpflicht ist eine sog. staatsbürgerliche Pflicht, die mithin alle Personen deutscher Staatsbürgerschaft betrifft. Personen ausländischer Staatsbürgerschaft sind nur insoweit betroffen, als sie sich im Inland aufhalten (vgl. hierzu [Meyer-Goßner/Schmitt/*Meyer-Goßner*, 2016, vor § 48 Rn. 3–7).

Für die polizeiliche Praxis bedeutet dies: derjenige, der zwar einen ausländischen Pass hat, aber von einem Polizeibeamten angetroffen wird und als Zeuge

[100] (Meyer-Goßner/Schmitt/*Meyer-Goßner*, 2016), vor § 48 Rn. 1.

in Betracht kommt, hat die Pflicht, seine Aussage vor Gericht zumachen, er ist also als Zeuge festzustellen, seine ladungsfähige Anschrift zu dokumentieren und eine erste Befragung oder Vernehmung durchzuführen.

167 Diese Zeugenpflichten bestehen jedoch nach enger Auslegung des Gesetzes nur für das Gericht, nicht für die Polizei. Das ist zu erkennen an den weiteren Normen, die sich mit der Vernehmung von Zeugen und dem Umgang mit ihm befassen.

So macht sich der Zeuge nur dann einer uneidlichen Falschaussage strafbar, wenn er bei einer „zur Abnahme von Eiden befugten" Stelle falsch aussagt[101]. Die Polizei ist aber zur Abnahme von Eiden nicht befugt, daher ist auch eine Falschaussage bei der Polizei in sich nicht strafbar. Diese Strafbarkeit kann nur dann (indirekt) entstehen, wenn durch die Aussage eine Person fälschlich beschuldigt wird oder eine Straftat, die in Wahrheit nicht oder nicht in dieser Art begangen wurde, vorgetäuscht oder die Bestrafung einer Person ganz oder teilweise vereitelt werden soll.[102]

Die Konsequenzen aus diesen Feststellungen münden in der Entscheidung, welche Rechte ein Zeuge im Einzelfall hat und wie er über diese Rechte und seine Pflichten belehrt werden muss.

168 Die Belehrung eines Zeugen richtet sich also außer bezüglich dem Hinweis, um was es im Verfahren geht (§ 69 StPO) nach den jeweiligen Erfordernissen des konkreten Falles, die der Beamte in jedem Kontakt mit dem Zeugen wieder neu zu erheben hat.

Die erste Frage ist immer darauf zu beziehen, ob der Zeuge den Tatverdächtigen kennt und vielleicht mit ihm verwandt ist. Sollte dies der Fall sein, so ist er über sein Zeugnisverweigerungsrecht aus § 52 StPO zu belehren. Sollte der Zeuge ein Recht zur Verweigerung haben, weil er einer bestimmten Berufsgruppe angehört (§ 53 StPO), so sollte er dies aufgrund seiner Berufsausbildung wissen und seine Rechte kennen, eine entsprechende Belehrung kann daher unterbleiben.

169 Die Pflicht zur Wahrheit nach § 57 S. 1 StPO bezieht sich auf die gerichtliche Vernehmung. Dennoch sollte der Polizeibeamte dem Zeugen deutlich machen, dass die Wahrheit seiner Aussage für die weiteren Ermittlungen wesentlich ist. Die Aussage aber, er **müsse** die Wahrheit sagen, ist für die polizeiliche Vernehmung nicht korrekt.

Eine Belehrung über mögliche Strafbarkeiten sollte nur dann erfolgen, wenn auch erkannt wird, dass der Zeuge im Begriff einer solchen Straftat steht.

a) Sonderfall: Kronzeuge

170 Kronzeugen sind Personen, die als Zeuge in Betracht kommen, die aber selbst an den Taten, über die er berichten kann und soll, beteiligt war. Dafür bekommt er eine Milderung der Strafe oder geht gänzlich straffrei aus. In der Ermittlung großer Btm-, Staatsschutz- oder OK-Verfahren kommen derartige Regelungen vor. Da die Entscheidung über den Status eines Kronzeugen allerdings nicht

[101] § 153 StGB.
[102] §§ 258, 145d StGB.

durch die Polizei getroffen werden kann, wird hier nicht näher auf diese Sonderform eines Zeugen eingegangen.

Im Themenkomplex „Verdeckte Ermittlungen/Vertraulichkeitszusage" wird das Thema erneut aufgegriffen.

b) Sonderfall: Minderjährige Zeugen

Ein weiterer Sonderfall liegt vor, wenn der Zeuge minderjährig ist. Die Beleh- 171
rung ist an den Zeugen persönlich gebunden, daher auch an ihn persönlich zu richten. Bei minderjährigen Zeugen kommt jedoch hinzu, dass die Erziehungsberechtigten in die Belehrung in geeigneter Weise einzubeziehen sind und das Alter des Zeugen eine wesentliche Rolle in der Betrachtung spielt. Näheres hierzu s. in *Pientka* (2014), Kriminalwissenschaften II.

c) Sonderfall: Polizeibeamte als Zeugen

Der Polizeibeamte wird in seinem dienstlichen Leben häufige Ladungen als 172
Zeuge erhalten, und die Teilnahme an Hauptverhandlungen wird zu seinem Alltag werden. Dabei stehen ihm dieselben Rechte zu, wie sie auch der zivile Zeuge hat, allerdings hat der Polizeizeuge darüber hinausgehende Pflichten: so muss das Gericht davon ausgehen, dass sich der Polizeibeamte auf den Termin in besonderer Weise vorbereitet. Nähere Ausführungen dazu unter „Polizeibeamte als Zeugen vor Gericht", *Pientka* (2014), Kriminalwissenschaften II.

d) Sonderfall: Zeugen vom Hörensagen

Für den Zeugen vom Hörensagen gelten dieselben Bestimmungen wie für den 173
„einfachen" Zeugen. Der Zeuge vom Hörensagen unterscheidet sich von diesem lediglich dadurch, dass er die Wahrnehmungen, über die er berichtet, nicht selbst gemacht hat, sondern dass er sie von einer weiteren Person gehört hat.

Zeugen vom Hörensagen sind jedoch hinsichtlich ihres Beweiswertes hinter dem Ursprungszeugen zurückstehend, da sie den Grundsätzen des Strafverfahrens, hier insbesondere der Unmittelbarkeit, entgegenstehen. Es gibt jedoch Situationen, in denen der Zeuge vom Hörensagen die einzige Möglichkeit ist, eine Aussage in das Verfahren einzubringen. So. zB bei einer Aussage, die im Ursprung von einer Person getätigt wird, deren Daten aufgrund einer sog. Sperrerklärung (§ 96 StPO) nicht in das Verfahren eingebracht werden sollen.

Im Themenkomplex „Verdeckte Ermittlungen/Zusage von Vertraulichkeit" in *Pientka* (2014), Kriminalwissenschaften II, wird das Thema erneut aufgegriffen und ausführlich behandelt.

e) Sonderfall: „Opferzeuge" = Geschädigter/Verletzter, § 81 II StPO

Eine besondere Rolle spielt der Zeuge, der zugleich Geschädigter (im Straf- 174
verfahren „der Verletzte" genannt) der Straftat ist. Ihn bezeichnen wir als sog. „Opferzeugen". Bis vor einigen Jahren stand der GES im Laufe eines Verfahrens nur insofern im Blickpunkt des Gerichts, als er als Zeuge in Betracht kam. Der Zeuge durfte vor Gericht (oder bei der Polizei, dem Staatsanwaltschaft, dem Ermittlungsrichter) erscheinen, aussagen und wurde ansonsten nicht beachtet. Häufig waren die Medien die einzigen, die sich für die Opferseite interessierten.

175 Erst nach und nach machte man sich aufgrund der fortschreitenden kriminologisch-viktimologischen Forschung klar, dass der GES nicht nur Zeuge, sondern immer auch Opfer ist. Und dies nicht nur, wenn es sich um schwerwiegende Delikte handelt, sondern auch dann, wenn es sich um solche Delikte handelt, die für die Strafverfolgungsbehörden eher alltäglich sind, wie zB ein Wohnungseinbruchdiebstahl. Schon 1991 erkannte *Baurmann*[103], dass auch dieses Delikt für die GES nachhaltige Wirkung zeigt und nicht selten in Erkrankungen oder psychischen Störungen mündet.

176 Damit wurde begonnen, die Rechte der Opfer im Strafverfahren und seine Stellung zu stärken. Durch die Einführung diverser Gesetze und die Verpflichtung der Information der GES, welche Rechte und Möglichkeiten sie haben, ist eine besondere Behandlung des Opferzeugen auch im polizeilichen Alltag erforderlich geworden.

1986 wurde das sog. Opferschutzgesetz (OSchG) eingeführt. Es besteht aus den §§ 406d bis 406 h StPO und räumt dem GES eine *„gesicherte Rechtsposition"* ein (vgl. [Meyer-Goßner/Schmitt/*Meyer-Goßner*, 2016], vor § 406d Rn. 1). Nach diesen Normen kann der Verletzte, also der GES, sich im Verfahren zB auch durch einen Rechtsanwalt vertreten lassen, wenn er nicht als Nebenkläger auftritt.

177 Im Rahmen der polizeilichen Arbeit spielen Normen rund um die Zeugenvernehmung bereits eine maßgebliche Rolle:[104]

„§ 163 StPO:

(…)

(3) Bei der Vernehmung eines Zeugen durch Beamte des Polizeidienstes sind § 52 Absatz 3, § 55 Absatz 2, § 57 Satz 1 und die §§ 58, 58a, 68 bis 69 entsprechend anzuwenden. Über eine Gestattung nach § 68 Absatz 3 Satz 1 und über die Beiordnung eines Zeugenbeistands entscheidet die Staatsanwaltschaft; im Übrigen trifft die erforderlichen Entscheidungen die die Vernehmung leitende Person. Bei Entscheidungen durch Beamte des Polizeidienstes nach § 68b Absatz 1 Satz 3 gilt § 161a Absatz 3 Satz 2 bis 4 entsprechend. Für die Belehrung des Sachverständigen durch Beamte des Polizeidienstes gelten § 52 Absatz 3 und § 55 Absatz 2 entsprechend. In den Fällen des § 81c Absatz 3 Satz 1 und 2 gilt § 52 Absatz 3 auch bei Untersuchungen durch Beamte des Polizeidienstes sinngemäß."

So muss der GES darüber in Kenntnis gesetzt werden, dass es Opferhilfsorganisationen gibt, das Adhäsionsverfahren möglich ist, er als Nebenkläger (auch gekoppelt mit Adhäsionsverfahren) auftreten kann und vieles mehr.

178 Die Erfüllung dieses Anspruchs wird in der Polizei NRW durch Erlass geregelt: danach haben die einschreitenden Polizeibeamten dem Opfer sowohl ein Merkblatt auszuhändigen als auch einen Flyer zu übergeben, in dem die einzelnen Rechte des Opferzeugen aufgeführt sind und weitere Ansprechpartner, zB die Opferschutzbeauftragten der Behörden, und Hilfseinrichtungen, zB „Weisser Ring" e.V., genannt sind. Die vertiefende weitere Betrachtung erfolgt im Hauptstudium.

---

103 (*Baurmann/Schädler*, 1999), Erstauflage 1991 aus BKA Forschungsreihe, Bd. 22.

104 Vertiefend wird hierzu in *Pientka* (2014): Kriminalwissenschaften II zum Thema „Vernehmung" ausgeführt.

f) Belehrung von Zeugen

Alle Zeugen ohne Berücksichtigung eines etwa bestehenden Sonderfalles sind vor **jeder** Vernehmung über ihre Rechte und Pflichten in geeigneter Weise zu belehren. Die Belehrung ist vor jeder Vernehmung neu vorzunehmen, da sich zwischenzeitlich Veränderungen insbesondere im Status der Person ergeben haben können. So kommt es zB vor, dass BES und Belastungszeuge sich vor dessen Vernehmung öffentlich verloben. Damit steht dem ZEG das Verweigerungsrecht nach § 52 StPO zu, auch wenn „man daran fühlen" kann, dass hier das Gesetz in entsprechender Weise ausgenutzt werden soll. 179

Merke: Welcher Belehrungsumfang und -inhalt auch immer im vorliegenden Einzelfall angezeigt ist, eins ist in allen Fällen gleich: Jede Belehrung muss materiell und formell korrekt sein. Das bedeutet, dass sie verstanden werden muss. Diesem Verständnis der Belehrung ist in jedem Einzelfall Sorge zu tragen, zB indem dem Zeugen die Belehrung in seiner Sprache durch Dolmetscher oder schriftlich gegeben wird, indem sie dem Alter und Intellekt angepasst wird usw.[105]

In der polizeilichen Praxis wird immer wieder die stereotype Belehrung eines Zeugen vorgenommen, in der man ihm sowohl seine Rechte nach § 52 StPO als auch nach § 55 StPO und seine Wahrheitspflicht erklärt. Eine solche Belehrung ohne Berücksichtigung der Erfordernisse wird regelmäßig begründet mit der Aussage, dann habe man „alles drin" und laufe nicht Gefahr, etwas falsch gemacht und damit das Verfahren gefährdet zu haben. Die Begründung ehrt, jedoch wird sie den Anforderungen an die Beamten und ihren Ausbildungsstand nicht gerecht. Der Opferzeuge, dem man erklärt, er müsse sich nicht selbst belasten, wird kaum Verständnis dafür haben, wieso der belehrende Beamte nun auf solch eine Idee verfällt.

Es kann und muss erwartet werden, dass jeder Polizeibeamte in der Lage ist zu erkennen, ob sich ein Aussagender gerade selbst belastet, sodann einzuhaken und nach § 55 StPO zu belehren. Es kann auch erwartet werden zu erkennen, dass die Aussage „Ich habe den Täter sehr gut gesehen und kann ihn gut beschreiben" nicht das Erfordernis nach sich zieht, den Zeugen nach § 52 StPO zu belehren. Denn wäre er mit dem Täter verwandt, so müsste er ihn nicht mühsam beschreiben, es ist wohl davon auszugehen, dass er ihn dann kennt.

Ziel kann und muss also sein, den Einzelfall rechtlich sicher so zu bewerten, dass eine korrekte, allen Ansprüchen genügende Belehrung erfolgen kann, ohne im „Gießkannenprinzip" alle Belehrungsformeln über dem Zeugen „auszugießen".

[105] BGHSt 39, 349 = NJW 1994, 333 = NStZ 1994, 95.

180 Es ergeben sich also folgende Belehrungspflichten und -möglichkeiten:

Zwingende Elemente	Optionale Elemente
Keine Aussagepflicht bei der Polizei	
Untersuchungsgegenstand – **§ 69 StPO**	Vernehmung zur Person Keine Wohnanschrift bei Dienstort statt Wohnort bei Zeugen aus amtlicher Eigenschaft – **§ 68 I StPO** Dienstort etc – **§ 68 II StPO** Identität – **§ 68 III StPO**
Wahrheitspflicht – als Bitte formuliert – **§ 57 StPO**, ansonsten könnte Verfolgung wegen Verdachts der Strafvereitelung drohen	Bekanntgabe der Person des Beschuldigten – **§ 69 I StPO**
	Zeugnisverweigerungsrecht – **§§ 52, (53) StPO**
	Auskunftsverweigerungsrecht – **§ 55 II StPO**
	Falsche Verdächtigung – **§ 164 StGB**
	Strafvereitelung – **§§ 258, 258a StGB**
	Vortäuschung – **§ 145d StGB**
	Sonderfall: Jugendliche Zeugen: Anwesenheits- und Mitwirkungsrecht der Erziehungsberechtigten – **§ 67 JGG sowie PDV 382 Nr. 3.6.5**
	Sonderfall Sexualdelikte: Vernehmung durch eine Frau Vertrauensperson Gang des Verfahrens RdErl. v. 3.2.2004 Bearb. v. Straftaten gegen die sexuelle Selbstbestimmung
	Person des Vertrauens hinzuzuziehen – **§ 406 f. III StPO**
	Hinweis auf das Adhäsionsverfahren – **§ 406 h II StPO**
	Vertretungsrecht durch RA – **§ 406 f. I StPO**
	Verteidigeranspruch – **§ 137 I StPO iVm § 67 JGG**

Abb. 21: Belehrung von Zeugen, im Ursprung erstellt durch LAFP NRW, Abteilung 2 – Kriminalitätskontrolle – Strukturierte Vernehmung.

Nach erfolgter Belehrung und Vernehmung eines Zeugen kommt es darauf an, die Glaubhaftigkeit seiner Aussage möglichst klar nachvollziehen zu können. 181

Während man noch vor einigen Jahren die Person des Zeugen betrachtete und sich die Frage stellte, ob diese Person glaubwürdig ist, geht man heute zu der Frage über, ob die gemachte Aussage den Tatsachen entsprechen kann, ob sie also glaubhaft ist.

So ist jeder Zeuge bezüglich der Glaubhaftigkeit seiner Aussage zu bewerten. 182
Aus seiner Aussage können sich wesentliche weitere Ermittlungsschritte ergeben, die – sind tief greifende Grundrechtseingriffe damit verbunden – nur auf eine glaubhafte Darstellung gestützt werden dürfen, da sonst die Tatbestandsvoraussetzungen einer Eingriffsmaßnahme kaum zu begründen sein werden. Ebenso wird das Gericht die Glaubhaftigkeit eines Zeugen notfalls begutachten lassen, um auf dieser Aussage beruhende Beweisbewertungen zuverlässig vornehmen zu können.

g) Sonderfall: Sachverständige Zeugen

Der sachverständige Zeuge steht in seiner Stellung im Verfahren zwischen dem 183
„einfachen" Zeugen und dem Sachverständigen. Rechtlich, was seine Position im Verfahren angeht, wird er behandelt wie jeder andere Zeuge auch. Jedoch kann er aufgrund seiner besonderen Kenntnisse, seines Berufes, seiner Ausbildung konkrete Fragen fundierter beantworten, als dies der „einfache" Zeuge ohne die spezielle Sachkenntnis könnte.

Beispiel: Im Rahmen eines Körperverletzungsdeliktes wird eine Person schwer verletzt. Der Notarzt behandelt die Verletzung.

Der „einfache" Zeuge könnte Aussagen darüber machen, wie sich die Verletzung zeigte, wie sie aussah, was er gesehen hat. Der Notarzt kann dies ebenso,[106] jedoch kann er weiterhin darüber aussagen, ob diese Verletzung lebensbedrohlich war oder nicht, was der medizinische Laie nicht beurteilen könnte. Der sachverständige Zeuge erfüllt also die Definition des ZEG, ist aber zugleich zu einer weitergehenden Interpretation fähig. Es ergibt sich daher folgende Definition:

Definition: Sachverständiger Zeuge ist derjenige, der aus eigener Anschauung Angaben zu einem relevanten Geschehen machen und diese mit seinen besonderen Kenntnissen verknüpft interpretieren kann und gegen den sich das Verfahren nicht richtet.

Der sachverständige Zeuge ist Zeuge im eigentlichen Sinne und wird auch so behandelt. Dadurch unterscheidet er sich vom Sachverständigen, der eine besondere Stellung im Verfahren einnimmt.

[106] **Zu beachten:** § 53 StPO.

2. Sachverständiger

184 Zunächst gelten für den Sachverständigen, der außerhalb des strafverfahrensrechtlichen Sprachgebrauchs auch „Gutachter“ genannt wird, alle diejenigen grundsätzlichen Bestimmungen, die auch für den „normalen“ Zeugen gelten (vgl. §72 StPO). Jedoch sind Auswahl, Anzahl, Arbeit, Rechte und Pflichten des Sachverständigen in speziellen Normen geregelt.

185 Der Sachverständige gilt als „Gehilfe des Gerichts“, da er durch seine besondere Fachkenntnis dem Richter, dem eben diese Kenntnisse fehlen, für seine Bewertung und Schlussfolgerung durch die Beantwortung gezielter Fragen in einem Gutachten hilft. Der Richter kann also, sofern er eine wesentliche Frage erkennt, für die er selbst die Bewertung nicht fachkompetent vornehmen kann, einen Sachverständigen bestellen. Ihm stellt er dann diejenigen Fragen, für die ihm die Sachkenntnis fehlt, und setzt ihm eine Frist, in der der Sachverständige diese Fragen beantworten und die Ergebnisse erläutern soll. Der Sachverständige tritt sodann in die Untersuchungen ein, bewertet die ihm zur Verfügung gestellten Beweismittel (oder anders ausgedrückt: die vorgelegten Tatsachen), beantwortet die gestellten Fragen usw. Im Rahmen dieser Tätigkeit hat er neutral zu sein und muss unparteiisch arbeiten, andernfalls kann er wegen Befangenheit ebenso abgelehnt werden wie der Richter selbst auch, sofern man Befangenheit erkennt.

186 Die Beantwortung der gestellten Fragen geschieht im Rahmen eines schriftlichen Gutachtens, das der Sachverständige dem Gericht übersendet. Dieses Gutachten stellt er sodann in der HV mündlich vor, womit dem Grundsatz der Unmittelbarkeit des mündlichen Verfahrens Rechnung getragen wird. Das eigentliche Beweismittel ist also im Grunde nicht der Sachverständige selbst, sondern vielmehr sein Gutachten, in dem er die Fragen des Gerichtes beantwortet. Der Richter hat dann dieses Gutachten zu bewerten, er muss ihm in seinem Urteil nicht zwingend folgen, denn auch in dessen Bewertung ist er frei und nur seinem Gewissen unterworfen.

Es ergibt sich also nachfolgende

> **Definition:** Ein Sachverständiger ist eine natürliche Person, die neutral eine ihr gestellt beweiserhebliche Frage durch ein schriftliches oder mündliches Gutachten beantwortet, die nur mit besonderem Fachwissen beantwortet werden kann und dem Gericht zur Entscheidung dient.

187 Bereits im Ermittlungsverfahren kann die Hinzuziehung von Sachverständigen erforderlich werden, was in bestimmten Fällen auch Standard in der kriminalpolizeilichen Sachbearbeitung ist. Obwohl die Bestimmung von Sachverständigen im Ermittlungsverfahren unter der Entscheidungskompetenz der StA liegt, wird in der Praxis immer häufiger ohne die Einholung einer vorherigen Entscheidung der StA ein Gutachten schon durch den Ermittlungsbeamten beauftragt. Dies insbesondere dann, wenn die Gutachter „aus den eigenen Reihen“ kommen, es sich also um Beamte mit besonderen Kenntnissen handelt. Diese sind in aller Regel öffentlich zu Sachverständigen bestellt und müssen

nicht in jedem Einzelfall die Gutachterfunktion übertragen bekommen. Die Beamten der verschiedenen kriminaltechnischen Untersuchungsfelder (Daktyloskopen, Schusswaffenerkennungsdienst, DNA-Analyseverfahren, Brandermittlungen usw) zählen durch ihre Spezialausbildungen dazu.

Im Einzelfall bedeutet dies, dass der Ermittlungsbeamte bereits einen Untersu- 188
chungsauftrag an die zuständige Dienststelle vergibt (s. hierzu die weiteren Ausführungen in den Ausführungen zur Kriminaltechnik in diesem Band) und von dort das Gutachten bereits erstellt wird, das dann letztlich in die HV eingebracht wird.

Die Bestellung von Gutachtern im Einzelfall wird durch das Gericht vorgenommen; hier handelt es sich häufig um Fragen, die erst in der HV oder kurz zuvor bei Zulassung der Klage auftreten, so zB die Begutachtung von Zeugen bzgl. der Glaubhaftigkeit ihrer Aussage oder der Glaubwürdigkeit der Person.

3. Beschuldigter (BES)

Definition: Beschuldigter ist derjenige, gegen den sich das Verfahren richtet und gegen den mit dem Ziel der Anklageerhebung ermittelt wird.[107]

Der BES gilt, wie bereits erläutert, schlussfolgernd aus § 244 I StPO nicht zu den 189
Beweismitteln im engeren Sinne. Denn wenn, wie dort vermerkt, die Beweisaufnahme nach dessen Vernehmung beginnt, so ist nach der Auslegung nach Wort und Sinn seine Vernehmung eben selbst nicht Bestandteil der Beweisaufnahme, zählt also nicht als Beweismittel.

Dennoch ist die Aussage des Beschuldigten, sofern er sich zur Sache äußert, was ihm nach dem Gesetz freisteht, von wesentlicher Bedeutung auch für das Ermittlungsverfahren und die Arbeit des Ermittlers.

Alle Inhalte, die ein BES in seiner Vernehmung zu Protokoll gibt, sind in ihrem 190
Wahrheitsgehalt zu überprüfen, seine Aussagen stellen zum Teil gleichzeitig Anträge auf Beweiserhebung dar. Das bedeutet, dass seine Aussagen als neue Ermittlungsansätze aufzufassen und in die weiteren Erhebungen einzubeziehen sind.

Beispiel: Im Rahmen eines Körperverletzungsdeliktes wird eine Person (A) durch Faustschläge gegen den Kopf schwer verletzt. Zeugen geben an, sie hätten am Tatort den 27-jährigen Boxer Paul Heftig beobachtet, er habe sich am Opfer zu schaffen gemacht und es habe gewirkt, als wolle er es ausrauben.

Heftig gibt nach Belehrung an, er sei zum fraglichen Zeitpunkt zwar vor Ort gewesen, aber zusammen mit seiner Freundin habe er versucht, dem Opfer zu helfen. Dabei habe er auch in dessen Taschen gesehen, ob er Personalpapiere findet, um ihn konkret mit Namen anzusprechen.

Zunächst richten sich die Ermittlungen tatsächlich gegen Heftig, er wird als BES belehrt und vernommen.

[107] S. hierzu auch die Ausführungen zu „dringender Tatverdacht".

Da er sich entschließt, zur Sache auszusagen, und da er Angaben macht, die einen Tatverdacht gegen ihn ausräumen können, ist in dieser Richtung weiter zu ermitteln. Es sollten daher die Freundin des Heftig vernommen werden, ob sie die Angaben bestätigt. Die ursprünglichen Zeugen sind zu befragen, ob die Situation sich auch so dargestellt haben kann, wie Heftig sie angibt. Nicht zuletzt ist der Geschädigte (GES) zu vernehmen, welche eigenen Beobachtungen er aus der Tat noch wiedergeben kann.

191 Auch der BES hat im Laufe des Verfahrens Rechte und Pflichten, die ihm per Gesetz abverlangt bzw. zugestanden werden. Gerade die Berücksichtigung der Rechte eines BES bis hin zur Wahrung seiner Rechte als Angeklagter und darüber hinaus (evtl. im Strafvollzug während des Vollstreckungsverfahrens) ist wesentliche Säule unseres Rechtssystems und daher zu schützende Basis.

Zunächst ist zu beachten, dass der BES nicht aktiv an seiner eigenen Strafverfolgung teilnehmen und mitwirken muss. Bei **rechtmäßig angeordneten** Maßnahmen (zB der körperlichen Untersuchung, von Durchsuchungen und Ähnliches) hat er jedoch Duldungspflicht. Das bedeutet, er muss sie über sich ergehen lassen und darf sich nicht mit Gewalt gegen ihre Vollstreckung wehren, andernfalls kann er wegen Widerstandes gegen Vollstreckungsbeamte (§ 113 StGB) belangt werden.

! **Beachte:** In § 113 II StGB wird die Rechtmäßigkeit der Amtshandlung als Voraussetzung der Strafbarkeit klar vorgegeben. Gegen jede erkennbar nicht rechtmäßige Maßnahme darf er sich mithin mit den ihm zur Verfügung stehenden Mitteln zur Wehr setzen.

192 Da diese Pflicht zur Teilnahme und Mitwirkung an der Strafverfolgung für ihn nicht besteht, ist er auch nicht verpflichtet zur Aussage zur Sache.[108] Bei der Polizei muss er darüber hinaus gar nicht erst zu seiner Vernehmung erscheinen, er kann einem Vernehmungstermin ohne Angabe von Gründen fern bleiben. Bei StA und Gericht hat er zumindest Erscheinenspflicht. Hier wie dort aber gilt: er ist verpflichtet, Angaben zur Person zu machen, auch bei der Polizei.[109]

193 An die Belehrung des BES sind besondere Voraussetzungen geknüpft. Sie enthält die per Gesetz festgeschriebenen Elemente aus § 136 StPO, der zunächst jedoch für den Richter, nicht aber für vernehmende Polizeibeamte gilt:

---

[108] Die Verpflichtung zur Aussage zur Person ergibt sich aus § 111 OWiG: (1) Ordnungswidrig handelt, wer einer zuständigen Behörde, einem zuständigen Amtsträger oder einem zuständigen Soldaten der Bundeswehr über seinen Vor-, Familien- oder Geburtsnamen, den Ort oder Tag seiner Geburt, seinen Familienstand, seinen Beruf, seinen Wohnort, seine Wohnung oder seine Staatsangehörigkeit eine unrichtige Angabe macht oder die Angabe verweigert. Die Verpflichtung zur Erhebung der persönlichen Daten und die für die zu ermittelnde Straftat weiteren wesentlichen Angaben zur Person (s. hierzu Vernehmung des BES in [*Pientka*, 2014: Kriminalwissenschaften II] ist für die erste Vernehmung des BES in § 136 III StPO verankert.

[109] Vertiefend hierzu s. (*Artkämper*, 2007), (*Mohr/Schimpel/Schröer*, 2006), (*Pientka*, 2014: Kriminalwissenschaften II).

„(1) Bei Beginn der ersten Vernehmung ist dem Beschuldigten zu eröffnen, welche Tat ihm zu Last gelegt[1] wird und welche Strafvorschriften in Betracht kommen. Er ist darauf hinzuweisen, daß es ihm nach dem Gesetz freistehe, sich zu der Beschuldigung zu äußern oder nicht zur Sache auszusagen[2] und jederzeit, auch schon vor seiner Vernehmung, einen von ihm zu wählenden Verteidiger zu befragen[3]. Er ist ferner darüber zu belehren, daß er zu seiner Entlastung einzelne Beweiserhebungen beantragen[4] kann. In geeigneten Fällen soll der Beschuldigte auch darauf, dass er sich schriftlich äußern kann, sowie auf die Möglichkeit eines Täter-Opfer-Ausgleichs hingewiesen werden.[5]

(2) Die Vernehmung soll dem Beschuldigten Gelegenheit geben, die gegen ihn vorliegenden Verdachtsgründe zu beseitigen und die zu seinen Gunsten sprechenden Tatsachen geltend zu machen.

(3) Bei der ersten Vernehmung des Beschuldigten ist zugleich auf die Ermittlung seiner persönlichen Verhältnisse Bedacht zu nehmen."

Auf die Vernehmung durch Polizeibeamte bezieht sich § 163a IV StPO. Dieser schränkt die Art des Tatvorwurfs, die der Richter vorzunehmen hat, ein, betont aber ansonsten die Gültigkeit des § 136 StPO. Die Belehrung eines BES durch Polizeibeamte richtet sich daher nach § 163a IV StPO iVm § 136 StPO.

Die zutreffenden Elemente werden größtenteils auch in der in den nordrhein- 194
westfälischen Vernehmungsvordrucken genutzten Formel aufgegriffen:

„Mir wurde eröffnet, welche Tat(en) mit zur Last gelegt wird/werden.[1]

Ich wurde darauf hingewiesen, dass er mit nach dem Gesetz freisteht, mich zu der Beschuldigung zu äußern oder nicht zur Sache auszusagen[2]. Ich wurde auch darauf hingewiesen, dass es mir freisteht, auch schon vor dieser Vernehmung einen von mir zu wählenden Verteidiger zu befragen[3] und dass ich zu meiner Entlastung einzelne Beweiserhebungen beantragen[4] kann. Ferner wurde ich darauf hingewiesen, dass bei Fragen nach Vornamen, Familien-, Geburtsnamen, nach Ort und Tag der Geburt, nach dem Familienstand, dem Beruf, dem Wohnort, der Wohnung und der Staatsangehörigkeit die Pflicht zur vollständigen und richtigen Beantwortung besteht und die Verletzung dieser Pflicht nach § 111 Ordnungswidrigkeitengesetz mit Geldbuße bedroht ist."

Betrachten wir die Belehrungselemente im Einzelnen am schon bekannten 195

> **Beispiel:** Im Rahmen eines Körperverletzungsdeliktes wird eine Person (A) durch Faustschläge gegen den Kopf schwer verletzt. Zeugen geben an, sie hätten am Tatort den 27-jährigen Boxer Paul Heftig beobachtet, er habe sich am Opfer zu schaffen gemacht und es habe gewirkt, als wolle er es ausrauben.

1. Dem BES ist die Tat, für die er nach Auffassung der Ermittlungsbehörde als 196
Täter oder Teilnehmer in Betracht kommt, zu nennen. Dabei ist nicht darauf abzustellen, dass ihm die Norm des StGB vorgehalten wird; vielmehr kommt es auf die Beschreibung der ihm zur Last gelegten Tat an. Anders bei Gericht – hier sind die Strafnormen klar zu bezeichnen, zB in der Anklageschrift enumerativ auflisten. Die Belehrung für Heftig könnte lauten:

„Ich möchte Sie heute vernehmen, weil wir Ihnen vorwerfen, den A gegen den Kopf geschlagen zu haben. Der A soll dadurch erheblich verletzt worden sein."

197 Was hingegen **nicht** erwartet wird, das wäre die Belehrung „Es wird Ihnen vorgeworfen, eine gefährliche Körperverletzung im Sinne der §§ 223 I, 224 I Nr. 5 StGB begangen zu haben.". Die zur Last gelegten Straftaten sind also möglichst so zu bezeichnen, dass der BES den Tatvorwurf verstehen kann.

198 **2.** Wesentlich ist der Hinweis auf die mögliche Auskunftsverweigerung. Niemand muss sich im deutschen Strafverfahren selbst einer Straftat beschuldigen, kann daher sowohl an den Stellen, an denen er die Gefahr einer Selbstbezichtigung sieht, die Auskunft verweigern (so auch der Zeuge (ZEG), § 55 StPO, → Rn. 179). Für den BES bedeutet dies, dass er sowohl insgesamt auf eine Aussage verzichten kann als auch auf die Beantwortung einzelner Fragen oder Fragenkomplexe. Ein Geständnis des BES zu erwirken, ist nicht das Ziel der Vernehmung. Während noch vor Jahren das Geständnis als „Krone des Beweises" bezeichnet wurde, ist man mittlerweile von dieser Auffassung, die auch einer – vorsichtig formuliert – „unorthodoxen Ermittlungsarbeit" Vorschub leisten würde, abgerückt.

Es kommt also darauf an, dem BES sein Recht auf gesamt oder teilweise Aussageverweigerung verständlich zu erläutern. Dabei ist es durchaus möglich und erlaubt, ihm die Folgen einer Aussage aufzuzeigen. Der Hinweis beispielsweise, dass sich der mutmaßliche Mehrfachmörder erleichtert fühlen wird, wenn er „reinen Tisch" macht, ist durchaus zulässig, solange die freie Willensentscheidung des BES nicht eingeschränkt wird. Wesentlicher Leitgedanke muss also immer sein, die Freiheit der Entscheidung beim zu Vernehmenden zu belassen.

199 Die Belehrung zu 2. könnte also lauten:

„Sie müssen dazu gar nichts sagen, wenn Sie nicht wollen. Sie können auch nur einzelne Hinweise dazu geben, wenn Sie das möchten. Sie können auch nur einzelne Fragen beantworten und andere nicht.

Es wird Ihnen nicht als Nachteil angerechnet, wenn Sie sich nicht oder nicht zu allem äußern, das ist Ihr Recht."

200 **3.** Der BES kann vor Beginn seiner Vernehmung einen Verteidiger auswählen und zu Rate ziehen. Allein die Belehrung dazu jedoch genügt nicht, um diese Anforderung an den Vernehmungsbeamten zu erfüllen. Vielmehr muss dem BES auch die faktische Möglichkeit eingeräumt werden, einen Anwalt zu kontaktieren, zB indem man ihm das Telefon zur Verfügung stellt. Kennt der BES keinen Anwalt, so muss ihm zB über die bei den Dienststellen vorhandenen Listen eine Auswahl an die Hand gegeben werden. Aus taktischen Gründen sollte der Ermittlungsbeamte weder einzelne Rechtsanwälte empfehlen noch dem BES die freie, unkontrollierte Nutzung eines Telefons überlassen. Der Weg wäre also, bezogen auf unser **Beispiel**:

„Sie können auch, wenn Sie wollen einen Rechtsanwalt fragen, was Sie tun sollen. Kennen Sie denn einen Anwalt? Kann ich einen Anwalt für Sie anrufen? Sagen Sie mir die Telefonnummer, ich wähle für Sie an und übergebe Ihnen dann das Gespräch."

Merke: Die auch heute noch immer wieder von Ermittlern gehörte Aussage, ein Anwalt mache „alles kaputt", kann aufgrund der Betrachtung dieser Normen nicht nachvollzogen werden. Die Aufgabe des Anwaltes im Verfahren ist es, die Einhaltung der Rechte des BES, Angeschuldigten bzw. Angeklagten zu überwachen, nicht mehr und nicht weniger. Jeder Bürger dieses Landes möchte seine Rechte immer und in allen Lagen des Lebens gewahrt wissen, daher steht dies auch dem (immerhin noch nicht verurteilten) BES zu. Der Aufbau von „Fronten" zwischen Ermittlungsbeamten und Verteidigern ist weder hilfreich für eine klare Ermittlungs- und Prozessführung, noch erscheint er notwendig. Eine auf die jeweiligen Arbeitsschwerpunkte und -inhalte gestützte gesetzeskonforme Zusammenarbeit wäre der Klarheit eines Verfahrens häufig deutlich zuträglicher und würde den Fokus auf das Verfahren richten, ohne Energien in „Nebenkriegsschauplätze" zu stecken, die am Ende in der HV das Scheitern einer adäquaten Rechtsprechung nach sich ziehen könnten.

4. Der Hinweis auf einzelne Beweiserhebungen, die beantragt werden können, 201
ist ebenfalls in verständlicher Form zu erläutern, denn so, wie das Gesetz es formuliert, ist kaum davon auszugehen, dass jeder BES das nachvollziehen kann. Der BES soll erkennen, dass „… ihm auch in dieser Form Gelegenheit zur Entlastung bei der Vernehmung gegeben werden soll, selbst wenn er persönlich sonst zur Sache keine Angaben machen will…".[110] Auch wenn also der BES ansonsten keine Angaben macht, solche Anträge kann er dennoch stellen, zB ein Alibi schildern oder ähnlich.

Für unser **Beispiel** bedeutet dies: 202

„Sie können auch jederzeit Hinweise geben, auf welche Weise wir noch herausfinden könnten, wer das gewesen ist und dass Sie vielleicht mit diesem Fall gar nichts zu tun haben. Wir würden Ihren Angaben dann nachgehen."

Unter **5.** finden sich Belehrungsinhalte, auf die an dieser Stelle nicht näher eingegangen werden soll. Diese werden näher ausgeführt und diskutiert in *Pientka* (2014): Kriminalwissenschaften II.

II. Sachbeweis

Sachbeweismittel sind Augenscheinsobjekte und Urkunden, also solche Bewei- 203
se, die als Sache einen bestimmten Inhalt repräsentieren, die für das Verfahren von Bedeutung ist und dem Beweisführungskreislauf unterzogen werden.

1. Augenscheinsobjekte

Unter diesem Begriff versteht man alle Objekte (also dingliche, gegenständliche 204
Gebilde), die auf irgendeine Art wahrgenommen werden können. Dabei ist es unerheblich, ob sie visuell, akustisch oder sonst wie zur Kenntnis genommen werden, jedoch sind visuelle und akustische Augenscheinsobjekte häufiger vertreten als solche, die der Richter ertasten oder erriechen muss.

[110] (Meyer-Goßner/Schmitt/*Schmitt*, 2016), § 163a Rn. 8.

Definition: Augenscheinsobjekte sind alle die Beweise, die durch ihre Existenz, Lage oder Beschaffenheit auf die richterliche Überzeugung einwirken können.[111]

205 Hierzu zählen also auch alle Spuren, die am Tatort gesichert werden können, sowie alle Objekte, die im Laufe des Verfahrens sichergestellt oder beschlagnahmt werden. Sie werden als Augenscheinsobjekt in das Verfahren eingeführt und zugleich einer Interpretation unterzogen. Die Fingerspur vom Tatort zB wird als gesicherte Spur sowohl selbst in das Verfahren eingebracht als auch durch das Gutachten des Daktyloskopen, also desjenigen Kriminalbeamten, der diese Spur abschließend beurteilt und die Identifizierung des BES vorgenommen hat.

Damit wird auch deutlich, dass Augenscheinsobjekte ebenso wie Urkunden nicht durch sich allein in der Lage sind, eine beweiserhebliche Tatsache zu erklären. Ihr Wert „erschöpft" sich darin, dass sie vorhanden sind, sie sind „einfach da". Näheres hierzu s. (3) – Zusammenspiel von Personal- und Sachbeweis.

2. Urkunden

206 Der Begriff der Urkunde im Strafverfahrensrecht ist weniger deutlich eingegrenzt als derjenige, der in § 267 StGB – Urkundenfälschung – herangezogen wird. Aus § 249 I 1 StPO[112] ergibt sich, dass es sich bei Urkunden um Schriftstücke handelt, die zu verlesen sind. Interpretiert man diese Aussage, so wird deutlich, dass Urkunden „verlesbar" sein müssen, also geschriebene Texte beinhalten. All diejenigen Beweise, für die das nicht zutrifft, werden wiederum in Augenschein genommen, zählen also zu Augenscheinsobjekte und sind gleichwohl als Beweismittel geeignet.

Definition: Urkunden sind alle Schriftstücke irgendwelcher Art, die einen Gedankeninhalt haben, also durch Schriftzeichen verkörperte Erklärungen aufweisen, egal auf welcher stofflichen Unterlage.[113]

Die Urkunden entfalten ihren Beweiswert durch das Verlesen, der Inhalt also wird vom Gericht durch Lesen zur Kenntnis genommen. Soll die Urkunde gleichzeitig zB im Zusammenhang mit der Schrift einen Beweis erbringen (zB durch Handschriftenvergleich), so ist sie gleichzeitig als Augenscheinsobjekt in das Verfahren einzubringen.

3. Sonderfall: Tonbandaufzeichnungen, Videoaufzeichnungen

207 Tonbandaufzeichnungen sind nicht als Urkunden zu sehen, da sie der oben genannten Definition durch Fehlen der Schrift nicht entsprechen können. Da es in bestimmten Ermittlungsbereichen Vernehmungen gibt, die per Video- und/oder Tonbandmitschnitt gefertigt werden, wobei die schriftliche Ausfer-

---

[111] (*Brodag*, 2008), S. 155 unter Verweis auf (*Roxin*, 1998).

[112] „Urkunden und andere als Beweismittel dienende Schriftstücke werden in der Hauptverhandlung verlesen."

[113] (*Brodag*, 2008), S. 155.

tigung lediglich eine Abschrift des Gehörten darstellt, ist das Abspielen der Aufzeichnung besonders zu bewerten. Es kann nach aktueller Rechtslage nicht dem Einführen der Inhalte dienen, sondern lediglich zB Begleitumständen, wie der Frage, wie drückt sich die Person aus, welchen Eindruck macht sie usw. Der Inhalt der Aussage wiederum wird durch die Abschrift als Urkunde in das Verfahren eingebracht.

D. Zusammenspiel von Personal- und Sachbeweis

Wie schon im Zusammenhang mit den Augenscheinsobjekten erläutert ist die 208
einem Sachbeweis innewohnende Aussage für das Verfahren nicht selbsterklärend. Das bedeutet,

> **Merke:** Sachbeweise müssen immer durch Personen in das Verfahren eingebracht werden, sie bedürfen einer menschlichen Interpretation, die den Beweisgehalt „übersetzt".

Daraus lässt sich schließen, dass der Sachbeweis ohne den Personalbeweis nur 209
dann eine eigene Aussage für die Entscheidungsfindung beinhalten kann, wenn es sich um einen direkten Beweis handelt, die aber – wie wir bereits festgestellt haben – selten sind. Bei allen anderen indirekten beweisen, den Indizienbeweisen, wird die Aussage des Sachbeweises erst dann verständlich, wenn sie durch den Zeugen oder Sachverständigen, also den Personalbeweis, in das Verfahren gebracht und erläutert und begründet wird.

> **Merke:** Es ist mithin eine Grundanforderung an qualitativ gute kriminalistische Arbeit, die Beweise so umfassend und lückenlos zu erheben und auszuwerten, dass dem Gericht eine Schlussfolgerung möglich ist, die objektiv nachvollziehbar ist.
>
> Die zuweilen gehörte Aussage „Wir haben ja schon genug, da brauchen wir das nicht mehr!" ist daher unhaltbar und inakzeptabel. Nur durch das Zusammenspiel aller Beweise und deren Interpretation kann, man denke an die Aussage „Jede Kette ist nur so stark wie ihr schwächstes Glied", dieses Ziel wirklich erreicht werden.

Vorhandene neue Beweise liegen zu lassen, ist also keine gute Ermittlungsarbeit. Damit ist nicht der 129. Ausdruck derselben gefälschten Urkunde gemeint, sondern der Beweis, der ergänzende Erkenntnisse bringen kann.

Allerdings hat auch diese Aussage ihre Grenzen. Die entstehen dort, wo für die 210
Erhebung des Beweises Recht missachtet werden müsste, was uU ein Beweisverbot nach sich ziehen würde.

E. Beweisverbote

Diese Beweisverbote sollen bewirken, dass sich die Strafverfolgungsbehörden 211
im Rahmen ihrer Arbeit an Recht und Gesetz halten und insbesondere die Redlichkeit in der Arbeit beachten. Da die Arbeit des Ermittlers zur Beweissi-

cherung häufig in die Grundrechte von Menschen eingreift, jede Vernehmung ein solcher Rechtseingriff ist, jede Beschlagnahme, Durchsuchung, Identitätsfeststellung usw, gilt als Ergebnis aus Art. 20 III GG (Rechtsstaatsprinzip), **dass nicht um jeden Preis die Wahrheit ermittelt werden darf** (BGHSt 14, 365 = NJW 1960, 1580), da die Erhebung dieser Wahrheit zuweilen im Widersprach zu höherrangigen Grundrechtseingriffen stehen wird.

Diesem Grundsatz entsprechend sind die sog. Beweisverbote zu beachten, die die Erhebung von Beweisen unter ganz bestimmten Voraussetzungen als nicht normkonform beschreiben. Die Regelung dieser Beweisverbote (BV) ist teils gesetzlich vorgegeben, teils aber auch durch höchstrichterliche Entscheidungen formuliert worden. Auf ein Beweiserhebungsverbot folgt in bestimmten Fällen das Beweisverwertungsverbot, das somit als Konsequenz des Verstoßes anzusehen ist.

Unterschieden wird in die Beweiserhebungsverbote (BEV), die die Erlangung des Beweises zum Gegenstand haben, und die Beweisverwertungsverbote (BVV), die sich aus den BEV ergeben.

212 Nicht immer ist das Verwertungsverbot zwingend (so aber bei Verstoß gegen Art. 2 I iVm Art. 1 I GG), zuweilen unterliegt es der Einzelfallentscheidung. Diese kann sich aus der Frage ergeben, ob der zum Beweis führende Grundrechtseingriff so erheblich ist, dass die Verwertung des Beweises sich verbietet. Geprüft wird also, in welche Grundrechtssphäre eingegriffen wird (sog. Sphärentheorie). Damit wird auch deutlich, dass durch Verstöße gegen die Menschenwürde keine Verwertung des Beweises mehr möglich ist. Je allgemeiner und öffentlicher die Sphäre, in die eingegriffen wurde, umso näher liegt die Möglichkeit, den Beweis gerichtlicherseits dennoch zuzulassen.

213 Aktuell in der Bewertung vorherrschend ist die sog. **Abwägungslehre:** Hier werden die Bedeutung des Beweises, die Tiefe des Verstoßes in seiner Erhebung, der Grundrechtseingriff und nicht zuletzt die Frage, ob der Beweis **bewusst** unzulässig erhoben wurde den Fragen gegenübergestellt, was mit diesem Beweis belegt werden kann, ob es noch weitere Beweise für diese Tatsache gibt usw. Wesentlich für den Polizeibeamten muss es sein, eine Art „Antenne" dafür zu entwickeln, wo sich die Grenzen jeweils finden lassen, da – beim Überschreiten dieser Grenzen – das Gesamtverfahren gefährdet sein kann. Und welcher Ermittler möchte schon gerne, weil er an einer vermeintlich kleinen Stelle nicht
214 sorgsam auf die Begleitumstände für seine Entscheidung geachtet hat, dafür verantwortlich sein, dass aufgrund dieses Versäumnisses das gesamte Verfahren eingestellt werden muss, weil die Beweise nicht bewertet werden dürfen.

Wir befassen uns daher mit denjenigen BV, die im Rahmen der polizeilichen Tätigkeit von Bedeutung sein können, nur im Ansatz aber mit denen, die im Rahmen der HV für das Gericht zu beachten wären:

I. Beweismittelverbote/Berufung auf entgegenstehendes Recht

215 Wie bereits beim Personalbeweis erläutert, muss sich niemand selbst belasten oder an seiner eigenen Strafverfolgung aktiv mitwirken (Grundsatz: nemo tenetur se ipsum accusare). Darüber sind sowohl Zeugen (nach § 55 StPO) als auch Beschuldigte (nach § 136 StPO) zu belehren, → Rn. 179, → Rn. 198.

Dies ist der Grundsatz, der das gesamte Verfahren bestimmt, dem daher zwingend zu folgen ist. Die Konsequenz daraus ist:

Merke: Die Belehrung ist **immer** verständlich und formal korrekt zu leisten, ZEG und BES sind über die ihnen zustehenden Rechte aufzuklären. Unterbleibt eine erforderliche Belehrung, ist diese Aussage nicht verwertbar.[114]

Lediglich durch eine sog. „qualifizierte Belehrung[115]“ kann dieses Verwertungsverbot „geheilt“ werden, der ZEG/BES ist sodann erneut zu vernehmen.[116]

Hinweis: Für einschreitende Polizeibeamte ist es daher von fundamentaler Bedeutung zu erkennen, wann eine Vernehmungssituation[117] gegeben ist und welche Belehrungserfordernisse sich daraus ergeben.

Die Ansprüche an eine formell und materiell korrekte Belehrung sind unbedingt zu berücksichtigen.

Nicht nur die Aussage von Personen kann unter Missachtung des Rechts erlangt werden, auch weitere Beweismittel unterliegen dem Beweismittelverbot:

- die in einer rechtswidrig durchgeführten Durchsuchungsmaßnahme erlangten Beweise, zB Beutestücke, Spuren der Tat usw,
- die bei einer unrechtmäßig angeordneten körperlichen Untersuchung erlangten Werte der Blutprobe,
- die bei einer nicht rechtmäßig durchgeführten Überwachungsmaßnahme erlangten Daten,
- die unter Missachtung der Menschenwürde erlangten Beweise

und vieles mehr.

II. Beweismethodenverbot/Art und Weise der Beweiserhebung:

Hier ist insbesondere auf § 136a StPO zu verweisen, der die Gewinnung einer Aussage mit den dort genannten Mitteln verbietet. § 136a StPO findet seine Entsprechung im Straftatbestand des § 343 StGB, der Aussageerpressung. Allein die Tatsache, dass es sich hier um einen Verbrechenstatbestand handelt, zeigt die grundlegende Bedeutung der Normen. Eine nicht aus freien Stücken erlangte Aussage unterliegt dem absoluten Verwertungsverbot, darf auch nicht verle- 216

---

114 BGHSt 38, 214 = NJW 1992, 1463.

115 Die Person ist darüber aufzuklären, dass alles, was sie bisher gesagt hat, nicht verwertet werden darf und als nicht existierend gilt. Sodann wird die formal korrekte Belehrung angeschlossen, eine freie Entscheidung über das Aussageverhalten kann neu getroffen werden und ist nun bindend. Erfolgt keine neue Aussage, sind die Inhalte der nicht korrekt erlangten Vernehmung unverwertbar. Vertiefend dazu in Pientka (2014): Kriminalwissenschaften II

116 BGHSt 53, 112 = NJW 2009, 1427.

117 Vernehmung ist jede in amtlicher Eigenschaft geführte Befragung zu einem Sachverhalt, vertiefend hierzu (*Pientka* [2014]: Kriminalwissenschaften II).

sen werden, daraus können keine Teile entnommen und anderen Beweispersonen vorgehalten werden, der Vernehmungsbeamte darf ebenfalls nicht zu den Inhalten befragt werden, und dies alles gilt auch dann, wenn der Vernommene es sich anders überlegt und der Nutzung der Beweise zustimmt.

217 Dies zeigt einmal mehr die Bedeutung der freien Willensentschließung im Zusammenhang mit Aussagen im Strafverfahren.

Eine Diskussion der Norm ergab sich im Zusammenhang mit dem Entführungsfall des *Jakob von Metzler.* Der BES behauptete, ihm sei durch einen Kriminalbeamten auf Anordnung des stellvertretenden Polizeipräsidenten Folter angedroht worden, damit er den Ort, an dem er das Opfer gefangen hielt, bekannt gebe. Eine Anordnung von Zwang zur Durchsetzung der Vernehmung ist im deutschen Recht nicht vorgesehen, daher handelt es sich hier um Nötigung zur Erzwingung einer Aussage. Die Öffentlichkeit diskutierte diesen Fall zu Anfang dieses Jahrhunderts sehr kontrovers. Letztlich kam es zu einer Verurteilung der Beamten.[118]

III. Problem: Fernwirkung[119]

218 Den Darstellungen zum BVV schließt sich die grundlegende Frage an, wie mit unrechtmäßig mittelbar erlangten Beweismitteln umgegangen wird:

> **Beispiel:** P wird von Polizeibeamten noch in der unmittelbaren Nähe des Tatorts vorläufig festgenommen, nachdem er die F um ihren Schmuck beraubt und mit einer Schusswaffe schwer verletzt hat.
>
> POK Eifrig erklärt ihm: „Junge, du hast eh keine Wahl, also lege lieber gleich ein Geständnis ab, alles andere hat keinen Zweck für dich. Und am besten sagst du uns auch gleich, wo du die Beute versteckt hast, wir finden sie sowieso, und dann bist du dran, und das wird schlimmer, als wenn du gleich gestehst!".
>
> P gesteht daraufhin und führt den Eifrig zum Versteck der Beute und der Waffe.

Hier liegt eine Vernehmung im Sinne der Definition vor, denn Eifrig stellt Fragen zu einem Sachverhalt und dies in seiner Eigenschaft als Polizeibeamter. Damit wäre eine Belehrung vor der Vernehmung erforderlich. P ist BES, denn das Verfahren richtet sich gegen ihn, er wird bereits vorläufig festgenommen. Die Belehrung müsste sich also nach §§ 163a IV iVm 136 StPO richten.

219 Die Belehrung ist unterblieben. Der erlangte Beweis ist die Aussage des P, die also wegen des vorliegenden Beweiserhebungsverbotes einem direkten unbedingten Beweisverwertungsverbot unterliegt. Innerhalb der Vernehmung aber

---

118 (*Karl*, 2004).

119 Nicht zu verwechseln mit „Fortwirkung"; diese bezieht sich auf die Frage, ob der Adressat, der ohne Belehrung oder unter rechtswidriger Einflussnahme zu einer Aussage geführt wird auch dann noch unter dem Eindruck dieses Einflusses steht, wenn er später qualifiziert belehrt und erneut vernommen wird, oder ob er dann tatsächlich gänzlich frei in seiner Willensbetätigung und Entscheidung ist.

gab es weitere Beweise, und zwar die Waffe und die Beute, die durch die nicht verwertbare Vernehmung indirekt erlangt wurden. Fraglich ist nun, ob das BVV auch für diese neuen Beweise gilt, es also eine „Fernwirkung" entfaltet.

Hier sind sich Rechtsprechung, Rechtslehre und Literatur uneinig.[120]

Merke: Für die Praxis ist diese Diskussion jedoch müßig:

Der einschreitende Polizeibeamte ist nicht in der Position, eine solche Entscheidung treffen zu können.

Es ist daher immer davon auszugehen, dass eine Fernwirkung des Beweisverbotes eintreten könnte, daher ist auch in allen Fällen auf die Einhaltung der Form- und Verfahrensvorschriften zu achten, um keine Gefährdung des Verfahrens zu schaffen.

§ 14 Das Verhältnis zwischen Staatsanwaltschaft und Polizei

Um das Verhältnis zwischen Staatsanwaltschaft (StA) und Polizei zu erläutern, 220
sollte zunächst der Gang des Strafverfahrens in seinen Grundsätzen kurz angesprochen werden.

Das Vorverfahren liegt also allein in der Zuständigkeit der StA.[121] 221

Damit sind alle Ermittlungshandlungen ebenfalls in deren Zuständigkeit. Die Staatsanwaltschaft ist jedoch personell und sachlich nicht so ausgestattet, dass sie in allen Ermittlungsverfahren selbst tätig werden könnte.

Sie bedient sich daher der Unterstützung von Ermittlungsbehörden (Finanzamt, Steuerfahndung, Zollbehörde, Bundespolizei, usw), die jeweils in ihren Zuständigkeitsbereich fallende Anzeigen aufnehmen und verfolgen, behält aber die Entscheidungskompetenz insbesondere hinsichtlich Richtung und Umfang:

„RiStBV I. Abschnitt Ziff. 1.3 Abs. 2: (2) Auch wenn der Staatsanwalt den Sachverhalt nicht selbst aufklärt, sondern seine Ermittlungspersonen (§ 152 Abs. 1 GVG), die Behörden und Beamten des Polizeidienstes (§ 161 Abs. 1 StPO) oder andere Stellen damit beauftragt, hat er die Ermittlungen zu leiten, mindestens ihre Richtung und ihren Umfang zu bestimmen. Er kann dabei auch konkrete Einzelweisungen zur Art und Weise der Durchführung einzelner Ermittlungshandlungen erteilen (vgl. auch Anlage A)."

Wesentliche Ermittlungsbehörde ist aber die Polizei, die daher im Ermittlungs- 222
verfahren eine entscheidende Rolle übernimmt, aber immer noch unter der Hoheit der StA anzusiedeln ist, weshalb sie in der Grafik auf der nächsten Seite in Klammern gesetzt ist.

[120] Vertiefend hierzu (*Pientka,* [2014]: Kriminalwissenschaften II)

[121] S. RiStBV I. Abschnitt, Ziff. 1.1: „Das vorbereitende Verfahren liegt in den Händen des Staatsanwalts. Er ist Organ der Rechtspflege. Im Rahmen der Gesetze verfolgt er Straftaten und leitet verantwortlich die Ermittlungen der sonst mit der Strafverfolgung befassten Stellen."

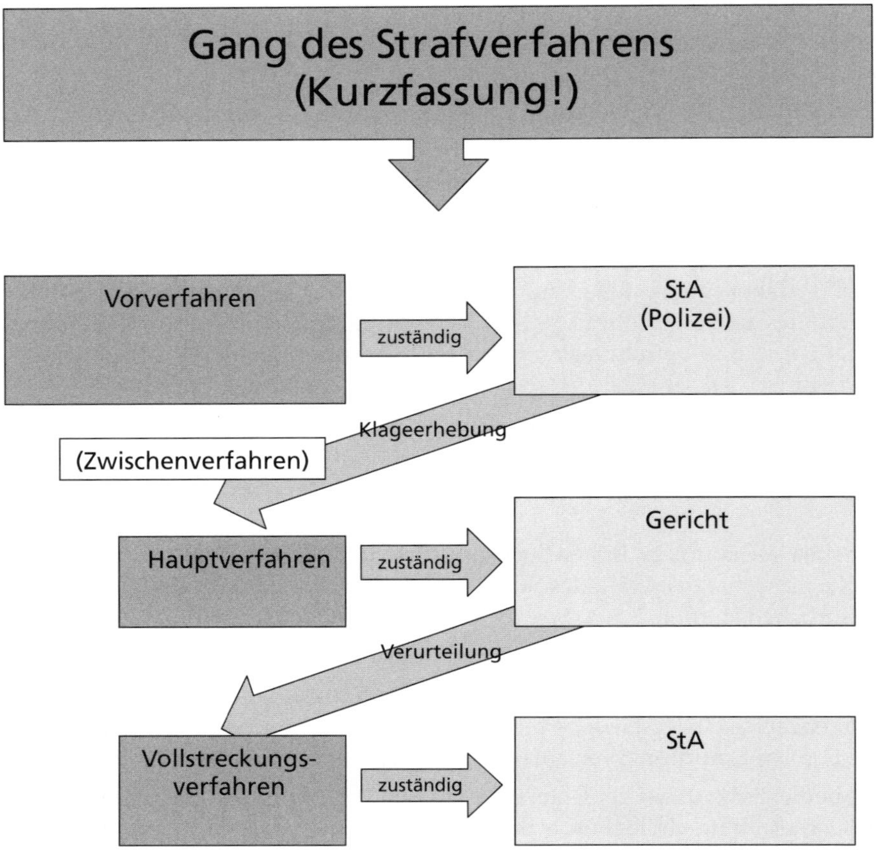

Abb. 22: Gang des Strafverfahrens (Kurzfassung!)

Die Polizei hat demzufolge den wesentlichen Anteil im Vorverfahren zu leisten, für sie gelten die Regelungen der RiStBV entsprechend. Im Hauptverfahren ist sie „nur" einbezogen, sofern es um die Erläuterung des Ermittlungsverfahrens oder um die Erstellung von Gutachten geht. Hier wird der Ermittler zum Zeugen oder Gutachter, hat aber keine eigenständige Tätigkeit mehr vorzunehmen, sondern vielmehr über die Korrektheit der im Vorverfahren getroffenen Maßnahmen Rechenschaft abzulegen.

223 Das Verhältnis zwischen StA und Polizei ist daher im Schwerpunkt für das Vorverfahren zu erläutern.

Der normale Ablauf eines Ermittlungsverfahrens ist der, dass bei der Polizei eine Anzeige erstattet wird oder Polizeibeamte aus eigener Beobachtung ein Verfahren einleiten. Dazu sind sie sachlich zuständig nach § 1 IV PolG NRW iVm § 163 I 1 StPO. Die Polizei hat sodann auch die erforderlichen Maßnahmen zu treffen, um die Verdunkelung der Sache zu verhüten, das bedeutet: sie hat zu ermitteln und Beweise zu erheben und zu sichern. Dies tut sie, ohne in jedem Einzelfall zuvor bei der StA nachgefragt zu haben.

Sie tätigt also für die StA alle diejenigen Ermittlungshandlungen, für die diese nicht ausreichend ausgestattet ist. **Herrin des Verfahrens** bleibt aber die Staatsanwaltschaft, die den Beamten und Behörden des Polizeidienstes gegenüber weisungsbefugt ist, indem sie Ermittlungsaufträge an die zuständige Polizeibehörde richten kann. 224

„Die (Kriminal-)Polizei ist Ermittlungsorgan der StA (§ 161; vgl. auch § 152 GVG). Aus dem Verhältnis zwischen § 160 und 163 folgt, dass die Polizei auf das StA-Ermittlungsverfahren hinarbeitet (zur Entscheidung nach § 170). Daher ist die StA grundsätzlich zur justizgemäßen Sachleitung der polizeilichen Ermittlungen verpflichtet (...) und trägt die Grundverantwortung für die richtige Beschaffung und Zuverlässigkeit des im Justizverfahren benötigten Beweismaterials."[122]

Die Verantwortlichkeit der StA entbindet aufgrund der eigenen Ermittlungstätigkeit der Polizei diese jedoch nicht von der Verpflichtung, im Sinne von Recht und Gesetz zu handeln und ihre Arbeit dem Rechtsstaatsprinzip zu unterwerfen.

In umfangreichen und schwerwiegenden Entscheidungen hat die Polizei, bevor sie eigene Ermittlungsentscheidungen trifft, die zuständige StA zu kontaktieren und deren Entscheidung einzuholen: 225

„**RiStBV I. Abschnitt Ziff. 1.3 Abs. 1:** (1) Der Staatsanwalt soll in bedeutsamen oder in rechtlich oder tatsächlich schwierigen Fällen den Sachverhalt vom ersten Zugriff an selbst aufklären, namentlich den Tatort selbst besichtigen, die Beschuldigten und die wichtigsten Zeugen selbst vernehmen. Bei der Entscheidung, ob er den Verletzten als Zeugen selbst vernimmt, können auch die Folgen der Tat von Bedeutung sein."

Sofern eine frühzeitige Zusammenarbeit mit der StA in derartigen Fällen nicht möglich ist, kann in Ausnahmefällen direkt mit dem zuständigen Richter Rücksprache genommen werden (wann derartige Ausnahmefälle gegeben sein können, wird bei den entsprechenden Maßnahmen erörtert werden, außerdem s. hierzu [*Bialon/Springer,* 2016).

Bestimmte Maßnahmen dürfen 226

- sofort durch jeden örtlich und sachlich zuständigen Polizeibeamten angeordnet werden (zB § 163b StPO – IdF) oder
- bei Gefahr im Verzuge durch jeden örtlich und sachlich zuständigen Polizeibeamten angeordnet werden (zB § 127 (2) StPO iVm § 112 f. StPO – vorläufige Festnahme) oder
- unter besonderen Voraussetzungen durch solche Polizeibeamten angeordnet werden, die Ermittlungspersonen[123] der Staatsanwaltschaft (ErmP STA) sind.

Welche Polizeibeamten als Ermittlungsperson der Staatsanwaltschaft gelten, richtet sich nach § 152 II GVG[124] iVm der Verordnung über die Ermittlungsper- 227

[122] (Meyer-Goßner/Schmitt/*Schmitt*, 2016), § 163 Rn. 3.

[123] Bis 2005 „Hilfsbeamte der StA" genannt (HiBeStA).

[124] „(2) Die Landesregierungen werden ermächtigt, durch Rechtsverordnung diejenigen Beamten- und Angestelltengruppen zu bezeichnen, auf die diese Vorschrift anzuwenden ist. Die Angestellten müssen im öffentlichen Dienst stehen, das 21. Lebensjahr vollendet haben und mindestens zwei Jahre in den bezeichneten Beamten- oder Angestelltengruppen tätig gewesen sein. Die Landesregierungen können die Ermächtigung durch Rechtsverordnung auf die Landesjustizverwaltungen übertragen."

sonen der Staatsanwaltschaft vom 30.4.1996 in der Fassung vom 17.3.2005 (ErmP VO):

Merke: Demnach sind ErmP StA alle Polizei und Kriminalbeamten vom Polizei-/Kriminalmeister (die es aber seit Einführung der zweigeteilten Laufbahn in NRW nicht mehr gibt) bis einschließlich Polizei-/Kriminaloberrat, jedoch ab Polizei-/Kriminalhauptkommissar nur unter bestimmten Voraussetzungen, die in der Verordnung in Form von Fußnoten (Fn.) klar normiert sind.

228 Sofern die Polizei den Tatbestand (im Fachterminus „den Vorgang" genannt) ausermittelt hat, also nach eigener Auffassung keinerlei weitere Ermittlungsschritte zur Beweiserhebung mehr sieht, hat sie die Akte der StA zuzusenden (im Fachterminus „Abverfügung" genannt). Dies ohne Rücksicht auf die Frage, ob sich der anfängliche Tatvorwurf allgemein oder gegen bestimmte Personen erhärtet hat oder nicht, also auch, wenn im Laufe der Ermittlungen festgestellt wird, das gar keine Straftat vorgelegen hat.

Das heißt: **Jede** Ermittlungsakte wird ungeachtet ihres Ergebnisses an die StA „abverfügt". Die StA entscheidet sodann über das weitere Verfahren. Sie kann den Vorgang an die Polizei zurückgeben und konkrete Aufträge für weitere Ermittlungen erteilen, sie kann das Verfahren ganz oder (sofern es BES gibt) gegen Auflagen einstellen, einen Strafbefehl erlassen oder eine Anklageschrift zur Eröffnung des HV fertigen.

229 Ein Problem in der Zusammenarbeit von StA und Polizei ergibt sich dann, wenn der Einsatzanlass zugleich gefahrenabwehrende und strafverfolgende Aspekte vereint, es sich also um eine sog. „Gemengelage" handelt. Im Bereich der Gefahrenabwehr hat die StA keinerlei Sachleitungskompetenz, hier ist allein die Polizei zuständig. Da zunächst der Grundsatz „Gefahrenabwehr vor Strafverfolgung" gilt (Ausnahmen hierzu s. *Bialon/Springer* [2016]), kommt es bei bestimmten Einsätzen, zB Geisellagen, zu Kollisionen, die nur durch eine vertrauensvolle Zusammenarbeit und sofortige Einbindung aufgearbeitet werden können.

§ 15 Die kriminalpolizeilichen Analysemethoden

230 Ziel jeglicher kriminalistischer Arbeit ist, wie bisher deutlich wurde, die gerichtsfeste Beweisführung und Aufklärung eines realen Lebenssachverhaltes dergestalt, dass die Urheberschaft bestimmten Personen nachgewiesen werden kann und ihre individuelle Vorwerfbarkeit in Form der Schuld nachgewiesen wird.

Dazu muss sich der Kriminalist strukturierter Methoden bedienen; eine dem Zufall überlassene Beweissuche, die sich planlos und unstrukturiert bewegt, wird auch nur durch Zufall zur Identifizierung eines Tatverdächtigen führen. Dies ist seit Beginn der wissenschaftlichen Kriminalistik bekannt und unumstritten. Wie aber diese Methoden aussehen können, darüber forscht die kriminalistische Fachwelt nach wie vor, darüber ist man auch in den Bundesländern uneins, und auch der Begriff der Fallanalyse wird in der Literatur ganz verschieden definiert und interpretiert.[125]

Während auch an manchen Ausbildungsinstituten und Fachhochschulen verschiedener Bundesländer unterschiedliche Methoden gelehrt werden, arbeiten die Kriminalpolizeien der Länder ebenfalls unterschiedlich: hier wird mit Versionsbildung operiert, dort mit Fallanalyse, an anderer Stelle wiederum mit den Methoden der Hypothesenbildung zur Versionsfindung usw. Hier wie dort aber gilt die Methode dem identischen Ziel: dem Nachweis von Tat und Täterschaft. 231

An dieser Stelle soll daher zur Vollständigkeit neben der in NRW seit 2002 durch Beschluss des Landesfacharbeitskreises Kriminalistik an der FHöV angewandten KFA auch (wenn auch knapp) auf Hypothesenbildung und Versionsarbeit eingegangen werden.

A. Hypothesenbildung

Walder und *Hansjakob* nehmen ausführlich Stellung zum Wert der Hypothesenbildung und zu deren Abgrenzung zur Versionsbildung. 232

Danach ist die Hypothesenbildung ein *„besonders interessantes Gebiet des kriminalistischen Denkens"*[126], dessen Ziel es ist, diejenigen Lücken zu erkennen, in denen noch nicht ausreichend Datenmaterial gesammelt werden konnte.

„Die Hypothesenbildung dient also dazu die Beweiserhebungen in eine bestimmte Richtung zu lenken, das Programm für diejenigen Umstände aufzustellen, die zu beweisen sind (oder von denen gesagt werden kann, sie könnten ausgeschlossen werden, oder allenfalls bloß, sie ließen sich nicht beweisen)."[127]

Die aufgeworfenen Fragen sollen also diejenigen Aspekte identifizieren, zu denen noch weiter geforscht werden muss, die noch nicht hinreichend mit Informationen und Erkenntnissen geklärt werden konnten. Man könnte diese Abschnitte innerhalb eines Falles vielleicht als „nicht-Erkenntnis-Räume" bezeichnen. ZB kann eine Hypothese sich auf die Erkenntnisfrage beziehen, wie das Motiv eines Täters zu beschreiben sein könnte. Die Methoden, die sich der kriminalistisch denkende Ermittler im Rahmen der Hypothesenbildung zunutze macht, sind in *Walder/Hansjakob*[128] unter Verweis auf *Kahnemann* und *Frederick* (intuitive und reflexive Prozesse) dargelegt. Aufgrund ihrer im Studiengang in NRW weniger verbreiteten Bedeutung soll hier lediglich auf die Möglichkeit der Vertiefung in der Literatur hingewiesen werden.[129] 233

---

[125] S. hierzu die Diskussion der verschiedenen Definitionen in (*Ackermann*, 2010), S. 15 ff.

[126] (*Walder/Hansjakob*, 2016), S. 169

[127] (*Walder/Hansjakob*, 2016), S. 170

[128] (*Walder/Hansjakob*, 2016), S. 174 f.

[129] Anm. d. Verf.: Eine sinnvolle Verknüpfung von Hypothesenbildung, Versionsbildung und KFA im Sinne einer Art Erkenntniskreislaufs (so auch gefordert von [*Westphal*, 2010], S. 97) mit dauernden Rückkopplungen und der Möglichkeit der gegenseitigen Ergänzung und Stütze wäre wünschenswert, ist jedoch zZt nicht Standard. Erste An-

B. Versionsbildung

234 Im Gegensatz zu den Hypothesen, die sich im „nicht-Erkenntnis-Raum" bewegen, sind Versionen verschiedene Varianten, die zu einem bestimmten Ereignis als mögliche Lösungen erdacht werden und die per Beweis verifiziert oder falsifiziert werden können. Hier werden Abläufe und Bedingungsfelder in unterschiedlichen Konstellationen durchdacht.

„Versionen sind Varianten einer Erklärung für ein Ereignis, die sich als richtig oder falsch beweisen lassen (ob ein Toter durch Suizid gestorben ist, lässt sich bei guter Datenlage klären). Hypothesen gehen der Frage nach, wie es zum Ereignis gekommen sein könnte. Thomas Gundlach hat deshalb richtigerweise vorgeschlagen, zur begrifflichen Klärung von Ereignisversionen und Tathypothesen zu sprechen...."[130]

Auch auf Versionsbildung soll aus den vorgenannten Gründen hier nicht weiter eingegangen werden.

C. Operative Fallanalyse (OFA)[131]

235 Die operative Fallanalyse ist ebenso wie die kriminalistische Fallanalyse eine Methode zur Aufbereitung eines einzelnen Falles. Der Fallanalytiker befasst sich mit der konkreten Tat und stellt sich in der gedanklichen Rekonstruktion des Tatherganges zwei entscheidende Fragen:

- Was hat der Täter getan, was er zur Realisierung der Tat nicht hätte tun müssen?[132]
- Was hat der Täter nicht getan, was er hätte tun können?

Die Beantwortung dieser beiden Fragen führt dazu, dass in der Betrachtung eines Falles Täterhandlungen oder Täterunterlassungen erkannt werden können, die über den MO (s. KFA Ziff. 2.3) hinausgehen. Solche Handlungen oder Unterlassungen lassen Rückschlüsse auf die Täterperson zu, die sich der Fall-
236 analytiker zunutze macht und aus denen er sowohl Hypothesen als auch Versionen bilden kann.

Dazu bedient sich der Fallanalytiker einer durch die kanadische Polizei entwickelten Software: dem Violent Crime Linkage Analaysis System, kurz: ViCLAS. Der Name der Software deutet bereits darauf hin, dass es sich um ein Verfahren[133] handelt, das bei Gewaltdelikten gebräuchlich ist, so bei Tötungsdelikten, Delikten sexueller Gewalt und unklarem Ansprechen von Kindern und vieles mehr.

Nach Ausfüllen des ViCLAS-Erhebungsbogens und der eingehenden Betrachtung der Tatsituation entsteht auf der Suche nach dem Tätermotiv und der Analyse seiner Geisteshaltung ein Täterprofil. Sowohl das Ausfüllen des Fra-

sätze ergeben sich zwar in der Forschung, eine Umsetzung im kriminalpolizeilichen Alltag aber ist noch nicht abzusehen.

130 (*Walder/Hansjakob*, 2016), S. 171

131 Unfachlich, fälschlicherweise und auch verfremdend zuweilen „Profiling" genannt.

132 Beispielsweise war es zur Tötung des Opfers sehr wohl erforderlich, den tödlichen Stich zu setzen, nicht aber, dem Toten nach der Tat die Hände zu falten.

133 Vertiefend s. hierzu (*Walder/Hansjakob*, 2016), S. 182

gebogens als auch die Auswertung erfolgt durch speziell geschultes Personal: Sachbearbeiter bei den KPB beantworten die insgesamt 263 Fragen, deren Auswertung erfolgt bei den LKÄ und dem BKA.

OFA-Ziele: 237

- Informationen des konkreten Falles systematisieren
- Täterverhalten fallbezogen bewerten
- Hypothesen aufstellen in Bezug auf
  - Täterprofil
  - Anzahl der Täter
  - Physische Charakteristika
  - Mentaler Typus
  - Lebenslauf
  - Umgang mit Autoritäten
  - Herkunft/Lebensraum/Wohnort oder Region
  - Bildungsstand
  - Gewohnheiten/Freizeitverhalten
  - Mobilität
  - Vor- und Nachtatverhalten
  - Vorstrafen
- Ermittlungs- und Fahndungshinweise gewinnen

OFA ist eine in besonderen Fällen äußerst wirksame Methode, die durch die Spezialisten der OFA Dienststelle des LKA zur Unterstützung der Ermittler angeboten wird und bereits mehrfach zu erstaunlichen Hypothesen und Versionen führen konnte. 238

D. Kriminalistische Fallanalyse (KFA)

I. Zielrichtung der Kriminalistischen Fallanalyse

Hingegen ist die KFA, wie sie hier vorgestellt wird, alltagstauglich und durch jeden Polizeibeamten und insbesondere jeden Ermittlungsbeamten zu erlernen, nicht minder aber ist sie zielorientiert. 239

Wesentliches, aber nicht alleiniges Ziel[134] der KFA ist, wie oben beschrieben, Aufklärung der Tat mit Täterermittlung. Dazu gehen in eine KFA

„... weitreichende kriminologische Aspekte ein, ohne dies in der Bezeichnung ausdrücklich zu betonen. (...) Zudem ist jedes Verbrechen das Produkt aus der Eigenart der Tat und dem Handeln einer Person mit entsprechender Persönlichkeitsstruktur und der diese umgebenden sozialen Verhältnisse. Bei Straftaten mit unbekanntem Täter sind vor allem die zur Person eines Tatverdächtigen führenden Hinweise von besonderem Wert. In eine Fallanalyse gehen praktisch sowohl kriminalistische als auch kriminologische Faktoren ein ..."[135]

---

[134] Von Bedeutung ist auch, Erkenntnisse über die Entstehung des Deliktes zu gewinnen und für Präventionsarbeit zu nutzen, eine Reduzierung auf Tat- und Täterermittlung ist daher unzureichend.

[135] (*Ackermann*, 2010), S. 18.

240 Damit ist auch der häufig gehörte Einwand erklärt, dass sich KFA und Kriminologische Deliktsanalyse (KDA) in vielen Punkten gleichen und überschneiden; dies ist nachgerade Sinn und Zweck der KFA: auch die Inhalte und Erkenntnisse anderer Wissenschaften werden einbezogen.

Dazu *Ackermann*:

„Kriminalistische Fallanalyse ist ein methodisches Verfahren der Kriminalistik zur gedanklichen Zergliederung einer Straftat oder eines kriminalistisch relevanten Ereignisses in allen Details. Durch gedankliche und computergestützte Analyseverfahren wird ein ganzheitlicher Sachverhalt zergliedert, dh in seine einzelnen Bestandteile zerlegt und kann somit nach allen Richtungen zum Zwecke der Gewinnung von weiteren Erkenntnissen untersucht und bewertet werden. Im Zentrum der Analyse stehen Tatplanung und -vorbereitung, Tatdurchführung und Nachtatverhalten, sowie Erkenntnisse über den Täter und das Opfer. In der nachfolgenden synthetischen „Zusammenschau" sollen nach gedanklicher Rekonstruktion des möglichen Tatverlaufs und der Erkenntnisse zum Täter neue Ansatzpunkte zur Unterstützung der Untersuchungs-/Ermittlungstätigkeit, vor allem neue Ermittlungsansätze zur Suche und Sicherung von weiteren Beweisen der Täterermittlung und allseitigen Tataufklärung gefunden werden."[136]

II. Bedeutung der Kriminalistischen Fallanalyse

241 Die KFA als Methode ist dem routinierten Praktiker, zuweilen gar unbewusst, ebenso eine Ermittlungs- und Entscheidungshilfe wie dem Berufseinsteiger. Von Beginn an werden die verschiedenen Bereiche abgearbeitet, und das unter Umständen immer wieder neu, sofern sich neue Informationen ergeben haben: Stehen einzelne Informationen ganz zu Beginn der Ermittlungen, etwa im Auswertungsangriff am Einsatzort, noch nicht zur Verfügung, so wachsen die Erkenntnisse mit zunehmenden Beweisauswertungen immer mehr. Während also beispielsweise zu Beginn die Tatzeit als Zeitraum von drei Tagen angesehen werden muss, so können die Informationen hierzu eine genauere Aussage immer weiter verdichten. Dies wiederum hat zur Folge, dass auch weitere Felder neu durchdacht werden müssen, wie etwa „Verdachtslage", zB mit der Frage, ob ein Alibi unter der konkretisierten Tatzeit noch zutreffend sein kann oder nicht.

242 Daraus ist erkennbar, dass die KFA im Verlaufe eines einzigen Ermittlungsverfahrens immer wieder neu durchlaufen und an einigen Stellen vertieft, konkretisiert, verifiziert werden muss. Dass der erfahrene Ermittler sich nicht hinsetzt mit dem Gedanken „Ich mache jetzt mal erneut Punkt 3.1 der KFA!", sondern dies einfach nur umsetzt, ändert nichts daran, dass man sie als „des Kriminalbeamten täglich Brot" bezeichnen könnte. Und selbst der Beamte des WWD, der als erstes Einsatzmittel am Ereignisort erscheint, wird – wenn auch ohne Bewusstmachung der Gliederungspunkte – die KFA ganz oder in Teilen durcharbeiten (er überlegt, welche Fahndungsmaßnahmen sinnvoll sind, ob es einen Verdacht bzgl. Tat oder Personen gibt usw).

[136] (*Ackermann*, 2010), S. 19.

Für den Berufsanfänger gibt die KFA eine hilfreiche Struktur vor, für den Routinier kanalisiert sie als Handwerkszeug die Arbeit am Fall.

III. Inhalte der Kriminalistischen Fallanalyse

Die KFA wird dargestellt in der für die FHöV NRW durch den Landesfacharbeitskreis Kriminalistik beschlossenen Fassung, diese wiederum übereinstimmend mit „Beurteilungskriterien der Kriminalistischen Fallanalyse Nordrhein-Westfalen" gem. Beschluss der Arbeitsgemeinschaft Kriminalistik vom 15.5.2002 (*Ackermann*, 2010), Anlage 2. 243

Hier zunächst zur besseren Übersichtlichkeit von Hilfskriterien bereinigt:

A. Analyse und Bewertung
1. Anlass
  1.1. Ausgangssituation
    1.1.1. Gefahrenlage
    1.1.2. Verdachtslage im Hinblick auf eine Tat
    1.1.3. Verdachtslage im Hinblick auf eine Person
  1.2. Allgemeine Beurteilung
  1.3. Einsatzsituation
2. Tatsituation
  2.1. Tatort
  2.2. Tatzeit
  2.3. Modus Operandi / OFA-Kriterien
  2.4. Tatmittel
  2.5. Beute
  2.6. Motivlage
  2.7. Opfer
  2.8. Tatverdächtiger
3. Beweissituation
  3.1. Personalbeweis
  3.2. Sachbeweis
4. Vorläufiges Ergebnis / Hypothese
5. Fahndungssituation
  5.1. Personenfahndung
  5.2. Sachfahndung
6. Rechtslage
B. Maßnahmen zur gerichtsfesten Beweisführung
1. Erster Angriff
  1.1. Maßnahmen des Sicherungsangriffs
  1.2. Auswertungsangriff
2. Weitere Ermittlungshandlungen

IV. Beispiel einer Kriminalistischen Fallanalyse

Am Beispiel eines Sachverhaltes soll die KFA in ihrer Gesamtheit dargestellt werden, wobei es hier lediglich eine stichwortartige Lösung gibt. In Prüfungen während des Studiums sind zumindest Teile der KFA regelmäßiger Bestandteil. 244

Dann jedoch wird vom Studierenden eine „Erläuterung" oder „Erörterung" erwartet, was vollständige Sätze und weitergehende Erklärungen beinhaltet.

Merke: In der gesamten Lösung sollen nur diejenigen Gliederungspunkte betrachtet und erörtert werden, zu denen es aus dem Sachverhalt konkrete Hinweise gibt. Vermutungen oder gar Spekulationen haben hier keinen Raum. Sollte es zu einem der Punkte keine konkreten Hinweise aus dem Fall geben, so ist dies zu vermerken und erst in einer späteren erneuten Betrachtung zu vervollständigen, wo es zu neuen Informationen gekommen ist.

In der Lösung werden die Gliederungspunkte durch Hilfsfragen ergänzt; deren Beachtung garantiert eine umfassende Analyse eines Falles.

Fall:

Der 19-jährige Arthur Agro (A) und der 22-jährige Bernd Bruce (B) möchten Samstagabend feiern gehen, möglichst in einen edlen Club in Herne. Der A ist stolzer Besitzer eines tiefergelegten 3er BMW mit Bose System und viel Chrom. Das Auto verschlingt viel Geld, drum hat er zuweilen nicht mehr genug Geld zum Tanken. Beide wollen aber auf das Auto und den Eindruck, den es auf die Damenwelt macht, nicht verzichten.

B hat die Idee: „Wir laden das Schneckchen S ein, fahren mit ihr vorher zur Aral um die Ecke, lassen sie vor dem Kassierer „rumhampeln", ablenken und wir beide machen in der Zeit den Tank voll und hauen dann ab. S lassen wir dann da stehen, die stört im Club nur."

So wird es gemacht. Die S geht hinein, um den Kassierer (K) abzulenken, damit dieser nicht mitbekommt, dass getankt wird. Der A tankt das Auto voll, B steht daneben.

Als ein anderer Tankkunde (T) sich den beiden nähert, glauben sie, der wolle sie irgendwie festhalten. B zieht einen Teleskopschlagstock und schlägt auf T, trifft ihn aber nicht spürbar. Die S sieht das ebenfalls, sie schnappt sich eine Flasche Sekt aus der Auslage und schlägt den K damit nieder.

Sie rennt raus, alle springen ins Auto und fahren davon.

Blutüberströmt ruft der schwer verletzte K über Notruf die Polizei, gibt eine Beschreibung von Personen und Fahrzeug und nennt ein Kennzeichenfragment: RE – A? 6??.

Sie erhalten den Einsatz zur Tankstelle als D 13/27, gleichzeitig löst die Leitstelle eine Ringalarmfahndung Ring 20 aus, der DGL der LSt ordnet Anhaltekontrollen an. An einer Kontrollstelle stehen POK P und PM'in M. Dort nähert sich der gesuchte Pkw. A sieht die Kontrollstelle, er kennt solche Situationen aus dem Fernsehen und weiß daher, dass die Beamten zur Seite springen, wenn man auf sie zufährt. Er stellt sich das genauso vor und rast ungebremst auf die beiden zu. Tatsächlich springen P und M in den Straßengraben. Der A hat jedoch im letzten Moment Angst bekommen, einen der beiden zu verletzen, und legt eine Vollbremsung hin. P und M springen aus dem Straßengraben und nehmen A, B und S vorläufig fest. Alle drei werden ins PG gebracht und am nächsten Morgen dem zuständigen Sachbearbeiter überstellt.

Lösung:

A. Analyse und Bewertung 245

Erläuterung: Bei der KFA handelt es sich zwar um einen ständigen Prozess der Neubewertung nach Erkenntniszuwachs- auch aus getroffenen Maßnahmen – hier jedoch ist die Analyse eines kompletten Sachverhalts ohne den sonst üblichen Phasenverlauf unter Einteilung in zwei Ereignisorte (also Beispiel Tatort 1: Tankstellenraub [TO 1], Tatort 2: Widerstandshandlung Kontrollstelle [TO 2]) gefragt.

Bei einem Phasenverlauf (Zeitsprung) würden die zu treffenden Maßnahmen innerhalb der Bearbeitung der jeweiligen Phasen entwickelt.

1. Anlass

1.1. Ausgangssituation

1.1.1. Gefahrenlage

Hilfsfragen:

- **Gefahren für Personen oder Sachen?**
- **Gefahren, die von Personen oder Sachen ausgehen?**

TO 1-Tankstelle:

- Gefahren für Personen oder Sachen
  - Bestehen für die verletzte Person K, eventuell für T, der unter Schock stehen könnte
  - Zu achten ist auf mögliche Gefahr durch auslaufendes Benzin an der Tanksäule
  - Gefahr der Wiederholung, wenn Täter nicht ermittelt werden
  - Gefahr für die Spuren am TO/den TO selbst als Situationsspur
- Gefahren, die von Personen oder Sachen ausgehen
  - Ggf. Tanksäule nicht gesichert (Schlauch kann bei Flucht beschädigt worden sein, Benzin läuft aus)
  - Täter haben sich entfernt, keine unmittelbare Gefahr durch Täter an diesem TO, jedoch evtl. durch flüchtige Täter für Unbeteiligte weitere Verkehrsteilnehmer, für die Tatverdächtigen (TV) selbst

Erläuterung: Überschneidungen sind normal und auch gewünscht; der unterschiedliche Blickwinkel auf ein und dasselbe Problem macht unter Umständen auch andere Schwerpunkte aus, was hier jedoch nicht der Fall ist.

TO 2-Kontrollstelle:

- Gefahr für Personen oder Sachen
  - TV sind mit Fahrzeug auf P und M zugefahren, Tat kam nicht zur Vollendung, keine unmittelbare Gefahr mehr
  - Kein Hinweis auf Verletzungen bei TV und Polizeibeamter (PB)

  - Fahrzeug steht auf der Straße, kann dort nicht ungesichert stehen bleiben
- Gefahr von Personen oder Sachen
  - Täter fuhren mit Pkw auf PB zu, beide springen in den Graben, bleiben unverletzt
  - Nach Festnahme der TV keine Gefahr mehr durch das Fahrzeug, evtl. durch mögliche Widerstandhandlungen; Eigensicherung!
  - Fahrzeug steht auf der Straße, kann dort nicht ungesichert liegen bleiben
- Hilfeleistungspflichten
  - An diesem TO für den K, der durch die Sektflasche verletzt ist; T wurde nicht verletzt

1.1.2. Verdachtslage im Hinblick auf eine Tat

Hilfsfragen:

- **Mögliche Delikte aufgrund der im Sachverhalt dargelegten Tathandlung?**
- **Verdacht erregende Umstände?**
- **Fakten, die gegen ein Delikt sprechen?**
- **Anfangsverdacht einer Straftat ja/nein?**

TO 1:

- Verdacht des Tankbetrugs?
  - Täter haben laut Sachverhalt die Absicht, ohne Bezahlung zu tanken
  - Durch S soll K abgelenkt werden, um den Tankvorgang nicht zu bemerken
  - Dagegen spricht, dass durch das Ablenken des Tankwarts dessen Täuschung nicht möglich ist und insoweit eine Betrugstatbestandsmäßigkeit fraglich ist.
- Verdacht des Diebstahls?
  - Durch die freiwillige Übergabe des Benzins an der Zapfsäule entfällt die Wegnahme durch den Täter (Tatbestandsausschluss)
  - Daher auch kein räuberischer Diebstahl möglich
- Verdacht des KV-Delikts?
  - T wird von B mit einem Teleskopschlagstock (Waffe) niedergeschlagen
  - K wird von S mit Sektflasche geschlagen (ggf. Gegenstand)
- Verdacht der Nötigung?
  - Sowohl T als auch K sollen durch Gewalt von einer Verfolgung der TV absehen
- Verdacht des Verstoßes gegen das WaffG?
  - Teleskopschlagstock unterliegt dem Verbot (Besitztatbestand) (Anl. 2 zum WaffG Ziff. 1.3.2)
- Verdacht auf schweren Raub (kriminologisch „Tankstellenraub")
  - S schlägt K mit einer Sektflasche nieder, Problem der Wegnahme

- Verdacht auf versuchtes Tötungsdelikt zur Verdeckung vorangegangener Straftat?
  - Angriff auf K, um nach der Tat unentdeckt zu bleiben

TO 2:

- Verdacht des Widerstandes gegen Vollstreckungsbeamte?
  - A fährt an einer Kontrollstelle mit dem Pkw als gefährlichen Gegenstand auf die Beamten P und M zu, beide springen in den Straßengraben
- Verdacht auf gefährlichen Eingriff in den Straßenverkehr
  - Tatverdächtige fahren nach Tankstellenbetrug mit Folgedelikten an Kontrollstelle auf PB zu, um sich der Kontrolle zu entziehen
- Verdacht eines versuchten Tötungsdeliktes?
  - Ebenfalls Verhalten an der Kontrollstelle, hier ist auf versuchtes Tötungsdelikt in Abgrenzung zur versuchten gefährlichen KV einzugehen
- Verdacht der Nötigung?
  - P und M sollen an einer Kontrolle gehindert werden und eine weitere Verfolgung unterlassen.

Erläuterung: Konkrete Strafnormen können hier angesprochen werden, allerdings sollte darauf verzichtet werden, eine bis in die Bezifferung hineingehende Einordnung vorzunehmen. Sinnvoller ist es, hier zunächst die Delikte zu klassifizieren und die Verfolgbarkeiten festzustellen. Dort, wo eine eindeutige Einordnung möglich ist, kann sie durchaus vorgenommen werden, was aber die Ausnahme ist.

Verdacht erregende Umstände aus dem Sachverhalt sind die konkreten Angaben der Zeugen K und T sowie die der eingesetzten Beamten P und M. Zurzeit sind keine Umstände erkennbar, die gegen verfolgbare Delikte sprechen; die gegen einzelne Delikte vorliegenden Aspekte wurden vorstehend bereits einbezogen (s. Diebstahl, Betrug pp).

Insgesamt ist vom Anfangsverdacht eines Straftat auszugehen, da die nach § 152 II StPO geforderten hinreichenden tatsächlichen Anhaltspunkte gegeben sind (s. Verdacht erregende Umstände).

Zusammenfassend ist festzustellen, dass es sich im vorliegenden Sachverhalt um einen geplanten Benzindiebstahl mit Eskalation im Rahmen der Haupttatphase handeln könnte. Ob es sich um Alternative 5) oder 6) handelt, kann derzeit nicht abschließend bewertet werden, beide Möglichkeiten lassen sich mit der Informationslage am Tatort in Einklang bringen.

Im Weiteren liegen ein gefährlicher Eingriff in den Straßenverkehr in der Nachtatphase sowie ein Widerstand gegen Vollstreckungsbeamte vor.

Die weiteren Ermittlungen sollten vom schwersten annehmbaren Delikt ausgehen, das nach dem Sachverhalt vertretbar angenommen werden kann.

Hier als schwerer Raub, da die Gewaltanwendung mit Teleskopstock und Sektflasche als Mittel geprüft werden müssen, die die Tatausführung ermöglichen sollten.

Der gefährliche Eingriff in den Straßenverkehr/Widerstand ist hinsichtlich der Nachtat speziell. Insofern dürfte ein versuchtes Tötungsdelikt iSv § 211 StGB eher zu verneinen sein.

1.1.3. Verdachtslage im Hinblick auf eine Person

Hilfsfragen:

- **Belastende Umstände?**
- **Entlastende Umstände?**
- **konkreter Verdachtsgrad?**
- **Anfangsverdacht?**
- **dringender Tatverdacht?**
- **Verfahrensrechtliche Stellung (Tatverdächtiger/ Beschuldigter)?**

Es liegt ein Verdacht gegen drei Personen vor:

1. A, 19 Jahre, Fahrzeugbesitzer
2. B, 22 Jahre, Kumpel von A, Beifahrer
3. S, Schneckchen, Bekannte von A und B, Beifahrerin

Belastende Umstände:

TV 1: A – Zeugenaussagen T und K, Fragmentkennzeichen, Situation an der Kontrollstelle – fährt auf der Flucht mit seinem Pkw auf PB zu

TV 2: B – Beifahrer des A, räumlicher und zeitlicher Zusammenhang von Tat und Kontrollstelle schließt die Möglichkeit, dass er erst nachträglich zugestiegen sein könnte, eher aus.

TV 3: S – schlägt die Sektflasche auf K

Die Personen können ggf. durch K und T, durch Videoaufzeichnung sowie P und M und andere PB belastet werden.

Es besteht dringender Tatverdacht, alle drei sind als Beschuldigte zu klassifizieren sowohl für TO 1 als auch für das Verhalten an der Kontrollstelle.

Näheres s. zu 2.8

! **Erläuterung:** Gerade zur Frage der Verdachtsbegründung sind vom Studierenden ausführliche Erläuterungen aus dem Sachverhalt zu erwarten.

1.2. Allgemeine Beurteilung

Hilfsfragen:

- **Kriminalpolitische Bedeutung des Deliktes?**
- **(Strafandrohung)?**
- **Öffentliches Interesse?**
- **Einsatzintensität?**
- **Meldeerfordernis?**
- **Führungsverantwortung?**

Im Fall eines schweren Raubes/„Tankstellenraubs" handelt es sich um einen Verbrechenstatbestand, gleichfalls im Fall des § 315b III iVm § 315 III StGB. Der Widerstand stellt einen Vergehenstatbestand dar.

Im Allgemeinen sind Verbrechenstatbestände öffentlichkeitswirksam und ziehen Medieninteresse nach sich. Dies hier insbesondere, da die Täter Unbeteiligte angreifen (Tankstelle) und insbesondere der TO 2 spektakulär ist. Damit dürfte dazu auch überregional Interesse bestehen.

Tankstellendiebstahl/-betrug hingegen sind weitverbreitete Delikte, aber eher von geringem öffentlichem Interesse, auch im regionalen Umfeld weniger beachtet.

Hohe Einsatzintensität, da zwei TOs, einer mit verletzten Personen. Kontrollstelleneinrichtung und Tatortarbeit sind umfangreich, hoher Personalansatz ist anfangs erforderlich.

StA ist zu informieren, Wichtige-Ereignis-Meldung (WE-Meldung) ist abzusetzen (s. Erlass über die Meldung wichtiger Ereignisse, S. 219); die Maßnahmen des Sicherungsangriffs und die Kontrollstellenanordnung im Rahmen der Ringalarmfahndung erfolgten in Führungsverantwortung des DGL LSt. Sodann liegt die Führungsverantwortung aufgrund des Gewaltdelikts nach Eintreffen am TO bei der Direktion K, hier der K-Wache (Samstagabend!) der zuständigen „§ 2-Behörde", sofern ein versuchtes Tötungsdelikt durch den zuständigen StA angenommen wird. Organisationseinheiten der § 4-Behörde sind zurzeit nicht erforderlich, die BES sind bereits festgenommen.

1.3. Einsatzsituation

Hilfsfragen:

- **Uhrzeit, Tag/Nacht, Wochentag?**
- **Wetter?**
- **Raum?**
- **Kräfte (Qualifikation)?**
- **Führungs- und Einsatzmittel?**

Es ist Samstagabend, Wochenende, viel Personen- und Fahrzeugverkehr je nach genauer Lage der TO; die Wetterlage ist im Sachverhalt nicht genannt. Das Tankstellengelände ist ein eingrenzbarer Bereich und für die TO-Arbeit gut absperrbar, außerdem vermutlich gut ausgeleuchtet.

Kontrollstellen in der Umgebung, bedingt eingrenzbar, die genaue Örtlichkeit ist im Sachverhalt nicht beschrieben. Die TO-Aufnahme an der Kontrollstelle lässt Dunkelheit erwarten, die Örtlichkeit muss ausgeleuchtet werden.

Kräfte des Wach- und Wechseldienstes (WWD) sind für Absperrmaßnahmen hinzuzuziehen. Die Kräfte der K-Wache sowie qualifizierte Kräfte von Erkennungsdienst-/Kriminaltechnische Untersuchungsstelle (ED/KTU) (Bereitschaftsdienst der § 2-Behörde erfragen) sind für Auswertungsangriff am TO einzusetzen. Ggf. ist über den Einsatz einer Mordkommission (MK) zu entscheiden.

Führungs- und Einsatzmittel (FuEM) sind – je nach Spezialität der Einsatzkräfte – zu wählen (KTU-Material, Absperrmaterial usw).

2. Tatsituation

2.1. TO

Hilfsfragen:

- **Fundort gleich TO?**

- **Kriminalistische Bedeutung der Lage des TOs/Fundortes?**
- **Warum wählte der Täter gerade diesen TO?**
- **Veränderungen möglich oder wahrscheinlich?**
- **Beobachtungsmöglichkeiten?**

Neben dem Ort der Verwirklichung der Tatbestandsmerkmale im Sinne des Strafgesetzbuchs (juristischer TO) handelt es sich auch um kriminalistische TO, welche sich als Orte der Täterhandlung im Rahmen der Vor-, Haupt- und Nachtatphase sowie als Fundorte von Spuren definieren. Außerdem lässt sich der TO in einen solchen im weiteren Sinne und einen solchen im engeren Sinne unterscheiden. Hier gibt es zwei TO.

TO 1 – Aral-Tankstelle:

Die Tankstelle dürfte von den Tätern ohne besondere Vorüberlegung ausgewählt worden sein. Letztlich ging es Ihnen um das „kostenlose" Tanken. Da die Tankstelle laut Sachverhalt „um die Ecke" liegt, liegt sie im unmittelbaren Täterwohnsitzbereich. Der Umstand „um die Ecke" lässt auch vermuten, dass die Örtlichkeit (Kassenbereich „rumhampeln") bekannt ist.

Da generell bekannt ist, dass Täter häufig dort tätig werden, wo sie wohnen, ist dies nicht ungewöhnlich, jedoch laufen sie hier auch Gefahr, beobachtet/erkannt/wiedererkannt (ehemals Kunden) zu werden.

Eine Tankstelle ist auch ein Ort, an dem mit Zufallszeugen/Kunden zu rechnen ist. Dies gibt ebenfalls Ansätze bei den Ermittlungen.

Tankstellen sind mit Videoüberwachung ausgerüstet. Dies verspricht gute Ermittlungsansätze.

Wird der Tankstellenbetrieb bei Eintreffen der Kräfte für den Sicherungsangriff/oder nach Absprache LSt/Kassierer geschlossen und die Zufahrt gesperrt, sind Veränderungen (Witterung/Täter weg/keine neuen Kunden) eher nicht zu erwarten.

TO 2 – Kontrollstelle:

Durch die LSt bestimmte, polizeitaktisch gewählte Örtlichkeit, daher für die Täter nicht selbst gewählt und Zufalls-TO, da der Tatentschluss hier bei Annäherung spontan gefasst wurde.

Am TO sind Zeugen (zumindest die PB) vorhanden, Täter und Tatfahrzeug befinden sich ebenfalls hier, insoweit günstige Ausgangslage für die Beweisführung. Polizeikräfte sind von Beginn an vor Ort, Absperrmaßnahmen daher sofort umsetzbar.

Insgesamt erfolgversprechende Ermittlungsansätze an beiden TO.

2.2. Tatzeit

Hilfsfragen:

- **Feststellbar?**
- **Kriminalistische Bedeutung der Tatzeit?**
- **Warum wählte der Täter gerade diese Tatzeit?**
- **Sicht- und Lichtverhältnisse?**

TO 1 – Aral-Tankstelle:

Samstagabend, durch Cebius und Zeugen/Video eindeutig festgestellte Tatzeit, von den Tätern eher zufällig gewählt; bestimmend allein waren die Wünsche nach Benzin und die abendliche Feier.

Zwar sind weitere Zeugen an der Tankstelle möglich, jedoch wollten die Täter keinen gezielten Kontakt, sondern lediglich den K ablenken. Dafür spricht auch die sofortige Flucht bei Eintreffen des T.

Licht und Sicht sind für mögliche Fluchtzeuge evtl. durch Dunkelheit erschwert, die Tankstelle aber ist idR beleuchtet.

TO 2 – Kontrollstelle:

Aufgrund der besonderen Tatumstände liegen gesicherte Erkenntnisse vor:

Tatzeit steht fest, Auswahl zufällig wegen Erreichen der Kontrollstelle

2.3. Modus Operandi[137]/OFA-Kriterien[138]

Hilfsfragen:

- **Typische Begehungsmerkmale?**
- **Persönlichkeitsgebundene Merkmale?**
- **Besondere Fertigkeiten und Kenntnisse?**
- **Rückschlüsse auf Tätertyp?**
- **Wahrnehmbarkeit durch andere?**
- **Tatzusammenhänge?**
- **Serienstraftat?**
- **Was hat der Täter getan oder gesagt, was nicht zur Tatausführung notwendig war?**

Es ist zwischen Vor-, Haupt- und Nachtatphase zu unterscheiden

Vortatphase:

A und B sprechen den Benzindiebstahl/Tankbetrug spontan ab, nachdem A feststellt, dass er kein Geld hat. Die auserwählte Tankstelle liegt „um die Ecke". Es wird vereinbart, dass A und B tanken, die S den Kassierer ablenkt (Rumhampeln). Da der Ablauf nur zwischen A oder B geplant wird, ist nicht von Zeugen oder Spuren auszugehen.

Haupttatphase:

S lenkt K ab, A und B tanken. Während S hier unmittelbaren Personenkontakt hat, sind A und B an der Zapfsäule.

Ausgehend von der Videoüberwachung und fehlendem Hinweis auf Maßnahmen am Kennzeichen kann hier von Feststellungsmöglichkeiten von Pkw und Kennzeichen und den Personen ausgegangen werden.

Hinsichtlich Benzindiebstahls/Tankbetrugs handelt es sich um im weitesten Sinn typische Begehungsmerkmale. Hier sind allerdings drei Tatbeteiligte

---

[137] Unter Modus Operandi (MO) versteht man die Art und Weise der Tatbegehung.

[138] Unter OFA-Kriterien versteht man über den MO hinausgehende Kriterien, die auf Besonderheiten in der Täterpersönlichkeit hindeuten, also „personifizierbar" sind.

vorhanden, die die Vorgehensweise zuvor kurz abgesprochen haben. Im Wesentlichen läuft der Tatvorgang dann aber doch typisch ab, mit hier besonderem Augenmerk auf S, die zusätzlich den K ablenken soll.

Dadurch ergibt sich für sie ein höheres Wiedererkennungsrisiko durch unmittelbaren Personen-(Geschädigten-)kontakt.

Mit dem Auftauchen des T weicht der Ablauf jedoch vom geplanten Schema ab.

Im Glauben, T wolle ihn festhalten, zieht B einen Totschläger und schlägt damit den T. Hier nun kommt es zum schweren Raub.

Dies zeigt B's Unberechenbarkeit und Gewaltbereitschaft, die er letztlich bereits durch das Mitführen des Schlagstocks demonstriert.

Im gleichen Moment reagiert die S ähnlich spontan und schlägt K mit einer im Verkaufsraum vorgefundenen Sektflasche nieder.

Das Verhalten der S scheint von dem Willen getragen, nicht von den beiden A und B am TO zurückgelassen zu werden. Gleichwohl zeigt sie eine spontane Bereitschaft zur Gewaltanwendung, die jedoch sukzessiv aus der Situation, die durch den B geschaffen wurde, heraus entstanden sein dürfte.

Alle drei flüchten daraufhin vom TO, ohne sich weiter um die Opfer zu kümmern.

Nachtatphase:

Im Verlauf ihrer gemeinsamen Flucht erreichen sie die Kontrollstelle mit P und M.

A entschließt sich wiederum spontan, auf die Beamten zuzufahren, um der Festnahme zu entgehen. Dieses Verhalten, durch das er auch seine Mittäter in Gefahr bringt, zeigt schließlich auch dessen Gewaltbereitschaft, nämlich sein Fahrzeug als Waffe einzusetzen.

Ihm kommen aber während der Tatausführung Skrupel und er bremst ab, was letztlich die Beamten rettet und die Festnahme ermöglicht.

Bewertung:

Der gesamte Hergang, von Tankstellenanfahrt bis zum Verhalten an der Kontrollstelle lässt wegen der jeweils vorhandenen Zeugen die Aufklärung der Tat ermöglichen, die Anwesenheit der drei an der Kontrollstelle und deren Festnahme sind von größter Wichtigkeit.

Bezüglich der Täterpersönlichkeiten lässt sich zusammenfassend feststellen,

- dass B die gefährlichste Person ist: er hat die Idee zum Benzindiebstahl/Tankbetrug führt den Totschläger mit und schlägt damit spontan den T nieder und verwirklicht den Raubtatbestand;
- dass S gewaltbereit ist, dies aber eher situationsbezogen;
- dass A zwar Nutznießer der Tankidee ist, jedoch hinsichtlich der Gewaltanwendung Skrupel beweist.

Letztlich sind diese Erkenntnisse für das spätere Verfahren bedeutsam, da die Fahndung nach den Tätern bereits in deren Festnahme mündete.

Ob die Täter für weitere ähnlich gelagerte Straftaten in Betracht kommen, bleibt in den weiteren Ermittlungen zu erkennen.

2.4. Tatmittel

Hilfsfragen:

- **Besondere Fertigkeiten/Kenntnisse?**
- **Legale Beschaffung?**
- **Individualisierbarkeit?**

BMW des A – sichergestellt an der Kontrollstelle, ermöglicht Halterfeststellung, Abgleich mit Videomaterial und Spursicherung (SpuSi) im Fahrzeug.

Teleskopschlagstock – von B mitgeführt, gem. WaffG ein verbotener Gegenstand, Herkunftsermittlung ggf. möglich

Sektflasche – Zufallswaffe an der Tankstelle

Die Nutzung/Einsatz der Tatmittel erfordern bis auf den Pkw (für den Fahrerlaubnis oder zumindest Fahrkenntnis erforderlich sind) keine besonderen Fertigkeiten. Die Beschaffung des Teleskopschlagstocks ist jedoch eingeschränkt möglich.

Sämtliche Tatmittel können aufgrund der Festnahme der Täter zugeordnet werden

2.5. Beute

Hilfsfragen:

- **Besondere Merkmale?**
- **Individualisierbarkeit?**
- **Wert-Nutzen-Relation?**
- **Ideeller Wert?**
- **Leicht verwertbar?**
- **Absatzwege?**

Beute ist hier allein die Tankfüllung, über deren Wert der Sachverhalt keine Angaben macht. Geht man von einem normalen Tank aus, so dürfte der Wert bei ca. 75-90 EUR liegen.[139] Der Wert ist, sofern die Tanksäule nicht freigegeben ist, dort zweifelsfrei feststellbar. Insofern ist der Nutzen der Tat als eher gering anzusehen, bezieht man mit ein, dass es fast zu einem Tötungsdelikt zB zweier Polizeibeamter gekommen wäre. An das Absetzen ist ebenso wenig gedacht wie an eine Verwertung, das Benzin soll einfach nur „verfahren" werden.

2.6. Motivlage

Hilfsfragen:

- **Erkennbar?**
- **Ziel erreicht?**
- **Alternativen?**
- **Hinweis auf bestimmte Person?**

Bereicherungsabsicht beim Tankbetrug/Benzindiebstahl/schweren Raub, wobei die Gewaltanwendung zur Wegnahme-Ermöglichung diente. Im TO 2 ist der Pkw-Einsatz erfolgt, um die Flucht fortsetzen zu können. Durch die sofortige Festnahme der BES konnte das Ziel letztlich nicht erreicht werden.

---

[139] Benzinpreis je 1,25 bis 1,56 EUR je Liter Benzin bei 60 Litern Tankinhalt.

2.7. Opfer

Hilfsfragen:

- **Identifiziert?**
- **Opfer-Täter-Beziehungen?**
- **Opferverhalten?**
- **Opferpersönlichkeit?**
- **Opferaussage?**
- **Vortäuschungskriterien?**

Kassierer K:

- hat den Status als GES und damit als Zeuge
- IDF möglich
- nicht bekannt ob T/O-Beziehung, evtl. war A vorher bereits Kunde
- bislang keine Erkenntnisse über sein Verhalten
- keine Vortäuschungskriterien erkennbar
- K wurde niedergeschlagen und ist verletzt
- hat Polizei angerufen

Kunde T:

- Zeuge, GES der KV durch B
- IDF möglich
- keine Erkenntnisse über Vorbeziehung
- arglos, wurde von B niedergeschlagen, aber nicht verletzt
- keine Hinweise auf Vortäuschung

Opfer im weiteren Sinne: Pächter der Tankstelle

- GES durch Wegnahme des Benzins
- IDF möglich
- war nicht vor Ort, mithin kein direkter Tatzeuge
- kein Hinweis auf Vortäuschung

Polizeibeamte P und M

- GES durch das Zufahren an der Kontrollstelle
- IDF bereits erfolgt, Beamte sind bekannt
- keine Vorbeziehung
- keine Hinweise auf Vortäuschungskriterien oder Ähnliches
- fachlich fundierte Aussage ist zu erwarten

2.8. Tatverdächtiger

(Ergebnis von 1.1.3 + 2.1–2.7)

Hilfsfragen:

- **Eingrenzung des Täterkreises**
- **Personenbeschreibung?**
- **Besondere Merkmale?**
- **Identifizierungsmöglichkeiten?**

- **Tatortbild?**
- **Lichtbildvorzeigekartei/DigiEDNet?**
- **Montagebild/visuelle Fahndungshilfe?**

3 TV, A, B (beide männlich) und S (weiblich). Dabei A Heranwachsender im Sinne des JGG, Alter der S aus dem SV nicht bekannt. Alle drei wurden an der Kontrollstelle festgenommen, damit ist eine Identifizierungsmöglichkeiten hinsichtlich möglicher weiterer Delikte gegeben.

Im Übrigen wird auf die Ausführungen zu 1.1.3. und 2.3. verwiesen.

3. Beweissituation

3.1. Personalbeweis

Hilfsfragen:

- **Bekannte Zeugen?**
- **Mögliche Zeugen?**
- **Glaubwürdigkeit der Personen/Glaubhaftigkeit der Aussagen?**
- **Verweigerungsrechte?**
- **Beweisverwertungsverbote?**
- **Geständnis?**
- **Absicherung?**

Bekannte Zeugen:

Kassierer K:

- hat die S gesehen und könnte sie evtl. identifizieren
- kann den Tathergang mit S schildern
- ist zugleich Opfer und „Spurenträger"
- kann Angaben zu Verletzungen und Menge des entnommenen Benzins machen
- verwahrt und schaltet evtl. Videoaufzeichnung
- hat im Normalfall keine Verweigerungsrechte
- Glaubwürdigkeit und Glaubhaftigkeit sind vorauszusetzen

Kunde O:

- hat A und B sowie deren Pkw gesehen
- kann den Tathergang mit B schildern
- ist Opfer und „Spurenträger"
- Glaubwürdigkeit, Glaubhaftigkeit und Rechte wie bei K

Polizisten P und M:

- Zeugen für die Fahrt/Tat der TV am TO 2
- Zeugen für die Festnahme und eigene Maßnahmen an der Kontrollstelle
- glaubwürdig und glaubhaft, keine Verweigerungsrechte, keine Besonderheiten

Beamte des D13/27:

- Zeugen für getroffene Maßnahmen und Feststellungen an der Tankstelle
- glaubhafte Aussagen, keine Verweigerungsrechte, keine Besonderheiten

Sachbearbeiter LSt:

- Zeuge für das Gespräch mit dem Melder K,
- Auskunft über dessen Zustand beim Notruf, über eigene Maßnahmen
- glaubhafte Aussagen, keine Verweigerungsrechte, keine Besonderheiten

DGL LSt:

- Auskunft über getroffene Maßnahmen (Ringalarmfandung/Kontrollstellen)
- glaubhafte Aussagen, keine Verweigerungsrechte, keine Besonderheiten

Zu erwartende und mögliche weitere Zeugen:

Kräfte des Rettungsdienstes:

- Feststellungen an Tankstelle
- Maßnahmen und Veränderungen bei Einsatz
- glaubhafte Aussagen, keine Verweigerungsrechte, keine Besonderheiten

Arzt:

- Art und Schwere der Verletzungen des K
- glaubhafte Aussagen, keine Verweigerungsrechte, keine Besonderheiten

Kräfte K-Wache, KTU, Unterstützungskräfte:

- Angaben zu Feststellungen, Maßnahmen und Veränderungen
- Spurenauswertung und Ergebnisse ED
- glaubhafte Aussagen, keine Verweigerungsrechte, keine Besonderheiten

Möglicherweise Nachbarn, Anwohner, Verkehrsteilnehmer, die die Taten zu TO 1 und TO 2 beobachtet haben. Sie stehen zurzeit noch nicht fest, Angaben zu deren Aussageinhalten etc können daher noch nicht gemacht werden.

Personalbeweis im weiteren Sinne: Die BES

- Personalbeweis, wenn sie nach Belehrung aussagebereit sind, haben umfassendes Verweigerungsrecht
- Anwaltskonsultation ermöglichen!
- Absicherung einer eventuellen Aussage durch Schilderung besonderer Tatumstände, zB bzgl. der zeitlichen Abläufe, der Tatplanung usw
- Im Falle eines Geständnisses richterliche Vernehmung bedenken
- Spurenverursacher und zugleich mögliche Spurenträger
- Glaubhaftigkeit der möglichen Aussagen ist nicht von vornherein anzunehmen

3.2. Sachbeweis

Hilfsfragen:

- **Vorhandene Spuren?**
- **Mögliche Spuren?**
- **Kriminalistische und naturwissenschaftliche Möglichkeiten?**
- **Was kann bewiesen werden?**
- **Beweisverwertungsverbote?**

TO 1 – ARAL-Tankstelle:

Erläuterung: Zu allen vorhandenen und erwarteten Spuren ist eine ausführliche Spurendiskussion zu fertigen, die sich nach den unten erläuterten Inhalten und Strukturen richtet (s. hierzu § 22). Da die Spurendiskussion hier noch nicht bekannt ist, werden die zu betrachtenden Spuren hier lediglich aufgezählt

Vorhandene Spuren:

- Tatort als Situationsspur (Spurenlage, Tathergang, Rekonstruktion) und als wesentlicher Spurenträger
- Materialspuren
- Sektflasche inklusive Glasbruch, Sektlache usw
- zu erwartende/mögliche Spuren:
  - Fingerabdruckspuren der S an Sektflasche
  - Evtl. angefasste Gegenstände im Kassenbereich (Regal)
  - Serologische Spuren (Täter und Opfer)
  - Blut, Haare mit jeweiligen Auswertungsmöglichkeiten
  - DNA-haltiges Material
- Videoband zur Auswertung von Tatablauf, Fahrzeug, Beteiligte
- Tanksäule für Feststellung der entnommenen Benzinmenge (Schaden), Spurenträger von Dakty-Spuren und DNA-Spuren
- evtl. Schuhabdruckspuren
- evtl. Fahrzeugspuren
- evtl. durch TV verlorene Gegenstände
- Spuren am GES T
- Spuren am GES K: Verletzung als Situationsspur, Spuren an seiner Kleidung und der Wunde (Kontaktspur Täter oder Flasche?)

TO 2 – Kontrollstelle:

Vorhandene Spuren:

- Tatort als Situationsspur (w.o. zur Tankstelle) mit Straßengraben und Fahrbahn
- Pkw-Spuren der BES im Fahrzeug
- Tatwerkzeug als Spurenträger – Kontaktspuren des T
- Tatverdächtige als Spurenträger und Spurenverursacher (Kreuzspuren)

Zu erwartende/mögliche Spuren:

- Blockierspur vom Pkw auf der Fahrbahn
- Spuren von der Tankstelle (Benzin, Tank offen?)
- Gegenstände im Fahrzeug (Waffen?), Identitätshinweise
- Blutspuren (über S von T stammend)
- Ggf. Scherben (von S „eingeschleppt", stammend von der Sektflasche)
- Blutspuren an T
- Blutspuren an S

Die Beweislage im Sachbeweis ergänzt sich mit den Aussagen des Zeugen K (Fahrzeug, Personenbeschreibung) und ist daher gerichtlich als wertvoll anzusehen.

Die Auswertung der Sachbeweise lässt insbesondere nach der Festnahme der Täter eine Zuordnung mit höchster Wahrscheinlichkeit zu.

Die Beweislage ist hier insgesamt als sehr vielversprechend anzusehen.

4. Vorläufiges Ergebnis/Hypothese[140]

Erläuterung: Schlüssiges Ergebnis aus der Bewertung der Ziff. 1–3 oder nahe liegende, durch Fakten begründete Alternativen.

Die Fallanalyse hat bislang die Annahmen zur Verdachtslage bestätigt, insbesondere durch die Festnahme der Tatverdächtigen nach dem Angriff auf die Polizeibeamten sind die bislang erwogenen Möglichkeiten im Rahmen des nachfolgenden Maßnahmenkonzeptes umzusetzen.

5. Fahndungssituation

5.1. Personenfahndung

Hilfsfragen:

- **Vorsprung des Täters?**
- **Konkrete Fahndungsdaten?**
- **Aufenthalt des Täters bekannt oder zu ermitteln?**
- **Alarmfahndung?**
- **Öffentlichkeitsfahndung?**

5.2. Sachfahndung

- **Beute?**
- **Werkzeuge?**
- **Darunter ausschreibungsfähige und ausschreibungswürdige Gegenstände?**

Nachdem es gelungen ist, die Tatverdächtigen im Rahmen einer unmittelbar durch die LSt ausgelösten Ringalarmfahndung an einer Kontrollstelle festzunehmen, erübrigen sich weitere Fahndungsmaßnahmen. Die ausgelöste Ringalarmfahndung ist zurückzunehmen, gleiches gilt für die enthaltene Tatortbereichsfahndung. Bestenfalls im Verlaufe der weiteren Ermittlungen ist, sollte es ungeklärte Taten gleicher Art geben, eine Öffentlichkeitsfahndung zu überlegen, für die jedoch die Polizei nicht anordnungskompetent ist.

6. Rechtslage

Hilfsfragen:

- **Sachliche (zentrale/dezentrale) und örtliche Zuständigkeit?**
  - **KHSt**
  - **LKA**
  - **BKA**

[140] Der hier genutzte Begriff der Hypothese entspricht nicht dem aus § 13 I StGB, sondern ist hier eher dem Alltagssprachgebrauch entnommen.

- **Eingriffsbefugnisse zu bislang erfolgten und geplanten Maßnahmen, so zB:**
  - **Blutentnahme**
  - **Durchsuchung**
  - **Beschlagnahme**
  - **Vorläufige Festnahme**

In strafrechtlicher Hinsicht liegen folgende Delikte vor:

- Schwerer Raub gem. §§ 249 I, 250 II Nr. 1 StGB in Mittäterschaft, S. ggf. sukzessive Mittäterin
- Gefährlicher Eingriff in den Straßenverkehr gem. §§ 315, 315b StGB in Tateinheit mit Widerstand § 113 II StGB
- Verstoß gegen WaffG (Totschläger) §§ 2, 51 WaffG

Erläuterung: An dieser Stelle ist nach der Gesamtwürdigung der bisherigen Feststellungen auch eine konkrete Einordnung der Taten in die Normen des StGB zu erwarten.

PP D ist als Tatortbehörde sachlich und örtlich zuständig. Die Tatorte liegen im Bereich PI X und werden durch die Direktion K aufgenommen. Zwar ist die Bearbeitung der Verkehrsdelikte Angelegenheit des Verkehrskommissariates, hier ist jedoch das Verkehrsdelikt in der Nachtatphase erfolgt und daher untrennbar mit der Ursprungsstraftat verknüpft. Sollte ein versuchtes Tötungsdelikt vorliegen, wäre die Zuständigkeit der KHSt zu beachten. PP D ist jedoch selbst KHSt und bleibt auch dann zuständig.

Maßnahmen gegen BES:

- IDF gem. § 163b I StGB
- Festnahme gem. §§ 127, und 112 StPO
- Wohnungsdurchsuchung gem. § 102 StPO
- Sicherstellung Pkw gem. §§ 94, 98 StPO ggf. iVm § 111b StPO
- DNA-Auswertung der Tatortspuren gem. §§ 81e II und 81 f. StPO
- DNA Probe gem. §§ 81a, 81e StPO

B. Maßnahmen zur gerichtsfesten Beweisführung

1. Erster Angriff

1.1. Maßnahmen des Sicherungsangriffs

Hier sind alle Maßnahme, die im Rahmen des Sicherungsangriffs zu treffen sind, und nicht aus dem Sachverhalt hervorgehen, anzuführen (so zB Absperrung, erste Fahndungsmaßnahmen, Zeugensicherung usw). Näheres s. „Sicherungsangriff".

1.2. Auswertungsangriff[141]

Hier sind alle Maßnahmen die im Rahmen des Auswertungsangriffs durchzuführen oder zu veranlassen sind und nicht aus dem Sachverhalt hervorgehen, anzuführen (so zB Zeugenbelehrung und Zeugenvernehmung, Erhebung des Tatortbefundes usw).

[141] Auswertungsangriff in seinen Details ist Gegenstand des Hauptstudiums und wird in *Pientka* (2014): Kriminalwissenschaften II, ausführlich behandelt.

2. Weitere Ermittlungshandlungen

Hier sind alle Maßnahmen, die im Rahmen der weiteren Ermittlungen durch die Fachdienststelle zu treffen sind und nicht aus dem Sachverhalt hervorgehen, mit der geforderten Fragetiefe zu erläutern.

Dabei ist es erforderlich, auch die konkreten Fakten zu benennen (so zB Durchsuchung, Untersuchungshaft, Verfall und Einziehung, Durchführung von Wahlgegenüberstellungen, verantwortliche Vernehmung, KPMD-Meldung, andere Meldepflichten, Maßregeln der Besserung und Sicherung, Berufsverbot, Prognose für ED-Behandlung 2. Alternative des § 81b StPO und/oder Täter-Opfer-Ausgleich).

Im Ergebnis ist also hier die konkrete Arbeit des Ermittlungsbeamten an diesem Fall bis zur Abverfügung an die StA darzustellen.

Erläuterung: Ziel ist, dass der Studierende hier den Wissenstransfer aus den Bereichen KR, KT, KL und Strafrecht und die erforderlichen Verknüpfungen durchführt und seine eigene Rolle im Strafverfahren erkannt wird.

E. Kriminologische Deliktsanalyse (KDA)

Auch die KDA ist eine Methode zur Betrachtung und Erklärung der Delinquenz. Allerdings richtet sie sich – im Gegensatz zur Kriminologischen Fallanalyse und zur kriminalistischen Fallanalyse – nicht daran aus, in einem definierten einzelnen Fall die Ursachen für den Rechtsbruch zu erklären, sondern befasst sich vielmehr mit dem Deliktsfeld, dem Phänomen und dem Blick auf die Gesamtheit.[142]

Insofern erhebt sie diejenigen Daten, die zur Erklärung der Prozesse und zur Analyse der einzelnen Bedingungsfelder in sich und in der Beziehung untereinander von Bedeutung sind.

Im Grundstudium werden die Inhalte der KDA am Beispiel des Wohnungseinbruchdiebstahls erläutert. Auf eine detaillierte Darstellung wird an dieser Stelle verzichtet, da insbesondere statistische Daten von ihrer Aktualität leben; lediglich Aussagen, die allgemein gültig sind und bleiben, werden an dieser Stelle eingefügt. Darüber hinaus können manche Prüfungspunkte der KDA erst dann wirklich fundiert betrachtet werden, wenn die Erklärungsansätze und Theorien für die Entstehung von Rechtsbrüchen bekannt sind. Diese aber sind Bestandteil des Hauptstudiums und werden daher auch dort detailliert erläutert.

1. Phänomenologie

1.1. Allgemeines

Hilfsfragen:

- **Kriminalpolitische Bedeutung und Art des Deliktes** (zB handelt es sich um Massendelikte? Oder um Delinquenz junger Menschen? Steht dieses Delikt im Fokus politischer Entscheidungen und Prozesse?)
- **Wie sind die gesellschaftliche Bedeutung und das öffentliches Interesse?**

[142] S. hierzu (*Clages/Zimmermann*, 2010).

- **Was sagen die Statistiken über das Delikt, insbesondere die PKS-Daten? Wie oft kommt es vor, wie ist die Aufklärungsquote, gibt es statistische Besonderheiten?**

Erläuterung: Der Wohnungseinbruchdiebstahl ist ein Delikt, das die Gesellschaft sehr belastet, damit auch die kriminalpolitische Bedeutung bestimmt. Gerade zurzeit (2012) wird darüber nachgedacht, wie und auf welche Weise man dem Phänomen begegnen kann und wie es präventierbar gemacht werden kann.

Im Rahmen der Ermittlungsarbeit kommt einer professionellen Tatortarbeit ganz besondere Bedeutung zu (s. hier „Erlass Qualitätsoffensive[143]", der zwingend Gegenstand des Studiums sein muss).

1.2. Tatzeit

Hilfsfragen:

- **Ist die Tatzeit feststellbar? Ist sie für diese Delikte typisch? Hierzu ist zu nutzen:**
- **PKS – Verteilung der Delikte nach Jahreszeit, Monat, Woche, Tag, Stunde.**
- **Gibt es Besonderheiten in der Tatzeit, die hier erkennbar werden?**

Erläuterung: Hier ebenso wie in 1.3. müssen die aus der PKS NRW zu entnehmenden konkreten Daten betrachtet und auf den Fall bezogen werden. Ziel soll es sein zu erkennen, ob hier ein Delikt vorliegt, wie es „dem Durchschnitt" entspricht, oder ob es Besonderheiten gibt, die sodann in die kriminalistische Fallanalyse zur Klärung einbezogen werden könnten.

1.3. Tatort

Hilfsfragen:

- **Gibt es eine Häufung an diesem Tatort oder an gleichartigen Orten?**
- **Ist der Tatort typisch für diese Delikte?**
- **Welche Bedingungen erfüllt er (s. hierzu auch Tatobjekt – Ziff. 1.5. – zB Videos, Zugang, Sicherungssysteme usw)?**
- **Wie sind die bauliche Gestaltung des Tatortes, seine Lage, die Lichtverhältnisse usw?**
- **Hat der Täter eine Beziehung zu diesem Ort (Wohnort/Tatort?)?**

1.4. Opfer

Hilfsfragen bei natürlichen Personen:

Geschlecht, Alter, Aussehen, Bildung, Charaktereigenschaften, Familienstand, Beruf, Einkommen, Verhalten, Schädigung durch die Tat (wie hoch? versichert?)

---

[143] Qualitätsoffensive in der Kriminalitätsbekämpfung; Neuausrichtung von Führung und Steuerung der Polizei NRW; Konzentration auf die Erfolgsfaktoren polizeilicher Kernaufgaben – 42/41 – 59.03.02 – v. 12.8.2008.

Hilfsfragen bei juristischen Personen:

Rechtsform, Verantwortliche, Branche, Sitz, Verband, Beschäftigtenzahl, Zusammensetzung der Belegschaft, Geschäftsbeziehungen, präventiver Grundschutz wie: Bewachungspersonal, Ausweissysteme, Sicherheitsüberprüfung, Widerstandszeitwert

Erläuterung: Zu betrachten sind insbesondere Fragen zu GES, die sich mit dessen Rollen befassen, also ob es sich um besonderes Verhalten handelt, das die Tat gefördert hat, ob dieses Opfer aufgrund bestimmter Bedingungen prädestiniert ist, Opfer einer solchen Tat zu werden usw. Für den Wohnungseinbruchdiebstahl lassen sich in diesem Zusammenhang keine Besonderheiten feststellen, hier kann jeder Opfer werden.

1.5. Tatobjekt/Beute

Hilfsfragen:

- **Handelt es sich um eine besondere Beute?**
- **Wie ist ihr Wert, wie die Möglichkeiten, sie zu nutzen oder abzusetzen?**
- **Gibt es besondere Sicherungen?**
- **Wie ist das Tatobjekt gestaltet?**

1.6. Tatmittel

Wie in der KFA

1.7. Tathergang

Verlangt wird eine genaue Betrachtung der zeitlichen Abläufe und logischen Entwicklungen, diese jeweils betrachtet für die Vor-, Haupt- und Nachtatphase.

1.8. Täter

Alles über die Täterpersönlichkeit, was zum Zeitpunkt der Analyse bekannt ist und in Beziehung zu den Erkenntnissen gesetzt werden kann, die aus der PKS bekannt sind. Dazu zählen Herkunft, Schulbildung, Alter, Grad der Alkoholisierung/des Rauschzustandes uvm.

Erläuterung: Hier mit dem Schwerpunkt, die persönlichen Bedingungen des Täters zu erkennen, sie aber nicht weitergehend zu interpretieren, denn das erfolgt unter 2.1.

2. Entstehungsprozess/Ätiologie

2.1. Person

Alle Kriterien, die zuvor unter 1.8. angesprochen wurden und die innerhalb der Person des Täters die Tat begünstigt oder gehemmt haben können inklusive des Einflusses, den sie auf die Entwicklung der Tat haben konnten.

2.2. Sozialkontrolle

Alle diejenigen Bedingungen, die innerhalb formeller und informeller Sozialkontrolle[144] begünstigend oder hemmend gewirkt haben können.

2.3. Tatgelegenheit

Hilfsfragen:

- **Welche Bedingungen waren förderlich, dass die Tat genau hier und jetzt begangen wurde, welche waren hemmend?**
- **Wie haben bauliche Bedingungen gewirkt,**
- **wie das Opferverhalten usw?**

Erläuterung: Auch hier ist eine nähere Betrachtung der Bedingungsfelder und deren Analyse noch nicht möglich, da die Bedingungen zur Entstehung von Rechtsbrüchen zB am Regelkreismodell oder der Ursachentrias erst im Hauptstudium besprochen werden.

3. Verbrechensbekämpfung/Repression

3.1. Vorbeugen/Prävention

Hilfsfragen:

Primär-, Sekundär- und Tertiärprävention – welche Möglichkeiten gibt es und durch welche Träger?

3.2. Ahnden/Sanktion

Vom Eingang der Ereignismeldung bis zum Strafvollzug – wer ist jeweils zuständig und welche Maßnahmen (iwS) werden getroffen?

Hier greift die Kriminalistische Fallanalyse – mit ihrer Hilfe werden die Ermittlungstätigkeiten, der Weg der Beweisführung und der Weg durch das Strafverfahren beschrieben.

§ 16 Lernzielkontrolle

Lernziele im GS 5.1: 246

- Die Studierenden ordnen die Kriminalwissenschaften innerhalb der Studienfächer ein (Stufe 2).
- Die Studierenden erläutern den Aufbau und die Organisation der Kriminalitätsbekämpfung (Stufe 2).
- Die Studierenden stellen eine Beziehung zwischen der kriminalistischen Beweisführung im Ermittlungsverfahren und der späteren gerichtlichen Beweisführung her (Stufe 3).
- Die Studierenden wenden die kriminalistische Verdachtslehre auf polizeilich relevante Sachverhalte an (Stufe 4).[145]

---

[144] Inhalte zu Fragen der Sozialkontrolle in HS 1.

[145] *FHöV NRW*, Hinweise zu den Modulbeschreibungen Bachelorstudiengang PVD, Stand 6/2016.

Die angegebenen Lernzielstufen zeigen die Tiefe und den Detaillierungsgrad, in dem die Inhalte zu vermitteln und zu erlernen sind. Je höher die Lernzielstufe, desto bedeutender das Thema und desto fundierter müssen Sie sich damit auseinandersetzen.

247 Die Lernzielstufen werden in den Fragestellungen in aller Regel allein durch die benutzten Verben abgebildet. Das aber bedeutet auch: wenn eine Aufgabe von Ihnen eine „Erläuterung" erwartet, so können Sie die Lösung nicht angemessen mit einer bloßen Aufzählung anbieten.

Die Formulierung „Welche kennen Sie" hingegen ist mit einer Aufzählung ausreichend bearbeitet. Der Zusatz „Begründen Sie Ihre Wahl" erfordert wiederum eine gezielte Stellungnahme und Vertiefung.

Zur Orientierung einige Verben, die in den Aufgabenstellungen vorkommen können:

- Stufe 1: nennen, aufzählen, wiedergeben …
- Stufe 2: erklären, erläutern, unterscheiden, skizzieren …
- Stufe 3: interpretieren, bewerten, einordnen, Stellung nehmen, zuordnen …
- Stufe 4: übertragen auf…, beurteilen, anwenden, entscheiden, beziehen auf …

Nr.	Aufgabe/Frage
1.	Erläutern Sie, wie der Begriff „Verbrechen" in den verschiedenen Fachdisziplinen definiert wird: strafrechtlich, kriminalistisch, kriminologisch!
2.	Was versteht man unter „Polizeiwissenschaften"?
3.	Welche Bezüge bestehen zwischen den juristischen und nichtjuristischen Kriminalwissenschaften?
4.	Welche Bezüge bestehen zwischen der Kriminalistik und den weiteren Unterrichtsfächern?
5.	Wie definieren Sie „Kriminalistik", wie „Kriminologie"?
6.	Erläutern Sie den Aufbau der Kriminalitätsbekämpfung international, national und NRW-intern!
7.	Erläutern Sie die Bedeutung der KHSt-VO!
8.	Sie versehen Dienst in einer kleinen Wache einer Landratsbehörde. Es kommt zu einem Mord, der Täter ist noch in der Tatortwohnung. Wer ist zuständig und warum?
9.	Welche besonderen Zuständigkeiten sieht die KHSt-VO vor?
10.	Was verstehen Sie unter dem Begriff „kriminalistisches Denken"?
11.	Erläutern Sie die sog. Verdachtstreppe!

Nr.	Aufgabe/Frage
12.	In der Fußgängerzone sehen Sie nachts um 4 Uhr einen offenbar betrunkenen, sehr gut gekleideten Mann, der mit einer Perlenkette und viel Geld herumhantiert. Erläutern Sie, welche Beobachtung Sie für Ihre Interpretationen nutzen und ob ein Verdacht vorliegen könnte!
13.	Was ist ein Anfangsverdacht?
14.	Was ist ein dringender Tatverdacht?
15.	Wie definieren Sie „Zeuge" und „Beschuldigter"?
16.	Welche Belehrungspflichten ergeben sich bei Zeugen? Welche Belehrungsinhalte sind vom Einzelfall abhängig?
17.	Was ist ein „Opferzeuge"?
18.	Im Stadtwald versteckt sich eine männliche Person hinter einem Gebüsch und beobachtet vorbeikommende Joggerinnen. Erkennen Sie einen Verdachtsgrad?
19.	Welche Informationen würden Sie zu der Erkenntnis bringen können, dass diese Person Verdächtiger mehrerer sexueller Übergriffe auf Joggerinnen sein könnte?
20.	Welche Informationen würden den dringenden Tatverdacht gegen den Mann begründen?
21.	Unter welchen Voraussetzungen wird aus einem Verdächtigen ein Beschuldigter?
22.	Wann sind welche Personen mit welchen Inhalten zu belehren?
23.	Welchen Anforderungen muss eine Belehrung genügen?
24.	Erläutern Sie die Beweisarten!
25.	Was verstehen Sie unter „Beweisführung"?
26.	In welchem Verhältnis stehen Personal- und Sachbeweis zueinander?
27.	Wie bewertet man einen Personalbeweis?
28.	Welche Beweismittel kennen Sie?
29.	Wie entsteht eine Indizienkette und was bedeutet sie?
30.	Welche Arten des Personalbeweises gibt es? Erläutern Sie!
31.	Welche Arten des Sachbeweises gibt es? Erläutern Sie!
32.	Wie entsteht ein Beweisverwertungsverbot?
33.	Nehmen Sie Stellung zur Bedeutung der Beweiserhebungsverbote!

Nr.	Aufgabe/Frage
34.	In welchem Verhältnis stehen Staatsanwaltschaft und Polizei zueinander?
35.	Was unterscheidet Modus Operandi von den Kriterien der Operativen Fallanalyse?
36.	Was unterscheidet KFA und KDA?
37.	Gegen 18 Uhr erscheint ein Bürger auf der Wache und möchte den Diebstahl seines mobilen Navigationsgerätes aus seinem Auto anzeigen. Ein Anzeigenaufnahmedienst ist nicht mehr im Hause und die K-Wache ist durch andere Einsätze gebunden. Der Wachhabende bittet Sie, die Anzeige aufzunehmen. Nehmen Sie ausführlich Stellung zu 3.1. und 3.2. der KFA!

3. Abschnitt.
Grundlagen der Kriminaltechnik (GS 5.2)

§ 17 Kompetenzziele des Teilmoduls GS 5.2

Die Studierenden sind in der Lage, 248

1. die Organisation der Kriminaltechnik zu erläutern.
2. die Zuständigkeiten für die polizeiliche Spurensuche, Spurensicherung und Spurenauswertung auf die jeweiligen Stadien der polizeilichen Ermittlungsarbeit korrekt zu übertragen.
3. kriminalistisch relevante Spuren nach der Grundeinteilung jeweils systematisch zuzuordnen.
4. Spuren bezüglich ihrer möglichen Relevanz für die Aufklärung kriminalistischer Sachverhalte zu interpretieren und zu klassifizieren.
5. Beziehungen zwischen Beweiskraft und Beweiswert einer Spur herzustellen und diese auf Sachverhalte zu übertragen.
6. die Möglichkeiten und Grenzen einer ersten Spurensuche an Tatorten zu bewerten.[1]

§ 18 Die Organisation kriminaltechnischer Aufgaben und Zuständigkeiten

A. Bundeskriminalamt (BKA)

Das BKA ist seit 1951 mit dem Inkrafttreten des „Gesetzes über die Einrichtung eines Bundeskriminalpolizeiamtes“ aufgrund der Ermächtigung nach Art. 87 GG Zentralstelle für das polizeiliche Auskunfts- und Nachrichtenwesen und für die Kriminalpolizei. Dies bezieht sich auch auf die Belange des Erkennungsdienstes. Die Aufgaben und Kompetenzen des BKA sind im „Bundeskriminalamtsgesetz“[2] geregelt. 249

Gem. § 2 IV BKAG unterhält das BKA zentrale Einrichtungen und Sammlungen zur Unterstützung der Polizeien des Bundes und der Länder. Zu diesen Sammlungen gehören unter anderem:

- Automatisiertes Fingerabdruck-Identifizierungs-System (AFIS) zur Erfassung von Fingerabdrücken,
- DNA-Analyse-Datei (DAD) zur Erfassung der DNA,
- Zentrale Tatortmunitionssammlung,
- Zentrale Waffensammlung,
- Personaldokumente.

---

1 (*FHöV NRW*, 2016), S. 36.

2 Gesetz über das Bundeskriminalamt und die Zusammenarbeit des Bundes und der Länder in kriminalpolizeilichen Angelegenheiten (Bundeskriminalamtgesetz – BKAG) v. 7.7.1997 (BGBl. 1997 I 1650).

250 Als weitere Aufgabe hat das BKA die erforderlichen Einrichtungen für alle Bereiche kriminaltechnischer Untersuchungen und für kriminaltechnische Forschung zu unterhalten (§ 2 VI BKAG). Somit besteht für das BKA unabhängig von den Einrichtungen der jeweiligen Landeskriminalämter die Verpflichtung, das gesamte Spektrum der kriminaltechnischen Untersuchungsmöglichkeiten abzudecken.[3]

Weiterhin erstattet das BKA erkennungsdienstliche und kriminaltechnische Gutachten auf Anforderung von Polizeidienststellen, Staatsanwaltschaften und Gerichten (§ 2 VII BKAG).

B. Landeskriminalamt (LKA)

251 Laut BKAG unterhalten die Bundesländer zentrale Dienststellen der Kriminalpolizei (Landeskriminalämter) zur Sicherung der Zusammenarbeit des Bundes und der Länder (§ 1 II BKAG).

Obwohl das BKAG auch die gemeinsame Nutzung eines LKA durch mehrere Bundesländer zulässt, zeigt die aktuelle Praxis, dass jedes Bundesland ein eigenes Landeskriminalamt unterhält. Die Organisation und Leistungsfähigkeit ist jedoch auch aufgrund der personellen und sächlichen Ausstattung nicht vergleichbar.

Für das Bundesland Nordrhein-Westfalen übernimmt die Aufgabe der Zentralstelle das Landeskriminalamt NRW (LKA NRW) mit Sitz in Düsseldorf (§ 13 I POG NRW). Als Zentralstelle hat das LKA NRW kriminalwissenschaftliche, kriminaltechnische und erkennungsdienstliche Untersuchungen und Forschungen zu unterhalten und in Strafsachen entsprechende Untersuchungen durchzuführen und Gutachten auf Ersuchen einer Polizeibehörde, eines Gerichts oder einer Staatsanwaltschaft zu erstellen (§ 13 II POG NRW).

252 Beispielhaft fallen darunter folgende Untersuchungen, die auf Landesebene vom LKA NRW durchgeführt werden:

- Molekulargenetische Untersuchungen und die Feststellung des DNA-Identifizierungsmusters,
- Schussspuren,
- Wirkstoffgehalt von drogenverdächtigen Substanzen,
- Schrift- und Urkundenuntersuchungen,
- Material-, Waffen-, Formspuren- und allgemeine biologische Untersuchungen.

C. Erkennungsdienst (ED)/Kriminaltechnische Untersuchungsstelle (KTU)/Nachrichtensammelstelle (NSST)

253 In den Kreispolizeibehörden des Landes sind weitere kriminaltechnische Dienststellen eingerichtet, die unterschieden werden in:

- Erkennungsdienst (ED),
- Kriminaltechnische Untersuchungsstelle (KTU)
- Nachrichtensammelstelle (NSST).

---

[3] (*Frings/Raabe*, 2016), Bd. I, S. 18.

I. ED

Der ED ist eine Dienststelle, die in fast allen Kreispolizeibehörden eingerichtet ist. Die Aufgaben des Erkennungsdienstes liegen in den typischen kriminaltechnischen Standardmaßnahmen innerhalb der eigenen Behörde. Hierzu zählen unter anderem: 254

- Spurensicherung an Tatorten im Rahmen des Auswertungsangriffs (s. HS 1),
- Erkennungsdienstliche Behandlung von Personen im Rahmen des § 81b StPO und § 14 PolG NRW,
- Entnahme von Speichelproben zur Aufnahme in die DAD nach § 81 g StPO oder mit Einwilligung des Beschuldigten.

Alle Spuren, die zur weiteren Untersuchung/Auswertung den Kriminaltechnischen Untersuchungsstellen übersandt werden, werden durch den Erkennungsdienst geprüft und registriert.

II. KTU

Aufgrund der unterschiedlichen Größen der Kreispolizeibehörden und der damit verbundenen Ausstattung mit Personal- und Sachressourcen wird deutlich, dass nicht alle Polizeibehörden die gleiche Leistungsfähigkeit besitzen. Hinzu kommt, dass in einigen Bereichen speziell ausgebildete Polizeibeamte eingesetzt werden müssen und die Vorhaltung dieser Spezialisten nicht in allen Behörden möglich ist. Das hat dazu geführt, dass durch die Kriminalhauptstellenverordnung insgesamt 16 Behörden zu Kriminalhauptstellen bestimmt wurden und geregelt ist, welche Behörden zu deren Bereich zählen (s. hierzu auch § 6).[4] 255

Die Kriminalhauptstellen sind in ihrem Bereich für die Erforschung und Verfolgung ausgewählter schwerer Straftaten zuständig, zB: vorsätzliche Tötung, illegale Herstellung von Betäubungsmitteln, Wirtschaftsstraftaten.[5]

So ist zB das Polizeipräsidium Krefeld für die Kreispolizeibehörde Kleve Hauptstelle und übernimmt somit auch die Sachbearbeitung (mit Unterstützung der Beamten des Polizeibezirks Kleve) bei Vorliegen eines Tötungsdeliktes in Kleve.

Bei den zu Kriminalhauptstellen bestimmten Behörden sind auch die Kriminaltechnischen Untersuchungsstellen angesiedelt,[6] die für ihren Bereich folgende Aufgaben übernehmen: 256

- Sichern von Spuren, soweit dafür besondere Sachkunde erforderlich ist,
- Prüfen und Bewerten der gesicherten Spuren,
- Begutachtung von menschlichen Hautleistenein- und -abdrücken (Papillarlinienbilder),
- Begutachtung der Ein- und Abdruckspuren von Schuhen und Reifen,

---

4 KHStVO: Kriminalhauptstellenverordnung.

5 (§ 2 KHStVO).

6 (KTU-Erlass, 2008): RdErl. d. Innenministers, „Kriminaltechnische Untersuchungsstellen und Nachrichtensammelstellen", IV D 1–6403, 6.7.1993, geändert durch RdErl. v. 3.1.2008.

- Sichtbarmachen und Begutachten entfernter Prägezeichen,
- Durchführen von Vergleichsbeschüssen nach Nr. 1.2 des RdErl. „Schusswaffenerkennungsdienst" v. 13.1.1993 (SMBl. NW. 20531), soweit eine Waffe erkennbar nicht mit einer Straftat in Verbindung steht und keine besonderen waffentechnischen Kenntnisse erforderlich sind,
- Beschaffen von Vergleichsmaterial,
- Prüfen des für das Landeskriminalamt bestimmten Untersuchungsmaterials auf Brauchbarkeit, Vollständigkeit und zweckmäßige Sicherung sowie der Untersuchungsanträge auf kriminaltechnische Richtigkeit.[7]

III. NSST

257 Von den 16 Kriminalhauptstellen sind zehn zugleich auch Nachrichtensammelstelle (NSST).[8] Sie unterhalten folgende Karteien und Sammlungen:

- Einzelfingerabdrucksammlung,
- Handflächenabdrucksammlung,
- Tatort-Fingerspurensammlung,
- Tatort-Handflächenspurensammlung,
- Merkmalskartei[9].

So ist zB das Polizeipräsidium Mönchengladbach für die Polizeibezirke Kleve, Krefeld, Mönchengladbach und Viersen Nachrichtensammelstelle.

258 Gutachten über Spuren von menschlichen Hautleistenein- und abdrücken dürfen nur von Sachverständigen für Daktyloskopie bei den Nachrichtensammelstellen erstellt werden. Für die Praxis bedeutet dies, dass zu begutachtende Fingerspuren zur Erstellung eines Gutachtens an die Nachrichtensammelstelle übersandt werden müssen. Bei dieser Begutachtung handelt es sich einerseits um die Einschätzung, ob diese Tatortspur in AFIS gespeichert werden kann und andererseits um einen Vergleich einer Tatortspur mit Vergleichsmaterial eines Tatverdächtigen. Bei einer festgestellten Übereinstimmung zwischen Spur und Vergleichsmaterial erstellt der daktyloskopische Sachverständige der NSST ein entsprechendes Gutachten, welches zur Ermittlungsakte genommen wird und über das er unter Umständen im späteren HV als Sachverständiger mit seinem Gutachten aussagen wird.

D. Sachbearbeitung der Fachdienststelle

259 Die Aufgaben der Sachbearbeitung im Bereich der kriminaltechnischen Untersuchungen liegen darin, dass der Sachbearbeiter alles versuchen muss, um die vorliegende Straftat zu klären und den Täter beweiskräftig zu überführen. Dazu gehört es auch, die gefundenen Spuren auswerten und untersuchen zu lassen. In der Regel ist dies nicht durch den einzelnen Sachbearbeiter zu erledigen, da dazu eine entsprechende Aus- und Fortbildung erforderlich ist. Deshalb muss der Sachbearbeiter zunächst die vorhandenen und gesicherten Spuren sichten

---

7 (*KTU-Erlass*, 2008), Ziff. 1.
8 (*KTU-Erlass*, 2008), Ziff. 4.
9 (*KTU-Erlass*, 2008), Ziff. 5.

und dann in Rücksprache mit Sachbearbeitern des Erkennungsdienstes entscheiden, welche Spuren er mit welchem Auftrag durch den Erkennungsdienst, die Kriminaltechnische Untersuchungsstelle, die Nachrichtensammelstelle, das LKA NRW oder durch das BKA untersuchen lässt.

Beispiel: Bei einem Rauschgiftdealer wird im Rahmen einer Durchsuchung eine Tüte mit einem braunen Pulver gefunden. Zunächst wird dieses Pulver auf der sachbearbeitenden Dienststelle gewogen und einem Rauschgiftvortest unterzogen.

Nachdem dieser Test auf Heroin positiv verlaufen ist, wird das Pulver mit einem 260
Untersuchungsantrag über den örtlichen Erkennungsdienst und die zuständige KTU an das LKA NRW übersandt mit der Bitte

- festzustellen, ob es sich tatsächlich um Heroin handelt und
- den Wirkstoffgehalt und das genaue Gewicht festzustellen.

Nach Durchführung der erforderlichen Untersuchungen beim LKA NRW wird das Untersuchungsergebnis auf dem umgekehrten Weg dem Sachbearbeiter zurückgesandt.

E. Kriminalwache/Tatortdienst

Die Kriminalwache und/oder der Tatortdienst haben unter anderem die Auf- 261
gabe, die Maßnahmen des Auswertungsangriffs (s. hierzu HS 1) durchzuführen. Dazu gehört es auch, am Tatort nach Spuren zu suchen und diese ordnungsgemäß zu sichern. Die gesicherten Spuren werden nach der Tatortaufnahme mit entsprechenden Spurensicherungsberichten dem zuständigen Fachkommissariat zugesandt.

§ 19 Die Grundeinteilung der Spuren

Definition: Spuren im kriminalistischen Sinn sind sichtbare oder latente materielle Veränderungen, die im Zusammenhang mit einem kriminalistisch relevanten Ereignis entstanden sind und zu dessen Aufklärung beitragen können.[10]

Hinweis: Der in einer Spur gespeicherte Informationsgehalt gibt Aufschluss über den Spurenverursacher und die Spurenentstehung. Die Spur ist ein materielles Beweismittel (Sachbeweis) im Strafverfahren.[11]

Am Tatort einer strafbaren Handlung wird in vielen Fällen eine Vielzahl von 262
Spuren (materielle Veränderungen) festgestellt, wobei anfangs nicht immer sofort klar ersichtlich ist, ob es sich um eine tatrelevante Spur handelt. Tatrelevant ist eine Spur immer dann, wenn sie mit der Tat in Verbindung gebracht

10 (*BKA*, o.J.), Ziff. 1.0.1.
11 (*Wirth*, 2010), S. 524, 525.

werden kann. Bei der Vielzahl der möglichen Straftaten gibt es Tatorte mit einem hohen und niedrigen Spurenaufkommen. So handelt es sich bei Gewaltdelikten im Regelfall um Straftaten, wo es zu einem unmittelbaren Kontakt zwischen Täter und Opfer kommt und somit auch viele Spuren entstehen, zB: Vergewaltigung. Bei Delikten, die auf verbalen Äußerungen beruhen, lassen sich nur wenige Spuren feststellen, zB: Beleidigung oder Bedrohung.

Im Rahmen der Tatortbefundaufnahme sind zunächst alle gefundenen Spuren zu sichern, auch wenn zu diesem Zeitpunkt nicht sicher gesagt werden kann, ob ein Bezug zur Straftat besteht.

So gibt es Spuren, die mit dem Tatgeschehen nichts zu tun haben. Solche Spuren werden als Trugspuren bezeichnet.

! **Definition:** Trugspuren sind materielle Veränderungen, die nicht im Zusammenhang mit einem kriminalistisch relevanten Ereignis entstanden sind. Sie sind bis zur Klärung wie echte Spuren zu behandeln.[12]

263 Beispiele für Trugspuren gibt es aus der polizeilichen Praxis genügend, da viele Trugspuren durch die Beamten selbst unbewusst gelegt werden: am Tatort zurückgelassene Einmalhandschuhe, Schuhspuren im Garten bei der Suche nach dem Täter, Öffnen eines Fensters nach einem Leichenfund und vieles mehr.

Trugspuren werden aber auch auf andere Art und Weise hinterlassen, zB: Veränderungen am Tatort durch Rettungsmaßnahmen, Suche nach Personalpapieren durch Rettungskräfte, um die Todesbescheinigung ausfüllen zu können usw.

Trugspuren verlängern und behindern die Ermittlungen deshalb, weil sie zunächst wie echte Spuren behandelt werden. So kann es vorkommen, dass die Ermittlungen zunächst in eine falsche Richtung gelenkt werden, bis sich herausstellt, dass es sich um eine Trugspur handelt. Erst zu diesem Zeitpunkt wird erkannt, dass alle Ermittlungen im Zusammenhang mit dieser Spur sinnlos waren und nur Zeit und Personal gebunden haben.

Aus diesem Grund ist es äußerst wichtig, dass alle vorgenommenen Veränderungen an einem Tatort gekennzeichnet und dokumentiert werden (siehe weitere Ausführungen zum Sicherungsangriff).

264 Eine weitere Möglichkeit, aufgrund einer Spur die Ermittlungen in eine falsche Richtung zu lenken, sind fingierte Spuren.

! **Definition:** Fingierte Spuren sind Spuren, die in der Absicht verursacht wurden, von einem kriminalistisch relevanten Ereignis abzulenken oder eines vorzutäuschen.[13]

„Die fingierte Spur soll über den tatsächlichen Sachverhalt, den Tatort, die Tatbeteiligten und Tatfolgen einen Irrtum erzeugen."[14]

---

[12] (*BKA*, o.J.), Begriffsbestimmungen.
[13] (*BKA*, o.J.), Begriffsbestimmungen.
[14] (*Wirth*, 2010), S. 211.

Ein Beispiel für eine fingierte Spur bei der Vortäuschung einer Straftat liegt in der manipulierten Beschädigung des Schlosses durch den Wohnungsinhaber, um einen Schaden durch die Versicherung ersetzt zu bekommen. Andere fingierte Spuren können zB vom Täter zurückgelassene Zigarettenkippen sein, die er an einer Bushaltestelle vor dem Einbruch mitgenommen hat. 265

Diese Spuren sind nur sehr schwer von echten Spuren zu unterscheiden und können die Ermittlungen ebenfalls in eine falsche Richtung führen. Fingierte Spuren können teilweise erkannt werden, wenn das Vorhandensein dieser Spur mit dem logisch nachvollziehbaren Tatgeschehen nicht übereinstimmt.

Über diese Einteilung nach den Spurenbedeutungen hinaus ordnen wir Spuren auch in verschiedene Spurenarten ein: 266

- Situationsspuren,
- Gegenstandsspuren,
- Materialspuren,
- Formspuren.

A. Situationsspuren

Das Vorhandensein oder Fehlen von Gegenständen oder anderen Stoffen und ihre besondere räumlich Lage an einem Tatort wird als Situationsspur bezeichnet. 267

Definition: Situationsspuren sind diejenigen Spuren, die sich aus dem Vorhandensein oder Fehlen von Gegenständen und deren besonderer Lage am Ort und zueinander ergeben und die der Rekonstruktion des Geschehens dienen.

So können Situationsspuren zB vom Täter zurückgelassene Gegenstände (= Gegenstandsspuren), aber auch das Fehlen von entwendeten Gegenständen sein. Auch zB die Lage von Blutspuren, der Leiche, von Tatmitteln sind Situationsspuren. 268

„Situationsspuren gestatten unter anderem Rückschlüsse auf die Entstehung der Spur und das Tatgeschehen. So gesehen stellt die Lage eines Gegenstandes oder die Position einer jeden am Tatort gefundenen Spur zugleich eine Situationsspur dar.“[15]

Die Gesamtheit der aufgefundenen Spuren am Tatort und die Angaben von Zeugen in diesem Verfahren können zur Erstellung einer Tathypothese genutzt werden. In dieser Tathypothese wird mit Wahrscheinlichkeitsgraden das vermutete Vorgehen des Täters am/im Tatort rekonstruiert. Somit hilft die Tathypothese auch, das mögliche Tatgeschehen besser zu erfassen und Hilfestellung bei der weiteren Spurensuche zu geben.

---

[15] (*Frings/Raabe*, 2016), Bd. I, S. 15.

B. Gegenstandsspuren

Definition: Als Gegenstandsspuren werden Gegenstände bezeichnet, die am Tatort aufgefunden werden und eine beweiserhebliche Bedeutung haben.

269 „Eine Gegenstandsspur gibt Hinweise auf das Tatgeschehen sowie auf die Identität von Tatbeteiligten und kann selbst Spurenträger sein."[16]

Diese Hinweise liegen in der Art des Gegenstandes, seiner Verbreitung und seinen möglichen individuellen Merkmalen. Der Gegenstand kann die Ermittler im günstigsten Fall bis zu seinem Besitzer/Eigentümer führen. Deshalb sind eine Herkunftsermittlung und eine Verkaufswegfeststellung einzuleiten.

Beispiel: Mit einem Baseballschläger wird ein Mann in einem Park niedergeschlagen und anschließend beraubt. Auf der Flucht verliert der Täter den Schläger.

270 Der am Tatort/auf dem Fluchtweg gefundene Baseballschläger stellt eine Gegenstandsspur dar. Zunächst kann die Aussage getroffen werden, aus welchem Material der Schläger hergestellt wurde, welche Größe und Gewicht er hat und ob individuelle Merkmale vorhanden sind. Aufgrund des vermerkten Herstellers kann versucht werden, den Vertriebsweg und mögliche Verkaufsstellen festzustellen. Sollten sich Beschädigungen, Aufkleber oder ähnliches an dem Schläger befinden, kann durch eine Veröffentlichung eines Bildes in der Tagespresse versucht werden, Hinweise zur Herkunft zu erlangen.

Abb. 23: Baseballschläger mit Anhaftungen, Foto von privat

C. Materialspuren

Definition: Materialspuren sind Substanzen (fest, flüssig oder gasförmig), deren stoffliche Eigenschaften und Zusammensetzungen kriminalistische Schlüsse zulassen.[17]

271 „Materialspuren sind insbesondere
- Schussspuren,
- Glas-, Lack-, Metall- und Kunststoffspuren,
- körperzellhaltige Spuren,

[16] (*Wirth*, 2010), S. 236.
[17] (*Wirth*, 2010), S. 236.

- Haare,
- Boden, Schmutz- und Pflanzenspuren sowie mikrobiologische Spuren,
- textile Spuren,
- toxikologische Spuren,
- Mineralölprodukte."[18]

Beispiel: Die an dem Baseballschläger vorhandenen Blutanhaftungen sind Materialspuren, die durch eine Substanzübertragung auf den Schläger entstanden sind. Sie können in flüssiger oder zum Zeitpunkt der Spurensicherung dann fester/getrockneter Form vorliegen. Diese Spur lässt kriminalistische Schlüsse bei der späteren Auswertung zu: stammt das Blut vom Opfer oder vom Täter? Außerdem lässt die äußere Form der Blutanhaftungen (= Formspur) Rückschlüsse auf die Spurenentstehung zu. Die Lage, Menge und Ausformung der Blutanhaftungen stellen wiederum auch eine Situationsspur dar.

D. Formspuren

Definition: Formspuren sind die durch Einwirkung eines Spurenverursachers entstandenen Formveränderungen an einem Objekt. Aus der formmäßigen Beschaffenheit der Spur sind kriminalistische Schlüsse zu ziehen.[19]

Formspuren sind insbesondere 272

- daktyloskopische Spuren,
- technische Formspuren,
- Schusswaffenspuren.[20]

Hinweis: Schusswaffenspuren werden im HS 1 behandelt.

Formspuren können erscheinen als

- Abdrücke,
- Eindrücke,
- Gleitriefen (Zieh-, Scharten- und Schürfspuren),
- Schnitte,
- Brüche oder Risse,
- Passspuren,
- Formspuren besonderer Art.[21]

„Formspuren kommen in der Regel als Abdruck- oder Eindruckspuren vor. Eine 273
Abdruckspur entsteht durch eine Substanzübertragung und eine Eindruckspur durch eine Substanzverdrängung."

[18] (*BKA*, o.J.), Ziff. 1.0.2.2.
[19] (*BKA*, o.J.), Ziff. 1.0.2.1.
[20] (*BKA*, o.J.), Ziff. 1.0.2.1.
[21] (*BKA*, o.J.), Ziff. 1.0.2.1.

Beispiel: An dem Baseballschläger können sich Fingerspuren des Schlägers befinden. Diese Fingerspur ist durch die Übertragung von Hautausscheidungen, zB: Schweiß, auf der Oberfläche des Schlägers entstanden, und somit handelt es sich um eine Abdruckspur.

Sollte der Täter bei seiner Flucht durch den Park im weichen Erdreich eine Schuhspur hinterlassen haben, so handelt es sich hier um eine Eindruckspur, da die weiche Erde durch das Gewicht des Täters und das härtere Material seines Schuhs verdrängt wurde.

E. Digitale Spuren

Definition: Informations- und Kommunikations- (IuK-) oder digitale Spuren sind alle Informationen, die in binärer Form elektronisch gespeichert oder übermittelt werden.[22]

274 Digitale Spuren sind Spuren, die auf Daten basieren, welche in Computersystemen übertragen oder gespeichert worden sind. Diese sind zunächst in physischer Form vorhanden, zB als Magnetisierung auf einer Festplatte. Digitale Spuren liegen in der Regel nicht sofort zugänglich vor, sondern müssen erst extrahiert und in eine lesbare Form gebracht werden. Zu beachten dabei ist jedoch, dass manche digitale Spuren flüchtig sind und nur für einen begrenzten Zeitraum zur Verfügung stehen, zB Informationen/Daten, die sich im Arbeitsspeicher befinden.

Da es sich bei digitalen Spuren um gespeicherte Informationen in einem binären/dualen System handelt, in dem Zahlen nur mit den Ziffern des Wertes null und eins dargestellt werden, können diese nicht den bisher vorgestellten Spurenarten zugeordnet werden.

Digitale Spuren werden als eigene Spurenart bewertet.

In der Anleitung Tatortarbeit – Spuren vom BKA werden digitale Spuren auch als IuK-Spuren bezeichnet.

Digitale Spuren werden im Zeitalter der Digitalisierung für die kriminalpolizeilichen Ermittlungen immer wichtiger, da sie

- zum Aufenthaltsort des Opfers/Täters führen,
- die Anwesenheit des Täters an einem TO nachweisen,
- unbekannte Tatorte sichtbar machen,
- Tatabläufe rekonstruierbar machen,
- Bewegungsbilder aus der Vor- und Nachtatphase aufzeigen.

Jeder Mensch kommuniziert heute über seine mitgeführten IT-Gegenstände mit der digitalen Umwelt. Hierbei werden Spuren hinterlassen, die im Rahmen der Tatortarbeit in vielfältiger Form vorliegen können, zB als

- Funkzellendaten aus erfolgreichen Verbindungen,
- Verkehrsdaten in Endgeräten (Telefon, Fax, Computer, Tablet etc),
- Daten aus Kontrollsystemen (zB Hotels/Zeiterfassung/TollCollect etc),
- Daten aus Ortungsdiensten (Smartphones)

Diese Spuren sind in ihrem Informationsgehalt so wichtig, da der Täter sie

- in der Regel überhaupt nicht kennt,
- nicht sehen kann,
- kaum verhindern kann,
- nach dem Entstehen nicht mehr rückgängig machen kann,
- nicht vernichten kann.

§ 20 Die Grundsätze und Systematik der Spurensuche

A. Grundsätze der Spurensuche

Definition: Die Spurensuche ist das planmäßige Vorgehen zum Auffinden aller kriminalistisch relevanten materiellen Veränderungen (Spuren) sowohl operativ am Ereignisort bzw. Tatort und in seiner Umgebung (Zu- und Abgangsweg), an Personen, Tatmitteln und Tatobjekten als auch unter Laborbedingungen an gesicherten Spurenträgern.[23]

Das Ziel der Spurensuche ist das Auffinden von Spuren, die der Rekonstruktion der Tat/des Ereignisses dienen, zur Erlangung von Hinweisen zur Ermittlung des Täters führen können oder der Überführung/Entlastung von Tatverdächtigen dienen. **275**

Hierzu ist es notwendig, dass die Beamten, die die Spurensuche durchführen, die einzelnen Spuren und Spurenarten kennen. Sonst besteht die Gefahr, dass Spuren nicht entdeckt werden, da diese nicht bekannt sind. Andererseits werden diese Spuren vielleicht entdeckt, aber als nicht tatrelevant eingestuft und somit auch später nicht gesichert.

Die Spurensuche ist die Voraussetzung für die spätere Spurensicherung. Vor der eigentlichen Spurensuche ist die vorgefundene Tatsituation festzuhalten und „einzufrieren". Dies geschieht durch Fotografie, dh erste Übersichtsaufnahmen werden durchgeführt. **276**

Die erste Spurensuche erfolgt in der Regel durch die Kräfte des Wachdienstes im Rahmen der Sicherungsangriffs (→ Rn. 286 sowie 4. Abschnitt) und wird durch die Kräfte des Auswertungsangriffs fortgeführt (s. HS 1).

„Die Suche nach Spuren soll unvoreingenommen, systematisch und unter Beachtung des Schutzes der bereits erkannten wie auch der latenten Spuren erfolgen."[24]

Hierzu können natürlich auch Hilfsmittel, wie Leuchtmittel, Suchreagenzien aber auch Diensthunde eingesetzt werden.

Der Umfang und der Ablauf der Spurensuche werden durch die örtlichen Gegebenheiten, die Entstehungsmöglichkeiten einzelner Spuren und die Witterungsbedingungen beeinflusst.[25]

---

22 (*BKA*, o.J.), Ziff. 16.0.0.
23 (*Wirth*, 2010), S. 527.
24 (*Wirth*, 2010), S. 528.
25 (*Wirth*, 2010), S. 528.

B. Systematik der Spurensuche

277 „Die Spurensuche ist immer systematisch zu betreiben und zu dokumentieren. Stets ist zu berücksichtigen, dass sich der Tatort den Beamten nur abschnittsweise bzw., sukzessive erschließt."[26]

Bevor jedoch eine systematische Spurensuche durchgeführt wird, sind die Bereiche abzusuchen, wo es zu einer Vernichtung von Spuren kommen könnte, zB der Außenbereich eines Einbruchstatortes bei einsetzendem Regen.

In der Literatur haben sich zwei verschiedene Suchmethoden durchgesetzt:

- Heuristische Suche
- Systematische Suche.

278 In der Praxis wird häufig auf eine Mischform der beiden genannten Suchen zurückgegriffen.

I. Heuristische Suche

279 „Hierbei stellt der Kriminalist eine Hypothese über den Tätereinstieg oder Täterausstieg, über das Tätigkeitsfeld des Täters und über den Tatverlauf auf. An diesen Stellen führt er die Spurensuche durch."[27]

Es kommt somit zu einer gedanklichen Rekonstruktion des Tatgeschehens, auf dessen Grundlage die Suche beruht.[28]

„Die Vorteile der heuristischen Methode sind ihre Effektivität, der geringe Personal- und Zeitaufwand und die Konzentration auf tatrelevante Bereiche."[29]

280 Die Gefahr besteht darin, dass in einigen Bereichen nicht nach Spuren gesucht wird, da die gedankliche Rekonstruktion der Tat auch auf den Erfahrungen der Tatortbeamten beruhen und somit Spuren übersehen werden können. Fraglich ist immer, ob Polizeibeamte tatsächlich so denken können, wie sich Straftäter bei der Verübung der Tat wirklich verhalten. Sollte sich zu einem späteren Zeitpunkt herausstellen, dass sich der Täter auch in Bereichen aufgehalten hat, wo nicht nach Spuren gesucht wurde, so sind diese Spuren im Nachhinein meistens nicht mehr auffindbar.

> **Beispiel:** Bei der Tatortbefundaufnahme nach einem Wohnungseinbruchsdiebstahl wird im Rahmen der ersten Tatortbegehung festgestellt, dass das Wohnzimmer und das Schlafzimmer durchsucht wurden. Die Schränke stehen offen und die Schubladen sind herausgezogen. Die anderen Zimmer der Wohnung zeigen keine Auffälligkeiten. Nach Angaben des Wohnungsmieters hat der Einbrecher nach seiner ersten Einschätzung Geld aus dem Wohnzimmer und Schmuck aus dem Schlafzimmer entwendet.

281 Im Rahmen der heuristischen Spurensuche wird rekonstruiert, dass sich der oder die Täter im Wohn- und Schlafzimmer aufgehalten haben und dort nach

---

[26] (*Frings/Raabe*, 2016), Bd. I, S. 38.
[27] (*Weihmann/Schuch*, 2011), S. 221.
[28] (*Clages/Ackermann*, 2017), S. 104.
[29] (*Wirth*, 2010), S. 528.

Beute gesucht haben. Aufgrund der kriminalistischen Erfahrung und des Erscheinungsbildes der Räume sind die weiteren Räume der Wohnung vom Täter nicht betreten worden und somit unterbleibt dort die Spurensuche, auch wenn der Täter dort nach Beutestücken gesucht haben könnte.

II. Systematische Suche

„Bei der systematischen Methode erfolgt die lückenlose Absuche des gesamten 282
Tatortes, der als Ganzes oder nach Einteilung in überschaubare Abschnitte abgesucht wird. Dieses Vorgehen eignet sich, wenn nur wenige oder gar keine Erkenntnisse zum Geschehensablauf vorliegen, keine Version zum Tathergang aus der Tatortsituation ableitbar ist oder die Suche das Auffinden von Gegenständen (zB Tatwerkzeuge) bezweckt."[30]

In geschlossenen Räumen wird in der Regel im Uhrzeigersinn nach Spuren gesucht. Im Freien bietet es sich an, dafür vorher Sektoren/Areale festzulegen.

Der Vorteil dieser Methode liegt darin, dass durch die lückenlose Suche keine Spuren übersehen werden. Sie bindet aber aufgrund dieser Systematik erhebliche Personal- und Sachressourcen.

Beispiel: In einer Wohnung wird die Wohnungsmieterin tot aufgefunden. Die ersten Ermittlungen ergeben, dass die Frau mit einem in der Wohnung zurückgelassenen Messer erstochen wurde. Die Tötungshandlung fand offensichtlich im Wohnzimmer statt, da dort die Leiche gefunden wird und sich dort auch die meisten Blutspuren befinden. Der Täter ist unbekannt.

Bei Vorliegen eines Kapitaldelikts (Mord/Totschlag) wird der Tatort mit der systematischen Methode nach Spuren abgesucht. Der Täter kann sich vor und nach der Tat auch in den anderen Räumen aufgehalten und dort Spuren hinterlassen haben.

III. Suche in Mischform

„In der kriminalistischen Praxis werden häufig beide Suchmethoden miteinander 283
kombiniert, um eine optimale Spurensuche zu gewährleisten"[31]

Das Vorgehen nach einer solch kombinierten Suchmethode gewährleistet nach Aufwand und Nutzen eine optimale Spurensuche.

„So kann bspw. der bekannte Weg des Täters zum Eindringen in das Tatobjekt bis zum angegriffenen Gegenstand nach der heuristischen Methode abgesucht werden. Die Spurensuche im Tatzentrum dagegen erfolgt nach der systematischen Methode, weil nicht bekannt ist, an welchen Stellen der Täter das angegriffene Objekt berührt hat."[32]

Welche der drei Methoden gewählt wird oder kombiniert werden, hängt nicht 284
etwa vom Zufall oder der Vorliebe des Spurensicherungsbeamten ab, sondern ist vielmehr Ergebnis der Erfahrung der eingesetzten Beamten und vor allem

---

30 (*Wirth*, 2010), S. 528.

31 (*Clages/Ackermann*, 2017), S. 105.

32 (*Wirth*, 2010), S. 528 f.

des Überblicks, den man sich als erstes vom gesamten Ort verschafft hat und der sodann in die Strukturierung der weiteren Arbeiten am Tatort mündet. Bedingungsfelder, wie zB Witterung, Lichtverhältnisse, Bedrohung von Spuren oder auch das Verhalten der bereits am Tatort eingesetzten Beamten spielen eine wesentliche Rolle in dieser Entscheidung.

C. Verhalten am Tatort

285 Zunächst haben sich die Beamten am Tatort/Ereignisort (s. Sicherungsangriff) einen ersten Überblick über die Situation vor Ort zu verschaffen und sich gedanklich darauf einzustellen, welche Spuren beim vorliegenden Delikt vorhanden sein könnten. Hierbei handelt es sich um sog. sichtbare Spuren, die also sofort erkennbar sind (zB der nach einem Raub liegengebliebene Baseballschläger), aber auch um latente Spuren, die erst sichtbar gemacht werden müssen (zB Fingerabdrücke auf einer Scheibe am Einstiegsfenster). Bei der Spurensuche haben sich die Beamten so zu verhalten, dass dabei keine Spuren zerstört, beschädigt oder neue Spuren (Trugspuren, s. oben) gelegt werden.

Das konkrete weitere Vorgehen wird im Kapitel „Sicherungsangriff" näher beschrieben.

D. Möglichkeiten und Grenzen erster Spurensuche

286 Die erste Spurensuche am Tatort/Ereignisort bezieht sich auf die offen sichtbaren Spuren. Die ersten Überlegungen richten sich darauf, ob für Spuren die Gefahr der Vernichtung oder Beschädigung durch Umwelteinflüsse oder durch menschliches Fehlverhalten besteht. Hier sind sofort Maßnahmen einzuleiten, um dies zu verhindern.

Da die erste Spurensuche in der Regel durch Kräfte des Wachdienstes im Rahmen des Sicherungsangriffs (siehe dort) durchgeführt wird, können die Beamten auch nur Schutzmaßnahmen ergreifen, die mit eigenen oder sofort zur Verfügung stehenden Mitteln möglich sind. Hier kommt zB das Abdecken einer Schuhspur im Außenbereich mit einem Eimer oder Topf aus dem Haushalt des Einbruchtatortes in Betracht. Diese Veränderung des Tatortes ist zu kennzeichnen und zu dokumentieren. Ist ein Schutz nicht möglich oder ungeeignet die Spur zu schützen, ist zu prüfen, ob eine „Notsicherung" durchgeführt werden kann. Dies wäre zum Beispiel bei einer Blutspur auf dem Steinboden einer Außenterrasse der Fall, wenn starker Regen einsetzen und somit die Gefahr bestehen würde, dass der Bluttropfen vernichtet würde. Hier hilft auch kein Überstülpen der Spur mit einem Eimer, da das Regenwasser auch unter den Eimer laufen könnte. Der Bluttropfen ist in einem solchen Fall zB mit einem sauberen/unbenutzten Taschentuch aufzunehmen und zu sichern. Ihn zuvor zu fotografieren, dürfte im Zeitalter der Smartphones mit integrierter Kamera kaum ein Problem darstellen; damit wäre auch die Form der Blutspur notgesichert.

287 Die erkannten und ggf. geschützten Spuren werden später im Rahmen des Auswertungsangriffs gesichert (s. hierzu HS 1).

§ 21 Die Spurendiskussion

Im Rahmen des Studiums wird von den Studierenden erwartet, dass sie die Spuren anhand eines vorgegebenen Schemas (Spurendiskussion) bearbeiten. Der Landesfacharbeitskreis Kriminalistik und Kriminaltechnik hat folgende Systematik der Diskussion einer Spur festgelegt:[33] 288

1. Spurenart

Bezeichnung der Spurenart (Form-, Material-, Situations-, Gegenstandsspur) der diskutierten Spur mit kurzer Erläuterung der jeweiligen Spurenart (Informationsgehalt der Spurenart, Auswertespektrum) 289

2. Allgemeine Beweiskraft

Erläuterungen zur Beweiskraft, auf der Grundlage naturwissenschaftlicher Beweissätze, mit Darlegung Gruppenbeweis/Ausschlussbeweis bzw. Individualidentifizierung und Situationsspur 290

3. Konkreter Beweiswert 291

Erläuterungen zum konkreten kriminalistischen Beweiswert der vorhandenen Spur in diesem speziellen Einzelfall. Hier ist auch auf die Lage der Spur, die Entstehung, ihren Verbreitungsgrad und ihren Individualisierungsgrad einzugehen. Dabei soll auch festgestellt werden, ob die vorhandene Spur ein direkter oder indirekter Beweis ist oder Indizcharakter hat. Hier ist auch auf Spurenkonkurrenzen einzugehen.

4. Spurensicherung[34]

„Erläuterung der in diesem Sachverhalt infrage kommenden Methoden der Spurensuche, Sichtbarmachung, mechanischen Spurensicherung und Dokumentation (TOBF oder SpuSiBe)." Hier soll auch diskutiert werden, ob eine Mitnahme der Spur im Original möglich ist oder eine Spurensicherung vor Ort erfolgen muss. 292

5. Vergleichsmaterial

a) Beschaffung von Vergleichsmaterial, 293
   - von Tatortberechtigten
   - möglichen Tatverdächtigen

   um Täter relevante Spuren verifizieren oder falsifizieren zu können. (Spurenvergleich mit Tatortspuren)

   Dazu muss aus dem Sachverhalt heraus erkannt werden, wer denn Tatortberechtigter/Täter ist bzw. sein könnte.
b) Beschaffung von Vergleichsmaterial
   - von ggf. Spurenträgern
   - von ggf. Spurensicherungsmaterialien

   um Spurenverunreinigungen bewerten zu können.

---

33 Beschluss des Landesfacharbeitskreises Kriminalistik/Kriminaltechnik am 23.9.2009.

34 Wichtig ist, dass im Grundstudium die Spurensicherung nach Ziff. 4 nicht abgefragt wird, da diese erst Gegenstand im Hauptstudium 1 ist.

6. Spurenauswertung

294
- Erste operative Spurenauswertung am Tatort (Neue Erkenntnisse?)
- Spurenauswertung durch Fachkräfte (KTU, NSST, LKA, Sachverständige, BKA)
- Spurenauswertung durch Abgleich/Recherche in Polizeilichen Sammlungen/Datenbanken (DAD, AFIS, Werkzeugspurensammlung, LUNA, Lackdatenbank, Schuhspurensammlungen etc)

Durch eine derart strukturierte Bearbeitung jeder einzelnen Spur ist garantiert, dass jeder Beweis, jedes Indiz, in seiner Bedeutung für dieses Beweisverfahren korrekt bewertet und alle Bezüge zwischen den einzelnen Beweisen hergestellt werden. Dazu bedarf es zunächst immer der Feststellung, was im Allgemeinen von einer Spur erwartet werden kann, und sodann der konkreten Betrachtung im jeweils vorliegenden Einzelfall, also welchen Wert der Beweis genau hier haben kann.

§ 22 Die (allgemeine) Beweiskraft von Spuren

295 Die allgemeine Beweiskraft der Spuren wird unterteilt in

- Gruppenbeweis oder Gruppenidentifizierung
- Individualbeweis oder Individualidentifizierung.

Die Begrifflichkeiten Gruppen- und Individualbeweis haben sich bei der Erklärung der Beweiskraft im Sprachgebrauch der Kriminalisten etabliert. In der aktuellen Ausgabe des BKA „Anleitung Tatortarbeit – Spuren"[35] sind diese Begriffe durch Gruppenidentifizierung- und Individualidentifizierung ersetzt worden und werden dort auch definiert. In der Erklärung der Beweiskraft stehen die jeweiligen Begriffe inhaltlich parallel zueinander und sind beide innerhalb der Spurendiskussion synonym gültig.

296 Ziel der Beurteilung der „Beweiskraft" ist es, Aussagen darüber zu machen, wer als Verursacher dieser Spur in Betracht kommt. Die Spuren können von Subjekten (Mensch, Tier) oder von Objekten (Gegenständen) verursacht worden sein. In der Prüfung der Beweiskraft versucht man nun, den möglichen Kreis der Verursacher einzuengen. Hierzu ist es erforderlich, die Eigenschaften/Besonderheiten der einzelnen Spuren zu kennen und bei Prüfung der Beweiskraft auch darauf einzugehen.

A. Gruppenbeweis/Gruppenidentifizierung

Definition: Gruppenidentifizierung ist die
- Zuordnung einer
  - Formspur zu einer bestimmten Gruppe von Spurenverursachern (zB die Spur eines 10 mm breiten Werkzeugs)
  - Materialspur zu einer bestimmten Art von Substanz (zB Blut, Heroin oder Lack eines bestimmten Fabrikates)

[35] (*BKA*, o.J.).

- Feststellung
  - der fabrikatorischen Herkunft
  - des Verwendungszweckes/der Wirkungsweise

  von Gegenständen oder Substanzen (zB Waffe oder Fahrzeuglack eines bestimmten Herstellers).

Die Bedeutung des Gruppenbeweises liegt darin, dass hier die Aussage getroffen werden kann, dass diese Spur einer größeren Gruppe von Spurenverursachern zugeordnet werden kann. Nur wer zu dieser möglichen Gruppe gehört, kann diese Spur verursacht/hinterlassen haben. Alle, die nicht zu dieser Gruppe gehören, kommen als Verursacher nicht in Betracht und können somit ausgeschlossen werden. 297

Beispiele:
- Das am Tatort eines Einbruchs gefundene Blut hat die Blutgruppe A+. Somit muss auch der Spurenverursacher diese Blutgruppe haben. Alle Menschen, die eine andere Blutgruppe haben, können somit diese Spur nicht verursacht haben und fallen als Spurenverursacher weg.
- Am Einstiegsfenster eines Wohnungseinbruchs wird eine Hebelmarke mit einer Breite von 15 mm gefunden. Als Spurenverursacher kommen somit nur Werkzeuge (zB Schraubendreher) mit einer Klingenbreite von 15 mm in Betracht. Werkzeuge mit geringerer oder größerer Klingenbreite scheiden als Spurenverursacher aus.

Durch die Feststellung des Gruppenbeweises sind die Ermittler in der Lage, ihre Ermittlungen zielgerichteter durchzuführen, da der Kreis der Spurenverursacher eingeschränkt ist. Durch das Ausschlusskriterium können Personen oder Gegenstände als Spurenverursacher schnell verworfen werden. 298

B. Individualbeweis/Individualidentifizierung

Definition: Individualidentifizierung ist der Nachweis, dass
- ein bestimmtes Subjekt oder Objekt eine bestimmte Spur verursacht hat (zB „das Tatgeschoss ist aus dem Lauf der Pistole Mauser Nr. 3456 verfeuert worden" oder „die daktyloskopische Spur stammt vom rechten Zeigefinder des X")
- ein sichergestelltes Objekt Teil eines bestimmten Gegenstandes ist (zB Passstück).

Um den Kreis der Spurenverursacher noch weiter einzugrenzen und die Spur einem Spurenverursacher individuell zuzuordnen, ist der Individualbeweis erforderlich. Dieser sagt aus, dass die Spur nur von einem einzigen Subjekt oder Objekt stammen kann. Hier gibt es also keine noch so kleine Gruppe mehr, sondern nur eine einzelne Person oder einen einzelnen Gegenstand. 299

Fall:

Am Einstiegsfenster eines Wohnungseinbruchs kann eine Fingerabdruckspur gesichert werden, die mehr als 20 Minuzien erkennen lässt.

Lösung: Aufgrund der Anzahl der Minuzien kann diese Spur dem bereits mehrfach einschlägig in Erscheinung getretenen Anton A. zugeordnet werden. Da der Fingerabdruck einmalig und unveränderbar ist, steht durch seine Klassifizierbarkeit zweifelsfrei fest, dass die gesicherte Fingerabdruckspur von Anton A. stammt, da es keine andere Person auf der Welt gibt, die einen identischen Fingerabdruck besitzt.

Fall:

Im frisch geharkten Beet vor einem Einstiegsfenster eines Wohnungseinbruchs wird eine Schuheindruckspur gesichert. Der Sohlenabdruck zeigt deutliche Abnutzungserscheinungen und Beschädigungen auf und es ist erkennbar, dass sich im Profil ein Fremdkörper (vermutlich der Kopf einer Reißzwecke) befindet.

Lösung: Im Rahmen einer nach der Entdeckung des Einbruchs eingeleiteten Fahndung wird Anton A. angetroffen. Seine Schuhe werden sichergestellt und mit der Eindruckspur vor dem Einstiegsfenster verglichen. Der Sachverständige kann anhand vieler Merkmale nachweisen, dass die gesicherte Schuheindruckspur vom rechten Schuh des Anton A. stammt, da nur dieser Schuh die gleichen Abnutzungen, Beschädigungen und den Fremdkörper an der gleichen Stelle aufweist.

§ 23 Der (konkrete) individuelle Beweiswert von Spuren

300 Der konkrete Beweiswert bezieht sich zunächst auf jede vorhandene Spur in dem vorliegenden Sachverhalt. Hier wird erläutert, welche Aussagekraft jede Spur einzeln und nicht als Spurenkomplex in Bezug auf die konkrete Straftat hat. Als Merksatz bietet sich an: **„Was kann konkret mit dem Vorhandensein dieser Spur am/im Tatort bewiesen werden?"**

In vielen Fällen wird versucht, den Beweiswert anhand einer Skalierung festzumachen, zB: niedriger oder hoher Beweiswert. Dies sagt jedoch nichts über den konkreten Beweiswert aus, kann deshalb nicht als alleinige Aussage stehen und ist ausführlich zu begründen.

Fall:

Was beweist die Schuheindruckspur im Beet vor dem Einstiegsfenster eines Wohnungseinbruchs?

Lösung: Zunächst kann die Aussage getroffen werden, dass ein Schuh aus einer bestimmten Gruppe (Größe 45, Sportschuh, Modell Rom, Marke Adidas) die Spur verursacht hat. Eine Aussage, wann dies geschehen ist, lässt sich anhand der Spur nicht ablesen. Dies können nur die Ermittlungen ergeben, zB wann wurde das Beet geharkt. Weist der Schuhabdruck individuelle Abnutzungen und Beschädigungen auf, so kann gesagt werden, dass diese Spur von einem Schuh verursacht wurde, der genau diese spezifischen Merkmale aufweist. Wenn durch die Ermittlungen bei einem Tatverdächtigen zeitnah Schuhe der Marke Adidas, Typ Rom, Größe 45 gefunden werden, kann durch einen Gutachter festgestellt werden, dass diese Eindruckspur von diesem einen Schuh verursacht wurde. Die Schuhspur sagt aber nichts darüber aus, wer zum Zeitpunkt der Spurenverursachung diesen Schuh getragen hat oder ob die Spur tatsächlich vom Einbrecher verursacht wurde. Wird der Tatverdächtige jedoch noch im Tatort oder in engem zeitlichen und örtlichen Zusammenhang angetroffen und trägt noch dieses Paar Schuhe, dann erhöht sich auch der Beweiswert, da nun kriminalistisch die Aussage gemacht werden kann, dass dieser Schuh die Spur verursacht hat und dies auch durch den Tatverdächtigen geschehen sein muss.

Bei der Aussage zum konkreten Beweiswert der vorliegenden Spur ist auch 301
immer darauf einzugehen, ob die Spur von einem „Berechtigten" stammen könnte. Zu diesem Personenkreis sind Menschen zu zählen, die eine Berechtigung haben, sich an diesem Ort aufzuhalten.

Fall:

Nach lautem Streit und Poltern in einem Mehrfamilienhaus wird die Polizei von einer Nachbarin gerufen. Die Polizei betritt die Wohnung durch die nur angelehnte Wohnungstür und findet die Mieterin erstochen vor. Neben der Toten liegt ein blutverschmiertes Messer, das aus der Küche stammt. Die Wohnung bewohnte die Tote gemeinsam mit ihrem Ehemann, der jedoch flüchtig ist. Am Messer werden Fingerabdruckspuren des Ehemannes gefunden.

Lösung: Da das Messer aus der gemeinsamen Wohnung stammt, handelt es sich bei dem Ehemann um eine berechtigte Person, deren Fingerabdruckspuren durch die tägliche Nutzung des Messers auch zu erklären sind. Zu dem gleichen Ergebnis würden auch die gefundenen Fasern auf der Kleidung der Frau führen, wenn diese von einem Kleidungsstück des Ehemannes stammen würden. Die Tatklärung muss sich deshalb auf weitere Maßnahmen stützen.

§ 24 Die Beziehung zwischen Beweiskraft und Beweiswert

Die Beweiskraft und der konkrete Beweiswert einer Spur stehen in einer engen 302
Beziehung zueinander. Innerhalb der Beweiskraft wird zwischen Gruppen- und Individualbeweis unterschieden. Diese Unterscheidung hat unmittelbar Einfluss auf den Beweiswert einer Spur. Im Idealfall soll die Täterschaft einer Person bewiesen werden. Dies gelingt unter anderem nur, wenn die gefundenen und vom Täter hinterlassenen Spuren eindeutig einer Person zuzuordnen sind (Individualbeweis). Somit wird durch die Polizei der Spurenverursacher ermittelt, die Täterschaft kann nur das Gericht feststellen. Nicht immer ist die eindeutige Zuordnung möglich (Gruppenbeweis) und somit ist der Beweiswert der Spuren auch immer unterschiedlich.

Fall:

An einem zurückgelassenen Baseballschläger (Tatmittel) nach einem Raub könnten sich Fingerabdruckspuren befinden.

Lösung: Bei Vorliegen von einer ausreichenden Anzahl Minuzien[36] kann dieser Fingerabdruck eindeutig einer Person zugeordnet werden, da der Fingerabdruck einmalig, unveränderbar und klassifizierbar ist.

---

[36] I.A. noch mit 12 angegeben.

Liegen nach Einschätzung des Daktyloskopen zu wenige anatomische Merkmale vor, liegt nur eine Gruppenbeweis vor, da dieser Abdruck nun von einer größeren Anzahl von Menschen gelegt worden sein kann. Personen können jedoch beim Gruppenbeweis als Spurenverursacher ausgeschlossen werden. Der Beweiswert sagt beim Gruppenbeweis aus, dass bestimmte Personen die Spur nicht verursacht haben können und dass jemand aus einer größeren Anzahl von Personen, auf die die vorhandenen Merkmale passen, die Spur verursacht hat.

303 Bei Vorliegen eines Individualbeweises lautet die Aussage, dass eine bestimmte Person den Schläger angefasst/berührt hat. Die Spur gibt keine Auskunft darüber, wann und wo der Schläger angefasst wurde und auch nicht, ob der Spurenverursacher der Täter ist.

§ 25 Beispiel einer Spurendiskussion

Fall:

Im Rahmen der Tatortaufnahme nach einem Raub wird ein vom Täter zurückgelassener Baseballschläger aufgefunden. An dem Baseballschläger befinden sich im oberen Teil rötlich braune Anhaftungen.

Lösung: Die Frage zu diesem Sachverhalt könnte lauten: Erläutern sie die am Tatort vorgefundenen und zu erwartenden Spuren und ihren Beweiswert!

Nach dieser Aufgabenstellung ist eine Spurendiskussion zu fertigen, die wie folgt aussehen könnte:

Bei dem gefundenen Baseballschläger handelt es sich um eine Gegenstandsspur. Gegenstandsspuren sind Gegenstände, die ein beweiserhebliche Rolle haben und am Tatort aufgefunden werden. Der Baseballschläger wurde im vorliegenden Fall vom Täter zurückgelassen.

Zunächst handelt es sich bei dem Schläger um einen Gruppenbeweis. So kann festgestellt werden, aus welchem Material der Schläger besteht, welche Maße, welche Farbe und welches Gewicht er hat und welche Firma ihn hergestellt hat. Da in der Regel von jedem Modell hohe Stückzahlen gefertigt und ausgeliefert werden, gibt es eine Vielzahl solcher Schläger. Der aufgefundene Schläger kann somit nur einer bestimmten Gruppe von Baseballschlägern zugeordnet werden.

Aus dem Sachverhalt geht nicht hervor, ob sich zB Beschädigungen, Aufkleber oder Ähnliches an/auf dem Schläger befinden, wodurch eine weitere Einengung möglich wäre. Sollte sich auf dem Schläger zB eine persönliche Widmung befinden, könnte der Schläger auch zum Individualbeweis werden, da es nur ein einziges solches Exemplar gibt. Der Baseballschläger als Gegenstandsspur sagt nur aus, dass dieser Gegenstand von jemandem an dieser Stelle zurückgelassen wurde. Eine Verkaufswegerückverfolgung oder eine Herkunftsermittlung sind nur im begrenzten Umfang möglich, da es sich um ein Massenprodukt handelt. Somit ist der Beweiswert des Schlägers zunächst gering. Weitere Ermittlungen sind möglich, da sich ein solcher Schläger jetzt nicht mehr im Besitz der handelnden Person befindet.

Der Schläger ist aber auch Träger von weiteren Spuren.

So geht aus dem Sachverhalt hervor, dass am oberen Teil rot braune Anhaftungen erkennbar sind. Hierbei könnte es sich um Blut handeln. Blut ist eine Materialspur in Form einer serologischen Spur. Materialspuren sind Substanzen (fest, flüssig oder gasförmig), deren stoffliche Eigenschaften und Zusammensetzungen kriminalistische Schlüsse zulassen. Ich gehe davon aus, dass das Blut zum Zeitpunkt der Tatortaufnahme bereits getrocknet ist und somit in fester Form vorliegt. Der Gruppenbeweis von Blut liegt darin, dass zunächst festgestellt werden kann, ob es sich um menschliches oder tierisches Blut handelt. Außerdem können die Blutgruppe, das Geschlecht, der Alkoholgehalt, bestimmte Krankheiten (zB Leukämie) und unter Umständen die Körperregion, aus der das Blut stammt, festgestellt werden. Somit gibt es nur eine bestimmte Gruppe von Menschen, die als Spurenverursacher infrage kommen. Menschen zB mit einer anderen Blutgruppe oder dem anderen Geschlecht scheiden als Spurenverursacher aus.

Im Blut ist auch die DNA (**d**esoxyribo**n**ucleine **a**cid) enthalten ist. Bei der DNA handelt es sich um einen Individualbeweis, da die DNA bei jedem Menschen unterschiedlich ist. Eine Ausnahme hiervon sind nur eineiige Mehrlinge, die die gleiche DNA besitzen. Somit kann die DNA-Spur einem einzigen Menschen individuell zugeordnet werden.

Der Beweiswert der Blutspur liegt darin, dass nachgewiesen werden kann, wem das Blut am Schläger gehört. Offensichtlich ist der Schläger mit dem Blut in Verbindung gekommen, nachdem sich der Spurenverursacher verletzt hat. Um den Aussagewert dieser Spur zu erhöhen und eine Zuordnung zu ermöglichen, ist es erforderlich, die gefundene Spur mit möglichen Spurenverursachern zu vergleichen. Im vorliegenden Fall ist die Blutspur mit Blut/ DNA des Opfers zu vergleichen. Stellt sich heraus, dass die Vergleichsprobe mit dem Blut am Schläger übereinstimmt, so kann davon ausgegangen werden, dass das Opfer mit diesem Schläger verletzt wurde. Sollte das Blut nicht vom Opfer stammen, so sagt dies aus, dass sich das Blut einer anderen Person am Schläger befindet, und es ist ein Abgleich mit Daten der DAD durchzuführen. Vielleicht hat sich auch der Täter selbst verletzt, was aber erst bei einem Vergleich mit seinem Blut/DNA bewiesen werden kann.

Weiterhin ist das Blut eine Formspur. Die Form und Menge des Blutes lassen sich dahingehend interpretieren, ob es sich um eine geringfügige oder großflächige Verletzung handeln muss, ob der Verletzte unter hohem Blutverlust leidet, es also eine ärztliche Behandlung geben muss oder nicht.

Weiterhin könnten sich am Schläger oder in der Blutspur noch Haare befinden. Haare sind Materialspuren. Die Definition der Materialspuren erfolgte bereits bei der Blutspur. Hier liegt das Haar in fester Form vor. Der Gruppenbeweis sagt aus, welche Farbe und Länge das Haar hat und ob es chemisch behandelt wurde, zB: Färbung. Am Haar lässt sich auch feststellen, ob es ausgefallen, ausgerissen oder abgeschnitten wurde. Somit ist eine Einengung des Kreises möglicher Spurenverursacher möglich. Sollte sich am Haar auch die Haarwurzel befinden, kann daraus auch die DNA gewonnen werden.[37] Die Beweiskraft der DNA-Spur wurde bereits bei der Blutspur erläutert. Sollte die DNA auch hier mit der DNA des Opfers übereinstimmen, kann mit fast sicherer Bestimmtheit gesagt werden, dass das Opfer mit diesem Schläger geschlagen wurde.

[37] Bei wurzellosen ausgefallenen (telogenen) Haaren ebenfalls, unter Ausnahmen, möglich, → Rn. 358.

Außerdem könnten sich am Schläger noch Fingerspuren befinden. Fingerspuren sind Formspuren, die hier in Form von Abdruckspuren vorliegen könnten. Fingerspuren werden auch als daktyloskopische Spuren bezeichnet. Fingerspuren werden dann zum Individualbeweis, wenn eine ausreichende Anzahl an Merkmalen (idR mindestens zwölf Minuzien) oder bei weniger als zwölf anatomischen Merkmalen weitere die Individualität begründende, übereinstimmende Informationen vorliegen.

Dies ist deshalb ein Individualbeweis, da der menschliche Fingerabdruck einmalig und unveränderbar ist und somit individuell einer Person zugeordnet werden kann. Bei weniger Merkmalen ist die Fingerspur ein Gruppenbeweis, da nun nicht mehr die individuelle Zuordnung möglich ist, sondern eine größere Gruppe von Menschen als Spurenverursacher in Betracht kommt. Stimmen die festgestellten Merkmale nicht überein, kann die Person als Spurenverursacher ausgeschlossen werden. Der Beweiswert der aufgefundenen Fingerspur auf dem Baseballschläger sagt aus, dass der Spurenverursacher den Baseballschläger angefasst hat. Wann und wo dies geschehen ist, ist nicht feststellbar. Eine Zuordnung der Fingerspur zu einer Person ist nur durch einen Vergleich möglich. Als Sammlungsvergleich ist ein Abgleich mit AFIS möglich. Sollte im Rahmen der weiteren Ermittlungen ein Tatverdächtiger ermittelt werden, so sind seine Fingerabdrücke auch mit den Abdrücken auf dem Baseballschläger zu vergleichen. Bei einer Übereinstimmung heißt dies aber nicht, dass der Spurenverursacher auch mit dem Schläger zugeschlagen hat.

Es ist auch möglich, dass sich am Schläger noch Hautschuppen/Epithelzellen befinden. Diese Spur wird hier nicht weiter abgehandelt, da die Systematik wie bei der Fingerspur oder der Blutspur abzuarbeiten ist.

§ 26 Die wesentlichen Spuren

A. Daktyloskopische Spuren

I. Fingerspuren

304 „Der Begriff Daktyloskopie stammt aus dem Griechischen: „Daktylos" bedeutet Finger und „skopein" schauen: Daktyloskopie heißt also „Fingerschau"."[38]

Da daktyloskopische Spuren einen besonders hohen Identifizierungswert haben, kommt einer intensiven Spurensuche und -sicherung eine besondere Bedeutung zu.[39]

„Aus fachspezifischer Sicht handelt es sich um eine Methode, die sich mit der Aufnahme und Auswertung der Abbilder der Papillarleisten (-gebilde) an den Handinnenseiten (den Greifseiten der Finger, der Daumen und der Handfläche), den Fußsohlen und Zehenunterseiten zum Zwecke der Identifizierung befasst."[40]

305 Die Wichtigkeit der Daktyloskopie beruht auf drei Grundsätzen:

---

[38] https://www.bka.de/DE/UnsereAufgaben/Ermittlungsunterstuetzung/Erkennungsdienst/Historie/historie_node.html (zuletzt aufgerufen am 4.5.2017).

[39] (*BKA*, o.J.), Ziff. 2.0.2.

[40] (*Beleke*, 2002 update 2006), Kapitel KT 6.2, S. 3.

1. Das Papillarleistenmuster eines Menschen ist **individuell**. Die anatomischen Merkmale entstehen mehr oder weniger zufällig bereits beim Fetus (sic!) bis zum 5. Schwangerschaftsmonat durch Blutdruckschwankungen. Das Wachstum führt nur zu einer Veränderung der Proportionen. Anatomische Merkmale werden nicht vererbt, lediglich Ausprägung und Häufigkeit der Grundmuster können bei Blutsverwandten ersten Grades übereinstimmen. Somit gibt es keine Übereinstimmung zweier Finger derselben Person oder der Papillarleistenmuster zweier Personen, auch nicht bei eineiigen Zwillingen.
2. Das Papillarleistenmuster ist von der Entstehung während der vorgeburtlichen Entwicklung bis zur Zersetzung des Körpers nach dem Tod von Natur aus **unveränderlich**. Abnutzungserscheinungen oder Verletzungen, die nicht bis in die Keimschicht der Haut reichen, beeinträchtigen die Papillarleisten nur vorübergehend. Durch tiefer gehende oder ausgedehnte Hautverletzungen entstehen charakteristische Narben.
3. Die Papillarleistenmuster sind durch die Regelhaftigkeit der verschiedenen anatomischen Merkmale **klassifizierbar** und somit registrierbar und recherchierbar.[41]

Zusammenfassend kann gesagt werden, dass **Fingerspuren einmalig, unveränderbar und klassifizierbar** sind. **306**

„Eine Fingerspur entsteht durch Übertragen eines Hydro-Lipidfilms (Wasser-Fett-Gemisch) auf den Spurenträger: Beim Berühren mit den Fingern wird durch die Papillarleisten Schweiß und Talg auf den Gegenstand übertragen."[42]

Es hängt vom „Greifverhalten" des Spurenverursachenden ab, ob er vollständige Abdrücke seiner Finger oder lediglich Fragmente hinterlässt. Hinzu kommen noch weitere Faktoren, wie die Schweißabsonderung des Spurenverursachers, die Beschaffenheit des Spurenträgers (zB Oberflächenglätte und Saugfähigkeit), die Stärke und Dauer des Drucks sowie äußere Einwirkungen (zB Witterungseinflüsse), durch die Qualität und Haltbarkeit einer Spur beeinflusst werden.[43]

Somit handelt es sich in aller Regel bei der Fingerspur um eine Formspur, die als Abdruckspur vorliegt. Sollte der Finger jedoch ein weicheres Material verdrängen, so liegt eine Eindruckspur vor (zB Abstützen der Hand in Wachs, Knete, frischer Farbe).

Fingerspuren können als sichtbare Spur vorkommen (Fingerspur in Staub, frischer Farbe) oder in latenter Form. Bei geringem Kontrast zum Spurenträger sind die Fingerspuren nur schwer zu erkennen und müssen durch optische, mechanische oder chemische Hilfsmittel sichtbar gemacht werden. Dies geschieht hauptsächlich mit Spuren, die durch die Übertragung von Schweiß entstanden sind. Die unterschiedlichen Methoden der Sichtbarmachung und der Sicherung sind Gegenstand des HS 1 und werden in *Pientka* (2013): Kriminalwissenschaften II näher erläutert. **307**

---

41 (*Wirth*, 2010), S. 123.

42 http://www.bka.de/nn_227308/DE/ThemenABisZ/Erkennungsdienst/Daktyloskopie/DieFingerspur/fingerspur__node.html?__nnn=truenzuletzt aufgerufen am 01.05.2017.

43 (*Clages/Ackermann*, 2017), S. 363.

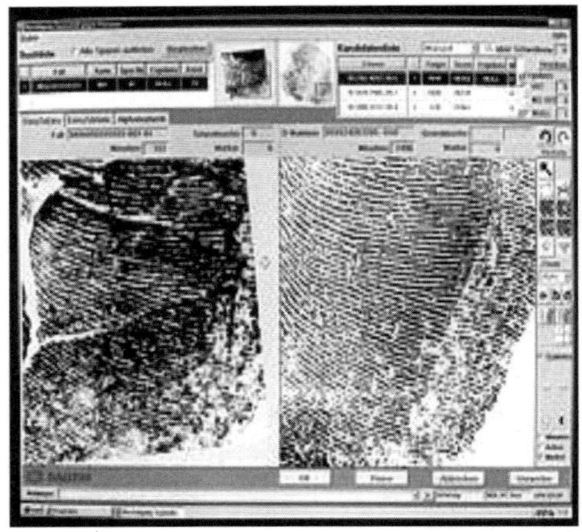

Abb. 24: Vergleich von Tatortspur und Vergleichsabdruck, aus: www.bka.de

Um den Spurenverursacher anhand einer daktyloskopischen Spur zu identifizieren, müssen einige Voraussetzungen vorliegen, die auf den Empfehlungen des BKA „Standard des daktyloskopischen Identitätsnachweises" vom 30.6.2010 beruhen:

„Der daktyloskopische Identitätsnachweis gilt als erbracht, wenn der Sachverständige im Untersuchungsmaterial einen für seine Überzeugungsbildung ausreichenden übereinstimmenden Informationsgehalt feststellt.

Ein ausreichender übereinstimmender Informationsgehalt liegt grundsätzlich vor, wenn im zu vergleichenden Untersuchungsmaterial der allgemeine Papillarlinienverlauf und 12 anatomische Merkmale in Form und Lage zueinander übereinstimmen.

Aufgrund der Vielfalt daktyloskopischer Erscheinungsformen ist die Führung des Identitätsnachweises auch mit einer geringeren Anzahl an übereinstimmenden anatomischen Merkmalen möglich, wenn im Untersuchungsmaterial weitere, die Individualität begründende, übereinstimmende Informationen vorliegen."[44]

308 Dies bedeutet, dass grundsätzlich mindestens zwölf anatomische Merkmale (Minuzien) für eine Identifizierung vorliegen müssen. Sollten weniger als zwölf Minuzien erkennbar sein, müssen weitere individuelle Merkmale hinzukommen (zB tiefe Narben, Verätzungen der tieferen Hautschichten). Nur unter diesen beiden Voraussetzungen ist eine sichere Identifizierung möglich und es liegt ein Individualbeweis vor.

Wird eine der beiden Voraussetzungen nicht erfüllt, ist der Fingerabdruck aber nicht unbrauchbar. Er eignet sich zur Eingrenzung der möglichen Spurenverursacher und stellt einen Gruppenbeweis dar. Diese Eingrenzung bedeutet im Umkehrschluss, dass auch Personen als mögliche Spurenverursacher ausgeschlossen werden können, bei denen die wenigen erkennbaren Minuzien nicht übereinstimmen.

309 Anhand der daktyloskopischen Spur kann nicht gesagt werden, wann und wo dieser Gegenstand vom Spurenverursacher angefasst wurde.

„Zum allgemeinen Papillarlinienverlauf gehört beispielsweise die Übereinstimmung von Grundmustern und Mustereigenarten. Die Daktyloskopie unterscheidet aktuell drei Grundmuster: Schleifenmuster, Wirbelmuster und Bogenmuster."[45]

---

[44] *BKA* (Hrsg.), Referat KI 32, Standard des daktyloskopischen Identitätsnachweises.
[45] (*Frings/Raabe*, 2016), Bd. I, S. 70.

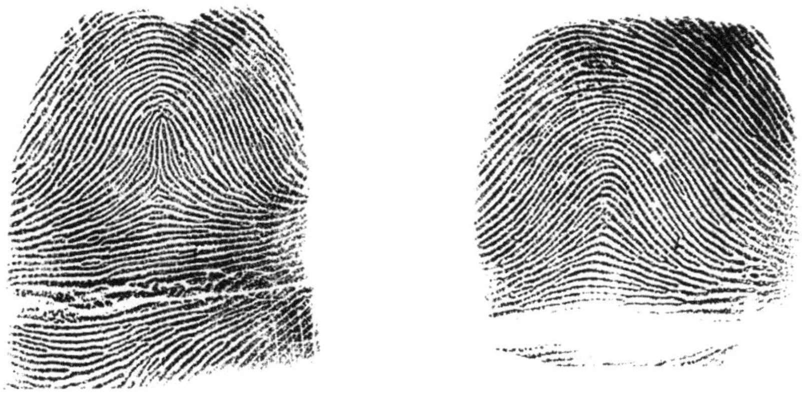

Abb. 25: Grundmuster – Bogen; Quelle: KTU Wuppertal

Abb. 26: Grundmuster: Schleife, Quelle: KTU Wuppertal

Abb. 27: Grundmuster: Wirbel, Quelle: KTU Wuppertal

310 Anatomische Merkmale in den Papillarleisten sind charakteristische Gebilde, die vom durchgehenden (unterbrechungsfreien) Verlauf einer Papillarlinie abweichen.[46]

Im kriminalistischen Sprachgebrauch wird synonym auch weiterhin der Begriff Minuzie oder Minutie (minutia [lat. Kleinigkeit]) benutzt, der jedoch durch den Begriff „anatomisches Merkmal" ersetzt wurde.

311 In einem Fingerabdruck sind bis zu 100 (im Einzelfall sogar noch mehr) dieser anatomischen Merkmale vorhanden.[47]

Diese charakteristischen Abweichungen einer durchgehenden Papillarlinie werden definiert als:

1. *Beginn und Ende von Papillarlinien*
2. *Ausweichende Endstücke*
3. *Linienverästelungen*
4. *Haken*
5. *Gabelung*
6. *Punkt*
7. *Auge*
8. *Insel*
9. *Eingelagerte Linie*
10. *Eingelagerte Schleife*
11. *Sonderheiten.*[48]

312 Mit der sichtbar gemachten und gesicherten Fingerabdruckspur kann ein Sammlungsvergleich im Automatisierten Fingerabdruck-Identifizierungssystem (AFIS) erfolgen. Hier findet eine rechnergestützte Recherche in einem Pool erfasster Personen und Tatortspuren statt.[49]

II. Ohrabdruckspuren

313 Hautausscheidungen erfolgen über alle Bereiche der Körperoberfläche, also nicht nur über die Finger und Handflächen. Kommt es zu einem direkten Kontakt zwischen der unbekleideten Körperregion und einem glatten Untergrund, so entstehen grundsätzlich Abdruckspuren, so zB auch Ohrabdrücke.[50]

314 Ohrabdrücke spielen in der kriminalpolizeilichen Arbeit vermehrt an Einbruchstatorten eine entscheidende Rolle. So gehört es zum Modus Operandi verschiedener Tätergruppen, dass sie hauptsächlich bei Tageswohnungseinbrüchen in Mehrfamilienhäusern an Wohnungseingangstüren lauschen, um Geräusche aus dem Inneren wahrzunehmen. Diese Geräusche lassen erkennen, ob sich eine Person oder ein Tier (Hund) in der Wohnung aufhält und somit ein Einbruch zum jetzigen Zeitpunkt zu gefährlich wäre. Zur Absicherung der

---

[46] Vgl. (*Clages/Ackermann*, 2017), S. 360.
[47] (*Beleke*, 2002 update 2006), Kapitel KT 6.2, S. 8.
[48] (*Beleke*, 2002 update 2006), Kapitel KT 6.2, S. 11.
[49] Nach Auskunft des *BKA* enthält AFIS derzeit 3,2 Mio. Fingerabdruckblätter, 900.000 Handflächenabdrücke und rund 150.000 offene (ungelöste) Spuren.
[50] (*Frings/Raabe*, 2016), Bd. I, S. 89 .

Vermutung klingeln und klopfen die Täter noch an den Wohnungstüren. Dies hat zur Folge, dass bei der Tatortbefundaufnahme nicht nur mit Spuren an der aufgebrochenen Tür zu rechnen ist, sondern auch die Wohnungseingangstüren auf der gleichen Etage nach möglichen Ohrabdrücken abzusuchen sind. Außerdem können in vielen Fällen auch Finger- und Handflächenspuren auf der Tür gefunden werden, da sich der Täter beim Anlehnen mit dem Ohr oft mit einer Hand abstützt.

Ohrabdrücke, die die Außenseite der Ohrmuschel abbilden, gehören zu den 315
Formspuren und liegen in der Regel als Abdruck vor. Es kann nicht gesagt werden, wann diese Spur entstanden ist, dies kann durch kriminalpolizeiliche Ermittlungen (wann wurde das Außenblatt der Tür letztmalig abgewischt?) eingeengt werden. Der Abdruck an der Außenseite der Tür ist kein Nachweis, dass der Spurenverursacher auch den Einbruch verübt hat, aber ein starkes Indiz dafür. Als Situationsspur lässt sich feststellen, welche ungefähre Größe der Spurenverursacher hat.

Die Form und Beschaffenheit der menschlichen Ohrmuschel ist ebenso einma- 316
lig wie Finger, Handflächen oder Füße einer Person. Durch ein anthropologisches Gutachten kann bei Vorliegen eines Vergleichsabdruckes und genügend individuellen Merkmalen der Spurenverursacher zweifelsfrei zugeordnet werden. Es liegt ein Individualbeweis vor.

Ein Vergleich eines sichtbar gemachten und gesicherten Ohrabdrucks mit einer 317
zentralen Datenbank ist nicht möglich, da solche Sammlungen zurzeit nur auf örtlicher Ebene bestehen.

Die Sicherungsmethode gestaltet sich wie bei den Fingerspuren und wird im HS 1 näher besprochen.

B. Schuhspuren

Definition: Zur Gruppe der technischen Formspuren gehören unter anderem alle Schuhspuren. Im eigentlichen Sinne versteht man darunter jede durch

- Einwirkung von Schuhen, insbesondere der Schuhlaufflächen,
- durch Materialverdrängung,
- Materialverlust,
- Materialübertragung

verursachten Veränderungen auf einem Spurenträger, die sich je nach Beschaffenheit des Spurenträgers als

- Abdruckspur oder
- Eindruckspur.

Der Eindruck entsteht also dadurch, dass durch den Druck des Schuhs und das 318
Gewicht des Trägers Material verdrängt wird.

Ein Abdruck entsteht, wenn Material auf einer Oberfläche Rückstände hinter- 319
lässt. Schuhspuren werden in der polizeilichen Praxis häufig an Tatorten gefunden.

Abb. 28: Individuell gestaltete Schuhsohle, Foto privat

320 Grundsätzlich handelt es sich bei Schuhen um ein Massenprodukt. Die Hersteller versuchen aber, ihre Modelle individuell zu gestalten, um als Marke wahrgenommen zu werden und einen Wiedererkennungswert zu erlangen. Die Gestaltung eines Schuhs beschränkt sich dabei aber nicht nur auf den Schuhaufbau sondern auch auf die Sohle. Hier werden zB Firmenlogos, Schriftzüge oder andere Symbole eingearbeitet. Da es sich bei Schuhen um Gebrauchsgegenstände handelt, verändern sich die Laufsohlen ab der ersten Benutzung. Es kommt zu Abnutzungen durch die Laufeigenschaften des Trägers, zu Beschädigungen und zur Aufnahme von Fremdkörpern, zB Nägel, Heftzwecken. Diese Gebrauchsmerkmale entstehen zufällig und sind von Träger zu Träger unterschiedlich. Somit kann aus der Sohle ein Unikat werden.

Dadurch werden die Schuhspuren ein wichtiges Hilfsmittel zur Aufklärung der Tat.

„Die Untersuchung von Schuhspuren kann zu folgenden Ergebnissen führen:

- Identifizierung des verursachenden Schuhes (Schuhlauffläche)
- Hinweiserlangung auf die Art des verursachenden Schuhes
- Hinweiserlangung auf Spurenzusammenhänge durch Sammlungsvergleich.“[51]

321 Grundsätzlich kann anhand der Schuhspur folgendes bestimmt werden:

- Größe des Schuhs (Kinder- oder Erwachsenenschuh),
- Hersteller,
- Modell,
- Damen- oder Herrenschuh.

In diesen Fällen kann die Schuhspur als Gruppenbeweis angesehen werden. Auch hier ist es so, dass alle anderen Schuhgrößen oder Modelle die Spur nicht verursacht haben können. Somit ist hier ein Ausschluss möglich.

322 Die Schuhspur kann zum Individualbeweis werden, wenn folgende Umstände zu den allgemeinen Merkmalen hinzukommen:

- Abnutzungen,
- Beschädigungen,
- Fremdkörper.

Diese individuellen Merkmale können dann einem Schuh, und nur diesem, zugeordnet werden.

---

[51] (*Beleke*, 2002 update 2006), Kapitel KT 12.2, S. 2.

Wichtig in diesem Zusammenhang ist es, den verursachenden Schuh schnellstmöglich zu finden, da sich die Laufsohle sonst durch weitere Benutzung verändert und dann keine individuelle Zuordnung möglich macht.

Die Schuhspur gibt nur Auskunft über den spurenverursachenden Schuh, nicht **323**
über dessen Träger! Somit kann gesagt werden, dass sich der Schuh am oder sogar im Tatort aufgehalten hat, die Spur sagt aber nicht, welche Person zu diesem Zeitpunkt den Schuh getragen hat. Der Beweiswert steigt, wenn im Rahmen der Tatortaufnahme oder innerhalb der Fahndung zeitnah ein Tatverdächtiger angetroffen wird, der genau diese Schuhe noch an den Füßen trägt (s. hierzu auch Ausführungen zu „Beweiswert").

Eine Zuordnung ist nur durch einen Vergleich möglich. In Nordrhein-Westfalen gibt es keine zentrale Datenbank, in der Schuhabdrücke gespeichert und recherchierbar sind. Die Begutachtung von Schuhspuren erfolgt bei den kriminaltechnischen Untersuchungsstellen der Kriminalhauptstellen, die aber nicht verpflichtet sind, Schuhspurensammlungen zu führen.[52] Aus diesem Grund gibt es nur einige wenige KTU-Dienststellen, die solche Sammlungen, die in der Regel Rechner unterstützt arbeiten, führen. Es handelt sich hierbei um das System „SCHARS".[53]

Die Schuhspur ist auch als Situationsspur zu betrachten und kann Auskunft zB **324**
über den Annäherungs- oder Fluchtweg und die Gehrichtung geben. In sehr seltenen Fällen ist auch das Gangbild erkennbar.

Anhand einer Schuheindruckspur lässt sich erkennen, wie tief der Eindruck ist, **325**
daraus kann aber, anders als in der Literatur teilweise dargestellt, nicht auf das Gewicht des Schuhträgers geschlossen werden. Die Eindrucktiefe ist zB abhängig von der Härte des Untergrundes und der Situation des Spurenverursachers beim Gehen: So wäre dabei die Beschaffenheit des Untergrundes genauestens zu untersuchen, und außerdem kann der Schuhträger gerade Beute von einigem Gewicht transportieren.

Auch der zuweilen genannte Rückschluss von der Schrittlänge auf die Größe des Spurenverursachers ist nur in ganz seltenen Ausnahmefällen möglich, da zB die Geh- bzw. Laufgeschwindigkeit maßgeblichen Einfluss auf die Schrittentfernungen hat.

Die Sichtbarmachung latenter Schuhspuren und die Sicherung aller Schuhspuren ist Gegenstand im HS 1.

Merke: In der Bezeichnung der Spuren ist darauf zu achten, dass es nicht zur Verwechslung mit „Fußspuren" kommt. Sofern von Fußspuren gesprochen wird, kann es sich nur um Ab- oder Eindrücke des unbekleideten Fußes handeln, die in unseren Breiten außerhalb geschlossener Räume eher selten sein dürften, zudem als solche erkennbar sind.

---

[52] RdErl. d. Innenministers, „Kriminaltechnische Untersuchungsstellen und Nachrichtensammelstellen", IV D 1–6403, 6.7.1993, geändert durch RdErl. v. 3.1.2008.

[53] **Sch**uhspur- und -muster **A**rchivierungs- und **R**etrieval-**S**ystem (SCHARS), entwickelt durch die Gesellschaft zur Förderung angewandter Informatik e.V.

C. Reifenspuren

326 Reifenspuren kommen in der polizeilichen Praxis in der Regel als Eindruckspuren und seltener als Abdruckspuren vor.

Reifenspuren gehören wie die Schuhspuren zu den Formspuren.

Auch Reifen werden massenhaft hergestellt und vertrieben. Die Schnelllebigkeit der technischen Entwicklungen im Fahrzeugbereich führt dazu, dass auch die Reifen permanent einer Weiterentwicklung unterliegen und somit eine große Anzahl von Firmen mit ihren Modellen auf dem Markt vertreten ist.

Die Reifen an einem Fahrzeug nutzen vom ersten Gebrauch an ab und unterliegen damit einer ständigen Veränderung.

327 Die Besonderheit bei Reifenspuren liegt darin, dass die Spuren nicht nur Hinweise auf den spurenverursachenden Reifen geben, sondern auch Aussagen zum benutzten Fahrzeug möglich sind.

Hierzu sind folgende Schritte erforderlich:

- die Feststellung der Rad- und Achsenzahl,
- die Feststellung der Anzahl der Reifenprofilierungen,
- die Vermessung der Spurbreite, also der quer zur Fahrtrichtung gemessenen Ausdehnung einer Einzelspur,
- die Vermessung der Spurweite, bei der es sich um den Mittenabstand zwischen zwei Einzelspuren bzw. Spuren einer Achse handelt,
- die Vermessung des Radstandes, der den Abstand zwischen zwei Achsen eines Fahrzeuges angibt.[54]

328 Durch das festgestellte Profilmuster und die Reifenbreite können Aussagen über die Art des Reifens gemacht werden, zB: Winterreifen. Vielleicht können der Hersteller und das Herstellungsjahr erkannt werden. Dennoch handelt es sich trotz der vielen Aussagemöglichkeiten immer noch um einen Gruppenbeweis.

Sollten sich am Reifen individualcharakteristische Beschädigungen, Abnutzungen und/oder Fremdkörper befinden, so ist auch ein Individualbeweis möglich. Dies gilt nur, wenn der verursachende Reifen vor weiterer Benutzung, also zeitnah nach der Verursachung der Spur, herangezogen werden kann.

329 Wie bei den Schuhspuren gilt auch hier, dass eine Zuordnung nur beweist, dass diese Spur von einem bestimmten Reifen verursacht wurde. Somit kann die Anwesenheit des Fahrzeuges mit diesem Reifen am Tatort nachgewiesen werden, aber es kann keine Aussage zum Fahrzeugführer gemacht werden.

Wenn eine gesicherte Reifenspur mit Reifen verglichen werden soll, die die Spur möglicherweise verursacht haben, so geschieht dies bei den KTU-Stellen im Rahmen eines behördlichen Gutachtens. Sammlungen zu Reifenspuren gibt es nicht.

Reifenspuren können bei der Rekonstruktion und Ermittlung zur Unfallursache von Verkehrsunfällen eine entscheidende Rolle spielen. Die Unfallaufnahme

---

[54] (*Clages/Ackermann*, 2017), S. 348.

ist Thema im Grundstudium GS 6 und im Hauptstudium HS 2, die Sicherung der Spuren wird erläutert im HS 1. Deshalb wird an dieser Stelle nicht weiter darauf eingegangen.

D. Werkzeugspuren

Definition: Unter Werkzeugspur versteht man eine Formspur an festen Spurenträgern, verursacht durch Einwirkung von Werkzeugen oder als Werkzeug benutzten Gegenständen. Dabei kommt es zu einer Materialverdrängung oder -abtragung an der Oberfläche des Spurenträgers in Form einer Eindruckspur (Schlag- oder Prägespur) oder einer Schartenspur (Hebel-, Bohr-, Schnitt-, Scher-, Säge- oder Feilspuren). Auch Abdruckspuren von Werkzeugen können entstehen.

„Die konkrete Ausprägung der Spur ist dabei von der Art des Werkzeuges und seinem Gebrauch abhängig (Ansatzwinkel, Neigungswinkel, Schnittwinkel, Gegenspur)."[55] 330

Werkzeugspuren kommen vermehrt an Einbruchstatorten vor, da Werkzeuge zur Überwindung von Sicherungseinrichtungen, zB Türen, Fenster, Schlösser, benutzt werden. Die dadurch entstandenen Spuren sind bei der Aufnahme des Tatortes leicht zu erkennen.

„Zum Einsatz kommen sowohl hebelnde als auch greifende und trennende Werkzeuge bis hin zu Spezialwerkzeugen zum Überwinden von Schließzylindern."[56]

Werkzeugspuren sind als Situationsspuren wichtig, da sie Rückschlüsse auf die Tatbegehung (Rekonstruktion) zulassen. So kann zB sehr schnell am Tatort erkannt werden, dass die Terrassentür aufgehebelt wurde und somit ein Zugang ins Objekt geschaffen wurde. 331

Handelt es sich um eine Hebelmarke, kann vor Ort ohne großen Aufwand festgestellt werden, dass ein Werkzeug mit einer Klingenbreite von zB 12 mm benutzt wurde (zB Schraubendreher).

Bei den Aussagen zur Art der Werkzeugspur und zu Ergebnissen der ersten Vermessungen handelt es sich um eine klassische Gruppenbestimmung (= Gruppenbeweis). So können Aussagen zum verwendeten Werkzeug und bestimmten Eigenarten getroffen werden, zB wie soeben festgestellt um einen Schraubendreher mit einer Klingenbreite von 12 mm. Somit können andere Werkzeuge, für die diese Bedingung nicht zutrifft, als Spurenverursacher ausgeschlossen werden.

Ein Individualbeweis ist nur möglich, wenn genügend individuelle Merkmale in der Spur vorhanden sind, die bei einem Vergleich mit dem Werkzeug auch zugeordnet werden können. Diese individuellen Merkmale entstehen nicht nur durch den Gebrauch eines Werkzeuges, sondern können bereits bei der industriellen Fertigung eines Werkzeuges entstehen. Dies trifft zB auf die Klingen von Hebelwerkzeugen zu, da beim Abschleifen der Klinge bereits individuelle 332

[55] (*Wirth*, 2010), S. 646.
[56] (*Frings/Raabe*, 2016), Bd. I, S. 100.

Gleitriefen entstehen. Diese Gleitriefen können sich dann auf das aufgehebelte Material, zB Kunststofffenster, übertragen. Zur eindeutigen Zuordnung einer solchen Spur wird jedoch das verwendete Werkzeug benötigt. Dieser Vergleich hat in der Regel zeitnah zu erfolgen, da sich das Werkzeug durch weiteren Gebrauch verändern kann und somit eine Zuordnung erschwert oder unmöglich macht.

Eine genaue Einordnung ist jedoch immer vom konkreten Einzelfall abhängig.

333 Aufgrund der dargelegten Erkenntnisse gibt es beim LKA NRW eine zentrale Werkzeugspurensammlung, in der Spurenträger von nicht aufgeklärten Straftaten aufgenommen werden, die Spuren von bestimmten sammlungsfähigen Werkzeugen aufweisen. Bei den verursachenden Werkzeugen handelt es sich regelmäßig um sog. umfassende bzw. umgreifende Werkzeuge wie **Zangen, Rollgabelschlüssel, Maulschlüssel etc** und bei den Spurenträgern meist um **Profilzylinder** und **Schlossrosetten.**[57]

Die übersandten Spurenträger werden aufgrund der erkennbaren Spuren in die nachfolgenden Kategorien eingeteilt:

Spuren von grob gezahnten Werkzeugen (zB Rohrzangen):

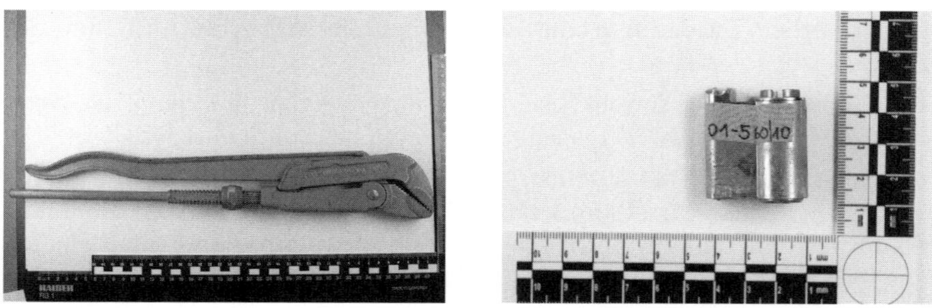

Abb. 29: Rohrzange mit Spur, Foto privat

334 Spuren von fein gezahnten Werkzeugen (zB Wasserpumpenzangen):

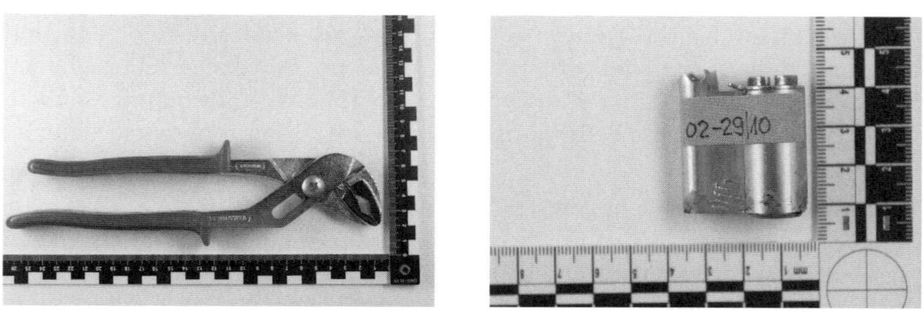

Abb. 30: Fein gezahntes Werkzeug mit Spur, Foto privat

[57] *LKA NRW* (Hrsg.), Dezernat 55, Sachgebiet 55.2, Merkblatt zur Werkzeugspurensammlung, Stand April 2009.

Spuren von Gripzangen (auch Feststell- oder Festhaltezange): 335

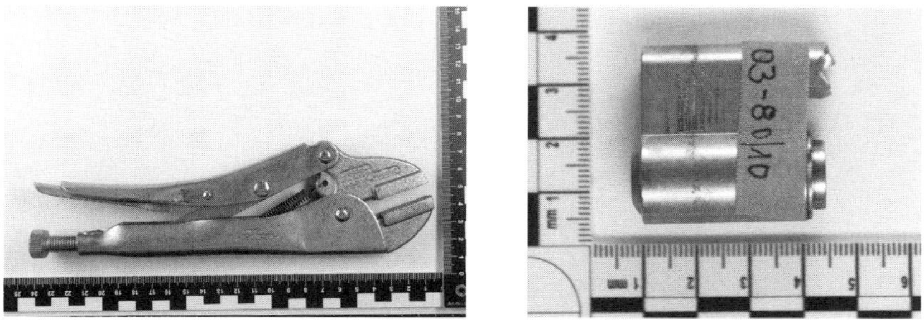

Abb. 31: Gripzange mit Spur, Foto privat

Spuren von sonstigen gezahnten Werkzeugen (zB Kombinationszangen, Flachzangen, oder Ähnliches): 336

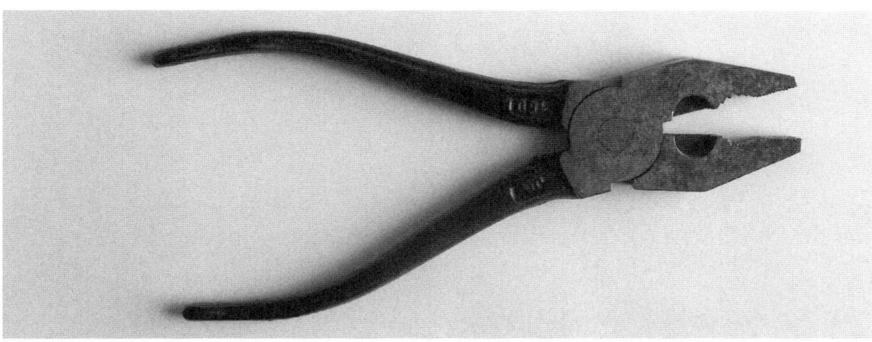

Abb. 32: Sonstiges gezahntes Werkzeug, Foto privat

Spuren von Rollgabelschlüsseln: 337

Abb. 33: Rollgabelschlüssel mit Spur, Foto privat

Spuren von Maulschlüsseln (Einer oder mehrere zusammengepackte oder geschweißte Maul-Gabelschlüssel, im abgebildeten Beispiel die rechte Werkzeugseite): 338

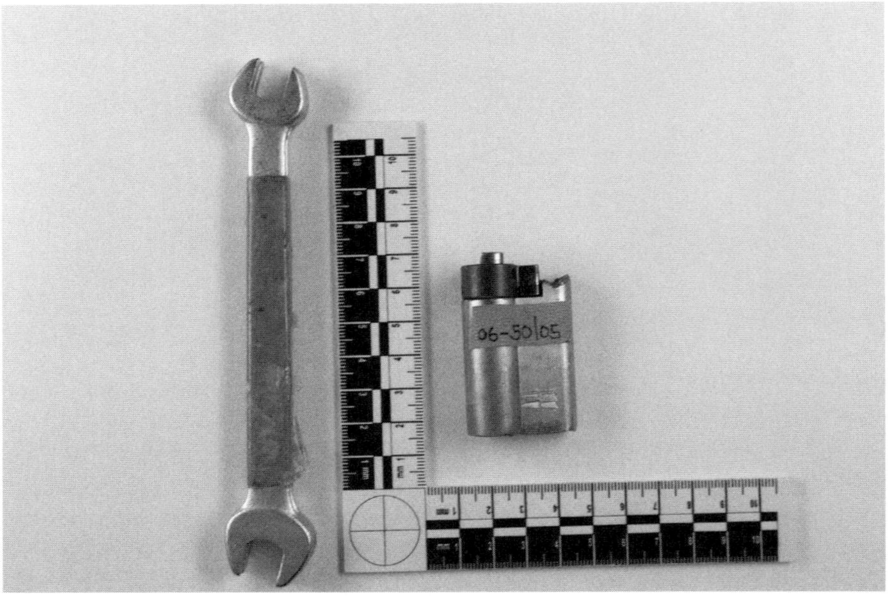

Abb. 34: Maulschlüssel mit Spur, Foto privat

339 Spuren von Werkstücken mit einer Ausnehmung in Form eines Profil-, Oval- oder Rundzylinders (auch Passstücke oder Spezialabbrechwerkzeuge genannt):

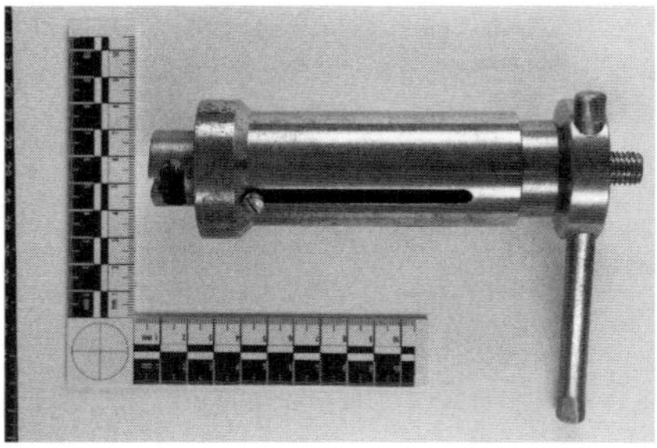
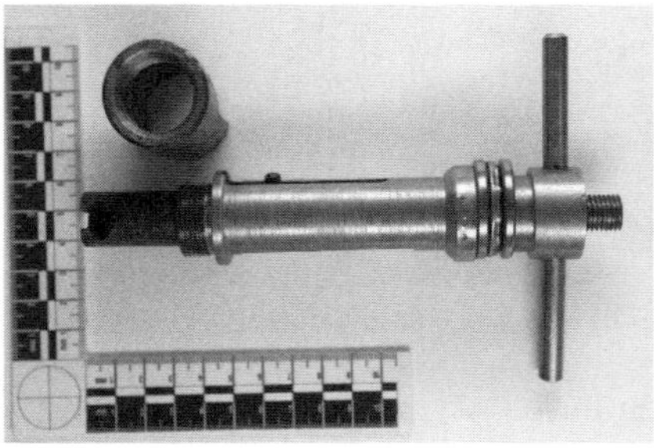
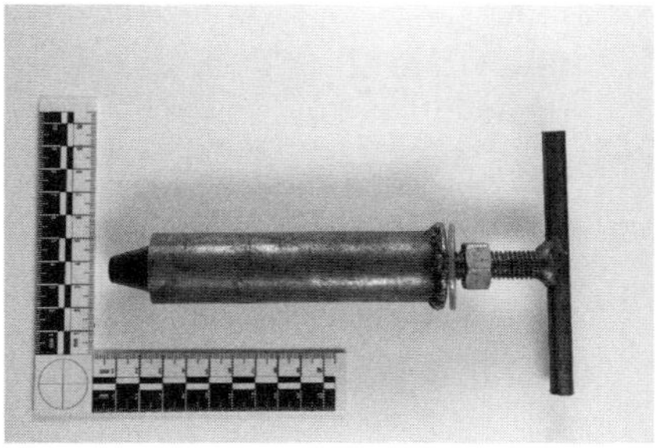

Abb. 35: Spezialabbrechwerkzeuge mit Spur (6 Fotos), Fotos von privat

Alle vorgenannten Werkzeuge sind exemplarisch aufgelistet. Größe und Ausführung der einzelnen Werkzeuge, können im Einzelfall variieren.[58]

Um vergleichende Untersuchungen durchzuführen, ist die Vorlage des Vergleichswerkzeuges zwingend erforderlich, um eine Identifizierung des Werkzeuges als Spurenverursacher zu ermöglichen. Zur Feststellung von Serienzusammenhängen sind die an den verschiedenen Tatorten gesicherten Spuren vorzulegen, damit diese untereinander verglichen werden können und nachgewiesen werden kann, ob die Spuren alle von ein und demselben Werkzeug stammen. Entsprechende Anträge hat der kriminalpolizeiliche Sachbearbeiter über den Erkennungsdienst an die zuständige KTU zu senden, die den Antrag mit dem Untersuchungsmaterial nach Prüfung an das LKA weitersendet. 340

Die benutzten Werkzeuge hinterlassen bei ihrem Gebrauch teilweise eigene Materialspuren, zB in Form von Lackabsplitterungen, sodass zur zu beurteilenden Formspur uU auch noch die Beurteilung der Materialspur hinzukommt.

Aufgrund der Werkzeugspur kann auch immer nur die Aussage gemacht werden, welches Werkzeug die gefundene Spur verursacht hat. Welche Person das Werkzeug benutzte, kann die Spur nicht aussagen.

Die Spurensicherung von Werkzeugspuren ist Teil des HS 1, s. daher *Pientka* (2013): Kriminalwissenschaften II.

E. Körperzellenhaltige Spuren

I. DNS-Spuren

Jeder Mensch trägt in jeder seiner Körperzellen die gesamte Erbinformation in Form der DNS (**D**esoxyribo**n**uklein**s**äure)/DNA (englisch: **d**eoxyribo**n**ucleine **a**cid). Auch hierzulande hat sich in den letzten Jahren der englische Sprachgebrauch durchgesetzt, man spricht also durchgängig von DNA. 341

Die DNA besteht aus einer langen Kette von vier unterschiedlichen Bausteinen (Basen), die aufgrund ihrer Wiederholung und Abfolge die individuellen Informationen des Menschen enthalten. Ca. 95 % der DNA enthalten keine erkenn-

[58] *LKA NRW* (Hrsg.), Dezernat 55, Sachgebiet 55.2, Merkblatt zur Werkzeugspurensammlung, Stand April 2009.

bare Funktion hinsichtlich der Geninformationen, und deshalb bezieht sich die Analyse der DNA aus kriminaltechnischer Sicht auf diesen Teil.[59]

„Die Basenfolge der DNA liest sich wie Buchstaben eines Textes, in dem die Anleitung für Bau und Betrieb eines Organismus in kodierter Form beschrieben ist. Abschnitte der DNA, die Informationen für ein bestimmtes Protein tragen, werden als Gene bezeichnet. Das Ergebnis einer Analyse mehrerer Merkmalssysteme ist das DNA-Profil. Jeder Mensch besitzt in jedem Merkmalssystem zwei Merkmalsausführungen (Allele), wobei er ein Allel vom Vater, das andere von seiner Mutter geerbt hat. Somit zeigt das DNA-Profil einer Person jeweils zwei Allele pro Merkmalssystem. Die Untersuchung der nicht kodierenden DNA-Bereiche lässt keine Aussage über persönlichkeitsrelevante Merkmale einer Person wie das Aussehen oder Charaktereigenschaften zu. Es kann lediglich anhand eines untersuchten DNA-Abschnittes auf den Geschlechtschromosomen das Geschlecht einer Spurenverursachenden Person festgestellt werden."[60]

„Je nachdem, wie viele dieser Merkmalssysteme untersucht und verglichen werden können, steigt die Sicherheit einer Identifizierung. Schon mit acht Merkmalssystemen lässt sich im Idealfall ein DNA-Identifizierungsmuster ermitteln, das in dieser Kombination unter mehr als zehn Milliarden Menschen nur ein Mal vorkommt. Und obwohl jedes Untersuchungsergebnis mit einem statistischen Wahrscheinlichkeitswert versehen wird, könnte man unter diesen Umständen von einer praktisch individuellen Identifizierung sprechen. Ein Problem stellen in diesem Zusammenhang jedoch eineiige Zwillinge dar, weil diese über identische Erbanlagen verfügen."[61]

„Grundsätzlich eignet sich jedes zellkernhaltige Körpermaterial für eine DNA-Spuren-Untersuchung. Dies gilt auch für totes Material, soweit es nicht von Bakterien oder Pilzen zersetzt ist. Der menschliche Körper erneuert sich ständig durch Zellteilung, abgestorbene Zellen werden kontinuierlich abgestoßen bzw. ausgeschieden. So verliert der Mensch im Laufe seines Lebens durchschnittlich ca. 19 kg abgestorbenes Hautmaterial. Einiges davon eben auch am Tatort. Fast alle Körpersekrete enthalten mittelbar oder unmittelbar DNA. Blut, Speichel und Sperma sind sicherlich als die „klassischen" DNA-Spuren aufzuzählen. Aber auch Schweiß und Urin können Körperzellen beinhalten. Selbst Haare, Zähne und Knochen eignen sich für eine entsprechende Untersuchung."[62]

„Die Besonderheit dieser in der Literatur auch hin und wieder als serologische Spuren bezeichneten Hinterlassenschaften liegt darin, dass sie häufig ohne Hilfsmittel nicht sichtbar sind und man sich gegen diese Vorgänge kaum schützen kann, weder als Straftäter noch als Spurensicherer."[63]

---

59 (*SPI*, 2001, aktualisiert 2009), S. 1.

60 Institut für Rechtsmedizin am Klinikum der Johann Wolfgang Goethe Universität, Forensische Biologie, Biologische Grundlagen http://www.kgu.de/kliniken-institute-zentren/einrichtungen-des-klinikums/institute/institut-fuer-rechtsmedizin/rechtsmedizin/rechtsmedizin/forensische-biologie/forensische-dna-analyse.html?Fsize=info.as%5C%5C%5C%27 (zuletzt augerufen am 4.5.2017).

61 (*SPI*, 2001, aktualisiert 2009), S. 2.

62 (*SPI*, 2001, aktualisiert 2009), S. 3.

63 (*Frings/Raabe*, 2016), Bd. II, S. 17.

Bei den körperzellenhaltigen Spuren, die vom Spurenverursacher verloren und am Tatort hinterlassen werden, handelt es sich häufig um Hautschuppen oder Epithelzellen. Epithelzellen kommen in verschiedenen Körperflüssigkeiten (zB Speichel, Nasen- und Scheidensekret) vor und eignen sich sehr gut für die DNA-Analyse. 342

Fast alle diese körperzellenhaltigen Spuren enthalten die DNA und sind deshalb als Spuren von größter Wichtigkeit.

Alle Menschen haben faktisch eine individuelle DNA und können somit zweifelsfrei als Verursacher der Spur identifiziert werden. Die einzige bisher bekannte Ausnahme stellen eineiige Mehrlinge dar, da diese über die gleiche DNA verfügen. Somit kann hier die DNA-Analyse nicht zu dem eindeutigen Ergebnis der Zuordnung nur zu einer Person kommen. Dieser Nachweis, wer von den eineiigen Geschwistern die Spur verursacht hat, kann nur durch weitere Ermittlungen erbracht werden. 343

Da es sich bei der DNA um ein Zellmaterial handelt, werden diese Spuren hauptsächlich als Materialspuren bezeichnet.

„Sperma, Speichel, Nasen- und Scheidensekret enthalten grundsätzlich genügend DNA-fähiges Zellmaterial, sodass Individualzuordnungen möglich sind.[64] Schweiß enthält kein geeignetes Zellmaterial und bietet über die sog. Ausscheidereigenschaft lediglich die Möglichkeit der Blutgruppenbestimmung.[65] Die Möglichkeiten der DNA-Analyse bei Kot und Urin hängen im Einzelfall maßgeblich vom Fortschritt des Zersetzungsprozesses dieser Abfallprodukte ab.[66] Hinsichtlich der DNA-Fähigkeit von Finger- und Zehennägeln, Schuppen der Kopfhaut und Oberhautzellen aus anderen Körperregionen gehen die Meinungen der kriminaltechnischen und rechtsmedizinischen Institute zum Teil stark auseinander, sodass hier keine abschließende Aussage getroffen werden kann."[67]

Grundsätzlich gilt auch hier, dass die gefundenen Spuren auch zu den Situationsspuren gehören, da sie der Rekonstruktion des Tatgeschehens dienen. 344

Die Erläuterung zur Sicherung der körperzellenhaltigen Spuren erfolgt im HS 1.

II. Blutspuren

Blut stellt bei den körperzellenhaltigen Spuren eine Besonderheit dar, da Blut durch seine zunächst flüssige Konsistenz auch eine Formspur darstellt. Man kann zB die Tropfrichtung, die Aufprallgeschwindigkeit, die Blutmenge und Ähnliches feststellen. Weitere Einzelheiten zu möglichen Spurenbildern von Blutspuren und deren Interpretation werden an dieser Stelle nicht dargestellt, da diese für die ersten Maßnahmen am Tatort nicht maßgeblich sind. Zur Vertiefung s. Standardliteratur der Kriminaltechnik. 345

„Die Entstehung einer Blutspur setzt eine blutende Verletzung der Körperoberfläche (Wunde) oder einer Blutung aus einer Körperöffnung voraus".[68]

---

64 (*Frings/Raabe*, 2016), Bd. II, S. 21.
65 (*Frings/Raabe*, 2016), Bd. II, S. 21.
66 (*Frings/Raabe*, 2016), Bd. II, S. 22.
67 (*Frings/Raabe*, 2016), Bd. II, S. 22.
68 (*Wirth*, 2010), S. 95.

„Blutspuren treten somit vorzugsweise bei Delikten mit intensiver Begehungsweise auf, wie Straftaten gegen das Leben und gegen die sexuelle Selbstbestimmung, Körperverletzungen, Einbrüche und Sachbeschädigungen oder auch im Zusammenhang mit Jagd- und Fischwilderei.“[69]

„Bezogen auf eine konkrete Straftat, beschränkt sich ihr Vorkommen keineswegs nur auf den unmittelbaren Ort ihrer Entstehung. In Abhängigkeit von der Schwere der Verletzung sowie von nachfolgenden deliktsbezogenen Handlungen können Blutspuren auf dem Zu- und Abgangsweg, am unmittelbaren Tatort, am Geschädigten und am Täter sowie am benutzten Tatmittel erwartet werden.“[70]

346 Die Blutspur stellt im Rahmen der Beweiskraft zunächst einen Gruppenbeweis dar. Vor jeder weiteren Untersuchung ist festzustellen, ob es sich um menschliches oder tierisches Blut handelt. Wenn es sich um menschliches Blut handelt, können weitere Parameter ermittelt werden, um den Kreis der möglichen Spurenverursacher einzuengen.

So können durch die Untersuchung des Blutes die Blutgruppe, der mögliche Alkoholgehalt, Konsum von Betäubungsmitteln und mögliche Blutkrankheiten (zB Leukämie) oder gar toxische Belastung durch Lebensumstände und Lebensraum festgestellt werden. Weiterhin ist auch eine Blutherkunftsbestimmung möglich, zB ob es sich um Menstruationsblut, Blut aus der Nase, Neugeborenenblut oder Ähnliches handelt.

347 Diese Untersuchungen zur Einengung des Spurenverursachers oder zum Ausschluss von bestimmten Personen treten in der Praxis im Zeitalter der DNA-Analyse in den Hintergrund.

Aufgrund der außer bei eineiigen Mehrlingen vorhandenen Einmaligkeit der DNA liegt hier ein Individualbeweis vor. Der Spurenverursacher kann bei Vorliegen von Vergleichsproben zweifelsfrei als Spurenverursacher identifiziert werden.

348 Liegt kein Vergleichsmaterial vor, ist ein Abgleich mit den Daten der DAD[71] durchzuführen, um festzustellen, ob diese DNA dort bereits gespeichert ist. Bei dieser möglichen Speicherung kann es sich um eine bisher nicht zugeordnete Spur eines anderen Tatortes handeln (Serienerkennung durch Spur – Spur – Treffer)[72], oder die DNA kann sofort einer gespeicherten Person zugeordnet werden (Spur – Person – Treffer)[73].

F. Haare

349 „Der gesunde Mensch trägt Haare unterschiedlicher Dicke und Pigmentierung und verliert täglich bis zu 100 abgestorbene (telogene) Haare durch normale Beanspruchung wie Kämmen, Haarewaschen, Wechseln der Kleidung, Tragen von Kopf-

---

[69] (*Clages/Ackermann*, 2017), S. 394.

[70] (*Clages/Ackermann*, 2017), S. 394.

[71] Nach Auskunft des *BKA* enthält die DNA-Analyse Datei mit Ablauf des IV. Quartals 2016: 1.167.087 Datensätzen, davon: 864.630 Personendatensätze und 302.457 Spurendatensätze, jeden Monat ca. 8.400 neue Datensätze.

[72] Seit Bestehen der DAD 49.188 Spur-Spur-Treffer (Stand 31.12.2016).

[73] Seit Bestehen der DAD 186.527 Spur-Person-Treffer (Stand 31.12.2016).

bedeckung (auch Masken), auf dem Nachtlager oder durch Anstoßen mit dem Kopf."[74]

Somit sind überall Haare zu finden, wo sich die Person längere Zeit aufgehalten hat. Kommt es in unterschiedlichen Situationen zu einem intensiven Körperkontakt zwischen Personen oder mit einem Gegenstand, so werden dabei in der Regel auch Haare zu finden sein.

„Dabei handelt es sich um ausgerissene, abgerissene, abgeschlagene oder ausgefallene Haare."[75]

So geschieht dies in der Regel bei Tötungs-, Sexual-, Körperverletzungs- und 350
Raubdelikten aber auch bei Einbrüchen, Sachbeschädigungen oder Verkehrsunfällen.

Bei Haaren handelt es sich um Materialspuren. Ihre Lage, Menge und Verteilung machen sie zeitgleich zu wesentlichen Situationsspuren, die eine Rekonstruktion der Tat ermöglichen können.

Haare sind zunächst im Rahmen der Beweiskraft als Gruppenbeweis einzustufen. Es kann festgestellt werden, ob es sich um menschliches oder tierisches Haar handelt. Bei tierischen Haaren lässt sich meistens auch die Tierart bestimmen.

Bei menschlichen Haaren kann sodann detaillierter festgestellt werden: 351

- Körperregion (Kopf, Bart, Körper ...),
- Natürliche Haarfarbe,
- Haarkosmetische Behandlungen: Färbung, Bleichung, Dauerwelle ...,
- Beschädigungen: Spliss, Schnitt ...,
- Sonstige Gegebenheiten: Haarlänge, Haardicke, glattes/lockiges Haar.

Grundsätzlich lassen sich das Geschlecht und die Blutgruppe ermitteln, was 352
auch zum Gruppenbeweis zählt. Darüber hinaus können in den Haaren auch Ablagerungen von Medikamenten und Giftstoffen, wozu auch Betäubungsmittel gehören, noch nach geraumer Zeit nachgewiesen werden.

Die Feststellung der DNA ist dem Individualbeweis zuzurechnen: 353

„Anhand der Wurzelmorphologie kann entschieden werden, ob ein Haar für eine DNA-PCR-analytische Untersuchung geeignet ist oder nicht. Auswahlkriterium ist dabei die Menge an Kopfhautzellen, die noch im Wurzelbereich des Haares anhaftet. Anagen- und Katagenhaare[76] sind für DNA-PCR-analytische Untersuchungen gut geeignet, da sie im Wurzelbereich noch zahlreiche Zellen tragen, die genügend intakte DNA für eine Aufarbeitung enthalten. Ausgerissene Anagenhaare bilden oft eine sog. Hakenwurzel, die auf eine gewisse Gewaltkomponente beim Tatablauf schließen lässt.[77]

---

[74] (*Wirth*, 2010), S. 265.

[75] (*Clages/Ackermann*, 2017), S. 411.

[76] Die Unterscheidung „anagene", „katagene" und „telogene" Haare gibt Auskunft über deren jeweiligen Entwicklungsstand. Vertiefend s. hierzu (*Madea/Mußhoff*, 2004) sowie Fachliteratur Kriminaltechnik.

[77] Polizei RLP.

Bisher war die DNA-Bestimmung nur dann möglich, wenn sich am Haar auch die Haarwurzel befand, da an der Wurzel zellkernhaltiges Material gefunden werden konnte, ausgefallene Haare ohne Wurzel (telogene Haare) gehörten mit den Standardmethoden nicht zu den DNA-auswertbaren Haarspuren.

„Die Feststellung der DNA ist inzwischen auch an telogenen Haaren möglich ...[78]:"

„Telogenhaare waren bis dato lediglich für eine mikroskopisch-morphologische Vergleichsuntersuchung geeignet. Im Rahmen einer Bund/Länder-Projektgruppe wurde am Bundeskriminalamt eine Methode entwickelt, die auf die DNA-PCR-analytische Aufarbeitung dieser Problemspuren abgestimmt ist."[79]

354 Die Erläuterungen zur Sicherung von Haaren ist Gegenstand im HS 1.

G. Textile Fasern

355 Sowohl Faserspuren als auch Textilspuren gehören zu den an kriminalistischen Tatorten, insbesondere bei Gewaltdelikten, häufig anzutreffenden Spuren, deren Bedeutung wesentlich ist. Man unterscheidet Textilspuren, die als Formspuren (zB die Besonderheiten von durch Nähte oder Gebrauch entstehenden Biesen oder Falten) und als Materialspuren bedeutsam sind, und Faserspuren, die in aller Regel Teile eines Textils sind und häufig mit bloßem Auge kaum erkennbar:

> **Definition:** Der Begriff Textilspuren umfasst alle von Textilien stammenden Spuren im Makro- und Mikrobereich.

„Faserspur, eine Art der Textilspur, Faserbüschel und mikroskopisch kleine Faserbruchstücke von textilen Flächengebilden (zB Kleidungsstücke, Bezugsstoffe, Bett- und Haushaltswäsche, Raumtextilien, Bodenbeläge) und von anderen Faserwerkstoffen (zB Seile, Dämmstoffe, Filzmatten). Es können Naturfasern wie Baumwolle, Leinen, Hanf, Sisal und Kokos und/oder Chemiefasern wie Viskose, Polyester, Polyamid und Polyacrylnitril sein."[80]

> **Definition:** Faserspuren sind einzelne, in Bruchstücken oder in Büscheln vorkommende Teile von textilen Geweben jeglicher Art, die mehrheitlich zu den Mikrospuren gehören.

„Die am häufigsten auftretenden Faserspuren sind typische Kontaktspuren, die immer dann entstehen, wenn Textilien mit anderen Gegenständen, häufig wiederum Textilien, Berührungen haben. Dabei brechen Fasern ab oder werden ganz und gar herausgelöst. Diese, wie auch bereits vorher angebrochene und lose aufliegende Faserbruchstücke werden dann als Spur auf den betreffenden Gegenständen übertragen. Je intensiver der Kontakt ist und je bauschiger und lockerer die betroffenen Textilien sind, umso umfangreicher ist die verursachte Faserspur."[81]

---

[78] (*Frings/Raabe*, 2016), Bd. II, S. 35.
[79] Polizei RLP.
[80] (*Wirth*, 2010), S. 203.
[81] (*Clages/Ackermann*, 2017), S. 416.

Bei Straftaten, bei denen es zu einem engeren Kontakt zwischen Täter und Opfer kommt, ist auch mit Faserspuren zu rechnen. Viele dieser Delikte gehören zur Gruppe der Gewaltdelikte: Tötungs- und Sexualdelikte, aber auch Raub und Körperverletzungen. 356

Wichtig bei der Beurteilung der Faserspuren ist, dass Fasern nicht nur einseitig übertragen werden, sondern es bei einem Kontakt zwischen zwei Menschen zu Übertragungen in beide Richtungen kommt. So übertragen sich Fasern des Täters auf die Opferbekleidung und Fasern des Opfers auf die Täterbekleidung. Es handelt sich um eine Spurenüberkreuzung oder **Kreuzspur**. Grafisch kann dies in Form eines Spurenkreuzes dargestellt werden:

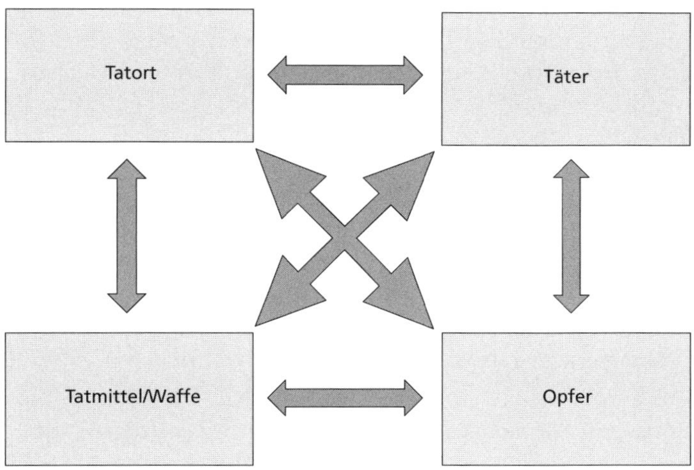

Abb. 36: Spurenkreuz am Beispiel Faserspur, erstellt durch Verfasser

Fasern/Faserspuren werden als Materialspuren bezeichnet und sind in aller Regel wegen ihrer Größe mit bloßem Auge nicht erkennbar, gehören also zu den Mikrospuren[82]. 357

Die Verteilung und Häufigkeit am Opfer und/oder anderen Gegenständen ist als Situationsspur anzusehen. Aufgrund der Menge und Verteilung der Fasern lassen sich Rückschlüsse auf das Tatgeschehen und die Intensität des Kontaktes ziehen.

Zunächst kann im Rahmen der Beweiskraft etwas zum Gruppenbeweis von Faserspuren gesagt werden, indem Aussagen getroffen werden zu 358

- Farbe,
- Material,
- Querschnitt,
- Länge,
- Beschädigungen/Veränderungen (zB durch mehrfaches Waschen).

[82] Mikrospuren sind nicht zu verwechseln mit den mehrfach genannten „latenten" Spuren. Diese sind zwar in einer erkennbaren Größe vorhanden, müssen aber zunächst sichtbar gemacht werden.

Aus der Mischung und der Menge der Fasern lassen sich Rückschlüsse auf den textilen spurenverursachenden Gegenstand ziehen.

359 In aller Regel ist eine Individualidentifizierung nicht möglich, nur beim Zusammentreffen günstigster Variablen kann eine Zuordnung zu einem ganz konkreten Kleidungsstück oder sonstigen textilen Gegenstand vorgenommen werden.

Durch das Auffinden mehrerer verschiedener Fasern auf einem Kleidungsstück und der nachgewiesenen Spurenüberkreuzung steigt die Beweiskraft jedoch und kann in der Gesamtsumme zum Individualbeweis in Form einer Indizienkette zu dieser Textil-/Faserspur werden.

Die Aussagekraft gefundener Faserspuren hängt stark davon ab, ob eine legale Faserübertragung stattgefunden haben könnte und welche Kleidungsstücke dabei getragen wurden. Die Erfahrungen in der Vergangenheit in herausragenden Ermittlungsvorgängen und Gerichtsverfahren zeigt, dass hier eine ganz wesentliche Fragestellung liegt, die im Rahmen der Ermittlungen bereits handlungsleitend einbezogen werden muss.[83]

360 Faserspuren können nicht einem zentralen Sammlungsvergleich unterzogen werden, da es keine entsprechende Datenbank gibt. Somit gibt es nur den gutachterlichen Vergleich zwischen der sichergestellten Faserspur oder dem sichergestellten Kleidungsstück und dem möglichen spurenverursachenden Textil. Das Gutachten kann nur zu dem Schluss kommen, dass die sichergestellte Faser von dem zu vergleichenden Textil stammt, hierbei wird immer eine Wahrscheinlichkeitsaussage getroffen, da wie oben erwähnt keine Individualidentifizierung möglich ist.

Die Erläuterungen zur Sicherung von textilen Spuren erfolgen im HS 1.

H. Sonstige Formspuren

361 Die bisherigen Abhandlungen haben sich mit Ein- und Abdruckspuren befasst. Wie in § 20 Ziff. D bereits ausgeführt, gibt es aber auch noch weitere Formspuren, die in den folgenden Unterpunkten kurz abgehandelt werden.

I. Gleitriefen (Zieh-, Scharten- und Schürfspuren)

362 „Gleitriefen sind meistens parallel verlaufende Rillen, die beim Hinübergleiten durch einen Spurenverursacher (zB Brechstange) unter Druckanwendung auf einem weniger harten Spurenträger (zB Schließblech) erzeugt werden.“[84]

Diese Gleitriefen lassen zumindest einen Rückschluss auf das verwendete Werkzeug zu und es kann etwas zur Klingenbreite des verwandten Werkzeuges gesagt werden.

[83] Im Fall *Monika Weimar* (jetzt *Böttcher*) und dem Mord an deren Töchtern spielten Faserspuren eine wesentliche Rolle, die auch in der mehrfach unterschiedlich bewerteten Rechtslage ihren Niederschlag fand. S. hierzu (*Böttcher/Geiger*, 1997) und (*Friedrichsen/Mauz*, 2001).

[84] (*BKA*, o.J.), Ziff. 1.0.2.1.3

II. Schnitte

„Schnitte sind Trennflächen, die bei der Anwendung von Schnittwerkzeugen, zB Messer, Beil, Zange, Bohrer, Schere, Säge, entstehen. Jede Schneidkante des Werkzeuges verursacht dabei zwei Spurenbilder (am Werkstück und am Span)."[85] 363

Diese Schnittkanten lassen Rückschlüsse auf das verwendete Werkzeug zu und bei individuellen Merkmalen an den Schneidkanten des Werkzeugs und Übertragung auf das durchtrennte Material, ist auch eine Individualidentifizierung möglich. Näheres hierzu wurde bereits bei den Werkzeugspuren ausgeführt.

III. Brüche oder Risse

„Brüche oder Risse entstehen bei Trennung von festen Stoffen durch 364
- mechanische Überbeanspruchung (zB Schlag, Erschütterung, Zug, Druck)
- thermische Einflüsse (zB Explosion, Brand)
- Korrosion."[86]

> **Beispiel:** Bei einem Wohnungseinbruchsdiebstahl in ein Einfamilienhaus wird der Täter offensichtlich gestört und flüchtet ohne Beute vom Tatort. Das vermeintliche Diebesgut hatte der Täter bereits in einen handelsüblichen blauen Müllsack verpackt, der offensichtlich von einer Abreißrolle stammt. Im Rahmen der Tatortbereichsfahndung kann eine Person in einem Pkw in der Nähe des Tatortes angehalten werden. Im Kofferraum befindet sich eine Abreißrolle mit blauen Müllsäcken. Es stellt sich nun die Frage, ob nachgewiesen werden kann, dass der zurückgelassene Müllsack im Tatort von dieser Rolle stammt. 365

Ob das Ergebnis des Vergleichs in Bezug auf die Abrisskante tatsächlich zu einer eindeutigen Zuordnung kommt, hängt von vielen Faktoren ab. Sicher kann gesagt werden, dass der sichergestellte Müllsack mit der Beute nicht von dieser Rolle stammt oder stammen kann. Durch die Fertigung von Müllsackrollen entstehen aber weitere Formspuren, die zu einem eindeutigen Ergebnis führen.

IV. Passspuren

„Passspuren sind Spuren, die den Nachweis der Zusammengehörigkeit von zwei oder mehreren Teilen zu einem ursprünglichen Ganzen gestatten. Die einzelnen materiellen Teile zB Glasscherben werden als Passstücke bezeichnet."[87] 366

Als Passstücke werden somit Teile bezeichnet, die ursprünglich zusammen gehörten. Die Trennung der einzelnen Teile kann mehrere Ursachen haben, zB Einschlagen einer Glasscheibe oder gewaltsames Herausreißen eines Stoffteiles.

> **Beispiel:** Ein Wohnungseinbrecher wird vom zurückkehrenden Wohnungsinhaber überrascht und flieht über das rückwärtige Gartengrundstück. Beim Übersteigen des Zaunes bleibt der Einbrecher mit seiner Jacke hängen und reißt sich ein Stück Stoff aus dem Ärmel. Wenn im Rahmen der Fahndung

[85] (*BKA*, o.J.), Ziff. 1.0.2.1.4
[86] (*BKA*, o.J.), Ziff. 1.0.2.1.5
[87] (*BKA*, o.J.), Ziff. 1.0.2.1.6

oder der Ermittlungen eine Person als Tatverdächtiger ermittelt werden kann, kann bei Auffinden der Jacke festgestellt werden, dass das sichergestellte Stück Stoff eindeutig als Passstück zu dieser Jacke gehört.

V. Formspuren besonderer Art

367 „Formspuren besonderer Art sind

- Spuren entfernter Kennzeichnungen
- Abbildungen des Umrisses eines Gegenstandes durch Einwirkung von zB Staub, Flüssigkeit, Gas, Rauch, Dampf, Licht
- Spuren, deren Erscheinungsform nicht unmittelbar von dem Spurenverursacher abhängt (zB Tropfspuren, Wischspuren, Schleifspuren)
- Schriften."[88]

Sollten Kennzeichnungen gewaltsam entfernt worden sind, so stellt dies eine Werkzeugspur dar, da mit einem Werkzeug mechanisch auf ein Material eingewirkt wurde, zB Herausschleifen einer Individualnummer eines Revolvers. Somit handelt es sich um eine Werkzeugspur, die aber von ihrer Form natürlich eine Formspur ist.

Bei den Abhandlungen zur Blutspur wurde bereits auf die Tropf- und Wischspuren eingegangen.

Hergestellte Schriften stellen eine Formspur dar, das verwendete Material eine Materialspur. Aussagen zu möglichen Identifizierungen von Schreiberidentitäten werden im Rahmen von Schriftgutachten gemacht. Hierbei kommt es aber hauptsächlich zu Wahrscheinlichkeitsaussagen. Eine solche Begutachtung kommt in der heutigen digitalen Welt nur noch selten vor. Zumindest beim BKA werden solche Gutachten noch in Auftrag gegeben.

§ 27 Lernzielkontrolle

Lernziele im GS 5.2:

- Die Studierenden erläutern den organisatorischen Aufbau der Kriminaltechnik (LZ-Stufe 2).
- Die Studierenden übertragen die Zuständigkeiten für die polizeiliche Spurensuche, -sicherung und -auswertung auf die jeweiligen Stadien der polizeilichen Ermittlungsarbeit (LZ-Stufe 3).
- Die Studierenden ordnen kriminalistisch relevante Spuren nach der Grundeinteilung zu (LZ-Stufe 2).
- Die Studierenden interpretieren und klassifizieren Spuren bezüglich ihrer möglichen Relevanz für die Aufklärung kriminalistischer Sachverhalte (LZ-Stufe 3).
- Die Studierenden stellen Beziehungen zwischen dem jeweiligen Beweiswert und der individuellen Beweiskraft einer Spur her und übertragen diese auf Sachverhalte (LZ-Stufe 3).

[88] (*BKA*, o.J.), Ziff. 1.0.2.1.7

- Die Studierenden bewerten Möglichkeiten und Grenzen einer ersten Spurensuche an Tatorten (LZ-Stufe 4).
- Die Studierenden bewerten Spuren bezüglich ihrer möglichen Relevanz für die Aufklärung kriminalistischer Sachverhalte (LZ-Stufe 4).
- Die Studierenden stellen Beziehungen zwischen dem Beweiswert und der Beweiskraft einer Spur her und übertragen diese auf Sachverhalte (LZ-Stufe 3).[89]

Die angegebenen Lernzielstufen zeigen die Tiefe und den Detaillierungsgrad, in dem die Inhalte zu vermitteln und zu erlernen sind. Je höher die Lernzielstufe, desto bedeutender das Thema und desto fundierter müssen Sie sich damit auseinandersetzen.

Nr.	Aufgabe/Frage
1.	Erläutern Sie den organisatorischen Aufbau der Kriminaltechnik!
2.	Nennen Sie exemplarisch einige Sammlungen, die zentral beim BKA geführt werden!
3.	Welche Untersuchungen werden auf Landesebene durch das LKA durchgeführt?
4.	Erläutern Sie die Aufgaben einer KTU!
5.	Welche Unterscheidungen gibt es zwischen den NSST und den KTU?
6.	Erläutern Sie den Begriff der Situationsspur!
7.	Erläutern Sie den Begriff der Gegenstandsspur!
8.	Erläutern Sie den Begriff der Materialspur und nennen Sie einige Beispiele!
9.	Erläutern Sie den Begriff der Formspur und gehen dabei auf den Unterschied zwischen Eindruck- und Abdruckspur ein!
10.	Welche Systematik der Spurensuche eignet sich in geschlossenen Räumen? Begründen Sie Ihre Auffassung!
11.	Erläutern Sie die Begriffe Gruppen- und Individualidentifizierung anhand einer Schuheindruckspur!
12.	Was verstehen Sie unter dem individuellen Beweiswert einer Spur?
13.	Auf welchen drei Grundsätzen beruht die Daktyloskopie?
14.	Erläutern Sie, was anatomische Merkmale sind!
15.	In welchen kriminalistischen Fällen ist mit Ohrabdruckspuren zu rechnen und was sagen diese Spuren aus?

[89] *FHöV NRW*, Hinweise zu den Modulbeschreibungen Bachelorstudiengang PVD, Stand 6/2016.

Nr.	Aufgabe/Frage
16.	Bei der Tatortaufnahme zu einem Einbruch in ein Einfamilienhaus finden Sie im Garten in einem frisch geharkten Beet eine Schuheindruckspur. Welchen individuellen Beweiswert hat diese Spur?
17.	Welche Feststellungen können beim Auffinden von Reifenspuren getroffen werden?
18.	Das LKA NRW führt eine zentrale Werkzeugspurensammlung. Welche Werkzeuge umfasst die Sammlung?
19.	Welche Merkmale des Gruppenbeweises ergeben sich bei der Auffindung einer Blutspur?
20.	Erläutern Sie die Beweiskraft von Haaren!
21.	Was verstehen Sie unter dem Begriff „Kreuzspur" oder „Spurenkreuz"?
22.	Definieren Sie den Begriff der digitalen Spur!
23.	Welche Informationen können aus digitalen Spuren erlangt werden?
24.	Welche Formspuren besonderer Art kennen Sie?

4. Abschnitt. Sicherungsangriff und Anzeigenaufnahme (GS 5.3)

§ 28 Kompetenzziele des Teilmoduls GS 5.3

Die Studierenden sind in der Lage, 368

1. polizeiliche Sachverhalte hinsichtlich ihrer rechtlichen Relevanz zu bewerten.
2. die unterschiedlichen Anzeigearten zu differenzieren.
3. den korrekten Ablauf der Anzeigenaufnahme sowie die wesentlichen Fragestellungen und die zu beachtenden Rechtsvorschriften auf Sachverhalte zu übertragen.
4. die Bedeutung des Tatortes für die polizeiliche Ermittlungsarbeit zu identifizieren.
5. die unterschiedlichen Phasen der polizeilichen Arbeit an Tatorten zu differenzieren.
6. Lösungskonzeptionen zur Durchführung des Sicherungsangriffs an Tatorten zu entwickeln und zu bewerten.[1]

§ 29 Die Strafanzeige

Wer sich in seinen Rechten verletzt fühlt, Oper einer Straftat geworden ist oder eine Straftat beobachtet hat, überlegt sich, ob er „Anzeige erstatten" will. Nur in seltenen Fällen sucht der Bürger, wenn er in einer solchen Situation ist, einen Anwalt oder direkt die StA auf. In der Regel wird die Polizei gerufen und alles weitere in deren Hände gelegt im Vertrauen darauf, dass „man das schon regeln" werde. 369

In den meisten Fällen, in denen eine Straftat vorausgegangen ist, hat der hinzugerufene Beamte eine Anzeige zu fertigen. 370

Die Strafanzeige ist

- die Mitteilung eines strafrechtlich relevanten Sachverhaltes,
- die Mitteilung des Verdachts eines solchen,
- die Beschuldigung einer bestimmten Person
- an die in der Strafprozessordnung (§ 158 I StPO) genannten Strafverfolgungsbehörden oder an deren Amtswalter.
- Sie ist eine besondere Form der Vernehmung.[2]

„Darüber hinaus ist die Strafanzeige das Ergebnis einer durch die Strafverfolgungsbehörden von Amts wegen vorgenommenen Prüfung eines Verdachts, der auf die Strafbarkeit eines Sachverhaltes und/oder die Täterschaft einer Person hinweist."[3]

---

1 (*FHöV NRW*, 2016), S. 37.

2 (*Ackermann/Clages/Roll*, 2011), S. 66.

3 (*Ackermann/Clages/Roll*, 2011), S. 66.

371 Die Strafanzeige bietet nach Einschätzung des Anzeigenerstatters Anlass für die Einleitung eines Strafermittlungsverfahrens oder für die Anregung zu prüfen, ob Grund zur Einleitung eines Strafermittlungsverfahrens besteht.

„In Deutschland werden jährlich gut sechs Millionen Strafanzeigen erstattet.[4] Bei der Anzeigenerstattung ist zu bedenken, dass 95% aller Straftaten durch die Bevölkerung an die Polizei herangetragen werden."[5]

372 Somit kommt es in diesen Fällen zu einem Kontakt zwischen Bürger und Polizei. Für viele Bürger ist die Anzeigenerstattung der erste Kontakt zur Polizei. Für die Polizei bietet sich hier die Gelegenheit, ihr Image gegenüber dem Bürger positiv zu beeinflussen. Wichtig ist es, auf die Erwartungen und Bedürfnisse der Anzeigenerstatter einzugehen und ihnen ein positives Bild der Polizei zu vermitteln. Dies ist Teil der Professionalität und zeigt dem Bürger, dass die Polizei für ihn da ist. Auf diese Art und Weise ist es ohne großen Aufwand und Kosten möglich, dem Bürger die Scheu vor der Polizei zu nehmen und ihn darin zu ermutigen, auch in Zukunft den Kontakt zu suchen. Gleichzeitig wird der Bürger seine positiven Erfahrungen mit der Polizei an Freunde, Bekannte und Verwandte weitergeben. Gerade in den letzten Jahren, in denen ein Rückgang der Akzeptanz der Polizei immer mehr in den Medien diskutiert wird, kann so – nur durch eine akribische Bewältigung des Alltags, also ohne besonderen weiteren Aufwand – eine mögliche negative Tendenz in der Gesellschaft abgewendet werden.

Die genannte Akribie aber setzt voraus, dass der einschreitende Beamte in jeder Hinsicht sattelfest ist, die Strafanzeige zu fertigen und alle Entscheidungen rund um diese Tätigkeit korrekt und rechtskonform einzuleiten.

373 A. Gesetzliche Bestimmungen

Die wesentlichen gesetzlichen Bestimmungen ergeben sich aus:

- § 152 StPO (Offizial- und Legalitätsprinzip)
- § 152a StPO (Immunität von Abgeordneten)
- § 153 STPO (Absehen von der Verfolgung wegen Geringfügigkeit)
- § 158 StPO (Anbringen von Strafanzeigen und Strafantrag)
- § 159 StPO (Unnatürlicher Tod)
- § 160 StPO (Ermittlungsverfahren)
- § 163 StPO (Polizei als Ermittlungsbehörde)
- §§ 374 ff. StPO (Zulässigkeit der Privatklage)
- § 469 StPO (Kostenpflicht des Anzeigenden bei vorsätzlich oder leichtfertig erstatteter unwahrer Anzeige)
- § 470 StPO (Kosten bei Zurücknahme des Strafantrages)
- §§ 77–77d StGB (Strafantrag)
- § 138 StGB (Nichtanzeige geplanter Straftaten)
- § 145d StGB (Vortäuschen einer Straftat)
- § 164 StGB (Falsche Verdächtigung)
- § 258/258a StGB (Strafvereitelung/Strafvereitelung im Amte)

[4] (*Weihmann/Schuch*, 2011), S. 394.
[5] (*Weihmann/Schuch*, 2011), S. 394.

„Die gesetzliche Grundlage für die Erstattung oder die Aufnahme von Strafanzeigen ist §158 StPO. Es ist eine Verfahrens- oder Formvorschrift und beinhaltet das Recht zur Erstattung von Strafanzeigen durch jedermann. §158 StPO beinhaltet nicht die Verpflichtung des Bürgers zur Strafanzeige."[6]

Im Rahmen des §138 StGB (Nichtanzeige geplanter Straftaten) besteht jedoch auch für den Bürger eine Anzeigepflicht. Unterlässt der Bürger es, solche geplanten Verbrechen oder gemeingefährliche Vergehen anzuzeigen, setzt er sich selbst der Strafverfolgung aus. Es handelt sich beim §138 StGB um ein echtes Unterlassungsdelikt. Die Straftaten sind abschließend aufgeführt und umfassen unter anderem 374

- Delikte der Geld- und Wertzeichenfälschung,
- Schweren Menschenhandel,
- Totschlag und Mord,
- Schwere Straftaten gegen die persönliche Freiheit,
- Raub und räuberische Erpressung und
- Diverse gemeingefährliche Straftaten.

Um ein Ermittlungsverfahren aufgrund der Anzeige in Gang zu setzen, ist das Vorliegen eines Anfangsverdachtes nach §152 II StPO erforderlich. Hiernach müssen zureichende tatsächliche Anhaltspunkte für eine Straftat vorliegen. Es müssen also keine Tatsachen vorliegen, sondern mit der Anzeige setzt erst die Sachverhaltserforschung durch die Polizei ein. Die Polizei muss in diesen Fällen prüfen, ob durch weitere Ermittlungen die vorliegenden Verdachtsindizien zu einem begründeten Anfangsverdacht verdichtet werden können. Gibt es Zweifel am Vorliegen eines Anfangsverdachtes, ist zur Sicherheit eine Strafanzeige aufzunehmen und diese der zuständigen Staatsanwaltschaft zur Entscheidung vorzulegen. Dies geschieht auch, um die aufnehmenden Beamten nicht dem Vorwurf der Strafvereitelung im Amte gem. §258a StGB auszusetzen. 375

B. Legalitätsprinzip

Polizeibeamte sind verpflichtet, Straftaten, die ihnen dienstlich bekannt werden, anzuzeigen. Bei der Kenntnisnahme von strafbaren Vorgängen besteht das Legalitätsprinzip. Hierbei ist die Herkunft der Information (Bürger, Presseartikel, etc) ohne jede Bedeutung. Die Verpflichtung wird in §163 I 1 StPO begründet: 376

„Die Behörden und Beamten des Polizeidienstes haben Straftaten zu erforschen und alle keinen Aufschub gestattenden Anordnungen zu treffen, um die Verdunkelung der Sache zu verhüten."

Die Norm des §163 I 1 StPO beinhaltet nicht nur die Pflicht zur Aufnahme einer Strafanzeige, sondern auch die Pflicht, sofort unaufschiebbar notwendige Ermittlungen einzuleiten. Dies können zB folgende Maßnahmen sein: Identitätsfeststellung, Sicherstellung/Beschlagnahme von Diebesgut, Einleitung von Fahndungsmaßnahmen und vieles mehr. 377

---

6 (*Ackermann/Clages/Roll*, 2011), S. 67.

Die Strafanzeige ist auch dann aufzunehmen, wenn keine örtliche Zuständigkeit gegeben sein sollte. Die gefertigte Anzeige wird dann der örtlichen zuständigen Behörde übersandt, wobei die Art und Weise von der Frage abhängt, ob sofortige Maßnahmen erforderlich sind oder keine zeitliche Dringlichkeit besteht.

378 Wenn gegen die Pflicht zur Anzeigenaufnahme verstoßen wird, liegen regelmäßig der Anfangsverdacht einer Strafvereitelung im Amte gem. § 258a StGB und der Verdacht einer Dienstpflichtverletzung vor. Bei § 258a StGB handelt es sich um ein Vergehen und Offizialdelikt. Durch die Nichtaufnahme der Strafanzeige verhindert der Beamte ganz oder teilweise die Strafverfolgung des Täters. Ein solcher Verstoß liegt vor, wenn der Anzeigenerstatter weckgeschickt oder zum Gehen veranlasst wird. Dieses „Abwimmeln" wird häufig damit begründet, dass es nur geringe Erfolgsaussichten oder eine zu geringe Schadenssumme gebe und der Geschädigte ja ohnehin nicht versichert sei, also der Schaden sowieso nicht erstattet werde. Ein solches Verhalten aber ist inakzeptabel und rechtlich zu würdigen, eine Anzeige wegen des Verdachts der Strafvereitelung im Amte ist vorzulegen (denn beobachtet man solches Verhalten eines Beamten, so greift auch hier wieder § 163 I 1 StPO).

379 Eine Strafvereitelung liegt in der Regel auch vor, wenn eine aufgenommene Strafanzeige längere Zeit nicht bearbeitet oder weitergeleitet wird, weil der Täter damit über einen längeren Zeitraum sich der Strafverfolgung entziehen kann.

Vertretbar ist es, wenn der Anzeigenerstatter zu einer nahe gelegenen, zB im gleichen Gebäude arbeitenden Fachdienststelle geschickt wird, wenn dort zB ein Anzeigenaufnahmedienst eingerichtet ist. Dies bedeutet im Umkehrschluss, dass ein Wegschicken des Bürgers in ein anderes Gebäude unzulässig ist.

380 Andererseits ist es aufgrund des Einsatzaufkommens auch dem Bürger zuzumuten, eine gewisse Wartezeit auf der Wache zu verbringen. Diese Wartezeit und die mögliche Begründung sollten jedoch durch den Beamten, der den Erstkontakt wahrgenommen hat, kommuniziert werden.

! **Hinweis:** Das Legalitätsprinzip und somit die Pflicht der Anzeigenaufnahme bezieht sich auf alle Arten der Strafanzeigen.

Fraglich ist, wie sich der Polizeibeamte verhalten muss, der außerhalb des Dienstes Kenntnis von Straftaten erhält. Grundsätzlich wird der Polizeibeamte in seinem Privatleben jedem Bürger gleichgestellt. So ist der Polizeibeamte privat natürlich auch an den § 138 StGB gebunden, wenn es um geplante Straftaten nach dem dortigen Katalog geht. In einigen Fällen muss der Polizeibeamte in seinem privaten Bereich auch tätig werden, wenn es sich um bereits stattgefundene Straftaten handelt.

„Erhält er von einer bereits begangenen Straftat Kenntnis, so hat er diese nur dann zu verfolgen, wenn sie während seiner Dienstausübung fortwirkt, wie Dauerdelikte oder auf ständige Wiederholung angelegte Handlungen. Zu diesen Straftaten zählen insbesondere schwer wiegende Verstöße gegen das Waffengesetz, Handel mit harten Drogen, Schutzgelderpressung, Organisierte Kriminalität und Wirtschaftskriminalität."[7]

---

[7] (*Weihmann/Schuch*, 2011), S. 399.

Eine andere gängige Aussage liegt darin, dass in Auslegung der aktuellen Rechtsprechung eine Anzeigepflicht bei Vergehenstatbeständen nicht vorliege, aber bei Verbrechenstatbeständen stets.[8]

Eine Ausnahme von diesem Grundsatz liegt jedoch immer dann vor, wenn der 381
Polizeibeamte in seiner Freizeit gezielt in der Funktion des Polizeibeamten angesprochen wird. Hier wird gezielt ein Gespräch mit einem Polizeibeamten gesucht, unabhängig davon, welche Person gerade angesprochen wird. Dieses Gespräch ist mit einem Gespräch während der Dienstzeit gleichzusetzen.

Beispiel: Ein Polizeibeamter wird in seiner Freizeit von einem Nachbarn zu einem Kaffee auf die Terrasse eingeladen. Als der Beamte dort eintrifft, wartet bereits eine Freundin des Bekannten, die der Beamte aber nicht kennt. Der Nachbar verlässt die Terrasse mit den Worten, meine Freundin will unter vier Augen mit einem Polizisten sprechen. In dem folgenden Gespräch schildert sie einen sexuellen Missbrauch. Aus Scham wollte sie nicht zur örtlichen Polizeiwache gehen, da sie dort eventuell erkannt worden wäre.

Hier wird deutlich, dass es sich um eine Anzeigenaufnahme eines Polizeibeamten handelt, der, wenn auch in der Freizeit, so doch in seiner dienstlichen Eigenschaft angesprochen wurde.

C. Formen der Strafanzeige

Die Strafanzeige ist rechtlich an keine Form oder Vordruck gebunden, das heißt, 382
sie ist formfrei. Sie kann also

- mündlich (zB per Telefon, Gespräch während einer Fußstreife ...),
- schriftlich (per Brief, Fax, aber auch „online"),
- zu Protokoll (zB Niederschrift auf einer Polizeiwache) oder
- anonym (zB Brief ohne Absender oder Telefonat ohne Namensnennung)

erstattet werden.

Die Verpflichtung der Polizei zur Verwendung bestimmter Anzeigenformulare 383
ergibt sich lediglich aus innerdienstlichen Weisungen/Verfügungen/Erlassen und dient der Verwaltungsvereinfachung.

Nach § 158 I StPO sind alle mündlichen Anzeigen zu beurkunden. Dies geschieht durch die Unterschrift des aufnehmenden Beamten.

Nicht gefordert ist, dass der Anzeigenerstatter von der Straftat selber unmittel- 384
bar betroffen ist, dh Opfer oder Betroffener der angezeigten Straftat ist. Die Anzeige kann jeder Bürger unabhängig von seinem Alter oder seiner Anzeigentüchtigkeit erstatten. Somit können folgende Personen Anzeige erstatten:

- der Geschädigte/das Opfer,
- Polizei oder Staatsanwaltschaft von Amts wegen,
- sonstige Behörden der öffentlichen Verwaltung,
- Kinder/psychisch erkrankte oder eingeschränkte Personen,
- anonym gestellte Anzeigen,

[8] (*Ackermann/Clages/Roll*, 2011), S. 69.

- der Täter in Form der Selbstanzeige,
- jede weitere unbeteiligte Person.

Abb. 37: Übersicht – Anzeigen aufnehmende Behörden (Auswahl)

D. Anzeigen bei Antrags- und Privatklagedelikten

385 Grundsätzlich werden Strafanzeigen von Amts wegen verfolgt, es handelt sich dann um Offizialdelikte. Die Ausnahmen von diesem Grundsatz stellen die Antrags- und Privatklagedelikte dar.

Ob es sich bei dem angezeigten Sachverhalt um ein Antragsdelikt handelt, erkennt man daran, dass dies im Strafgesetzbuch ausdrücklich aufgeführt ist. So ist zB in § 123 II StGB „Hausfriedensbruch" ausgeführt: „Die Tat wird nur auf Antrag verfolgt". Ausnahmen hierzu finden sich in den sog. „relativen Antragsdelikten", bei denen die Staatsanwaltschaft (und **nicht** die Polizei) öffentliches Interesse annehmen kann.

386 Die Privatklagedelikte sind abschließend in § 374 StPO aufgeführt. Bei den meisten Privatklagedelikten handelt es sich auch um Antragsdelikte.

! **Hinweis:** Auch für Antrags- und Privatklagedelikte gilt die Strafverfolgungspflicht gem. § 163 I 1 StPO für die Polizei uneingeschränkt!

I. Antragsdelikte

387 Die Strafverfolgung von Antragsdelikten erfolgt nur, wenn ein frist- und formgerechter Strafantrag vorliegt. Dieser muss gem. § 77 I StGB grundsätzlich vom Verletzten der Tat gestellt werden und muss gem. § 77b I StGB innerhalb von drei Monaten nach Kenntnis von der Tat vorliegen.

„Der Strafantrag (...) ist die ausdrückliche oder durch Auslegung zu ermittelnde Erklärung des nach dem Gesetz zum Strafantrag Befugten, dass er die Strafverfolgung wünsche (...)."[9]

Der Strafantrag kann im Rahmen der Anzeigenaufnahme am Ende des Textes aufgenommen werden, zB: „Ich stelle Strafantrag" oder „Ich stelle für alle sich aus der Anzeige ergebenen rechtlichen Fälle Strafantrag". Diese zweite Mög-

---

[9] (Meyer-Goßner/Schmitt/*Meyer-Goßner*, 2016), § 158 Rn. 4.

lichkeit ist jedoch nur dann zu wählen, wenn eine konkrete Einordnung des Deliktes zu diesem Zeitpunkt noch nicht möglich ist, ist also eine Ausnahme.

Eine andere Möglichkeit ist es, sich den Strafantrag separat auf einem Formblatt oder freitextlich ausfüllen und unterschreiben zu lassen. In diesem Fall wird der Strafantrag der Anzeige beigefügt.

Merke: Kaum haltbar erscheint das in der Praxis häufig angewandte Verfahren, zu jedem Einsatzanlass einen Strafantrag einzuholen, weil – so die zuweilen gehörte Begründung – am Ende ja nur noch ein Antragsdelikt übrig bleiben kann, und dann hat man ihn schon mal. Grundsätzlich ist der Antragsteller darüber aufzuklären, wo Sinn und Zweck des Antrages liegen und aus welchen Gründen man ihn benötigt. Dies steht im direkten Widerspruch zur rein vorsorglichen Einholung aller möglicher Anträge. Es kann vom einzelnen Beamten sehr wohl erwartet werden, dass er die Voraussetzungen kennt und eine fundierte Entscheidung über die Einholung und den Inhalt eines Strafantrages im Einzelfall trifft.

Der Antragssteller kann einen gestellten Strafantrag bis zum Abschluss des 388
Strafverfahrens zurücknehmen. Ein einmal zurückgenommener Strafantrag kann gem. § 77d I StPO nicht nochmals gestellt werden. Eine solche Rücknahme ist für das Verfahren schriftlich zu dokumentieren. Hier wird deutlich, dass nur der Strafantrag zurückgenommen werden kann, die Anzeige und somit auch der Inhalt aber bestehen bleiben.

Bereits bei der Stellung des Strafantrages sollte der Anzeigenerstatter durch den aufnehmenden Beamten auf die mögliche Kostenübernahme gem. § 470 StPO hingewiesen werden.

II. Absolute Antragsdelikte

Ein absolutes Antragsdelikt liegt vor, wenn diese Straftat nur auf Antrag ver- 389
folgt wird, zB:

- Beleidigung gem. § 185 StGB iVm § 194 StGB,
- Üble Nachrede gem. § 186 StGB iVm § 194 StGB,
- Verleumdung gem. § 187 StGB iVm § 194 StGB,
- Verunglimpfung des Ansehens Verstorbener gem. § 189 StGB iVm § 194 StGB,
- Haus- und Familiendiebstahl gem. § 247 StGB,
- Hausfriedensbruch gem. § 123 StGB,
- Unbefugter Gebrauch eines Kfz gem. § 248b StGB,
- Vereitelung der Zwangsvollstreckung gem. § 288 StGB,
- Pfandkehr gem. § 289 StGB.

In den genannten Fällen steht ausdrücklich im Gesetz, dass „die Tat nur auf Antrag verfolgt wird". Stellt der GES keinen Strafantrag, wird die Polizei nicht tätig und wird bestenfalls zur Sicherung ziviler Ansprüche aus dem PolG NRW einschreiten, Maßnahmen zur Strafverfolgung aber nicht treffen. Dazu gehört auch, dass in diesen Fällen keine Strafanzeige gefertigt wird, sondern, wurden Maßnahmen wie zB ein Austausch der Personalien zur Sicherung von Ansprüchen getroffen, ein Bericht gefertigt wird.

III. Relative Antragsdelikte

390 Ein relatives Antragsdelikt liegt vor, wenn der fehlende Strafantrag wegen des Vorliegens eines besonderen öffentlichen Interesses an der Verfolgung der Tat kompensiert werden kann. In diesen Fällen erfolgt die Strafverfolgung trotz fehlenden Antrags durch den GES von Amts wegen.

Relative Antragsdelikte:

- Körperverletzung gem. §§ 223, 229, 230 StGB,
- Nachstellung gem. § 238 StGB,
- Diebstahl und Unterschlagung geringwertiger Sachen § 248a StGB,
- Hehlerei gem. § 259 StGB,
- Bestechlichkeit und Bestechung im geschäftlichen Verkehr gem. § 299 StGB iVm § 301 StGB,
- Sachbeschädigung gem. § 303 StGB iVm § 303c StGB,
- Datenveränderung gem. § 303a StGB iVm § 303c StGB,
- Computersabotage gem. § 303b StGB iVm § 303c StGB.

391 In den genannten Fällen steht ausdrücklich im Gesetz: *„die Tat wird nur auf Antrag verfolgt, es sei denn, dass die Strafverfolgungsbehörde wegen des besonderen öffentlichen Interesses an der Strafverfolgung ein Einschreiten von Amts wegen für geboten hält."*

392 Dieses besondere öffentliche Interesse wird bei Straftaten, die im Rahmen der häuslichen Gewalt verübt werden, durch die Staatsanwaltschaft vorausgesetzt. Andere Anlässe, auf öffentliches Interesse zu erkennen, sieht die StA regelmäßig in den unten genannten Situationen. Für den Polizeibeamten sind diese Kenntnisse nur in der Weise handlungsbestimmend, als er den Anzeigenerstatter in geeigneter Weise über das Verfahren und die Möglichkeit des öffentlichen Interesses aufklären muss. Eine Anzeige hat er bei relativen Antragsdelikten in jedem Fall zu fertigen, um der StA nicht die Möglichkeit ihrer Entscheidung zu nehmen, wenn auch der GES von einem Strafantrag absieht.

IV. Privatklagedelikte

393 Die in § 374 StPO abschließend genannten Delikte können vom Geschädigten im Rahmen der Privatklage verfolgt werden. In diesen Fällen tritt das Opfer, im Verfahren allerdings „der Verletzte"[10] genannt, wie ein Staatsanwalt auf und vertritt die Anklage auch vor Gericht. Die Staatsanwaltschaft wird in diesen Fällen nicht tätig, Beweise müssen dem Gericht durch das Opfer vorgelegt werden. Das Privatklageverfahren gegen Jugendliche ist jedoch gem. § 80 I JGG nicht zulässig.

Privatklagedelikte gem. § 374 StPO:

- ein Hausfriedensbruch (§ 123 StGB),
- eine Beleidigung (§§ 185–189 StGB), wenn sie nicht gegen eine der in § 194 IV StGB genannten politischen Körperschaften gerichtet ist,

[10] Damit gemeint ist nicht etwa der Verletzte im Sinne des Alltagssprachgebrauchs, hier ist vielmehr von der Person die Rede, die „in ihren Rechten verletzt" ist.

- eine Verletzung des Briefgeheimnisses (§ 202 StGB),
- eine Körperverletzung (§§ 223 und 229 StGB),
- eine Nachstellung (§ 238 I StGB) oder eine Bedrohung (§ 241 StGB),
- eine Bestechlichkeit oder Bestechung im geschäftlichen Verkehr (§ 299 StGB),
- eine Sachbeschädigung (§ 303 StGB),
- eine Straftat nach § 323a StGB, wenn die im Rausch begangene Tat ein in den Nr. 1–6 genanntes Vergehen ist,
- eine Straftat nach den §§ 16–19 UWG,
- eine Straftat nach § 142 I PatG, § 25 I GebrMG, § 10 I HalblSchG, § 39 I SortSchG, § 143 I, § 143a I und § 144 I und II MarkenG, § 51 I und § 65 I d DesignG, den §§ 106–108 sowie § 108b I und II UrhG und § 33 KunstUrhG.

Bei einigen der genannten Delikte schreibt das Gesetz in § 380 StGB einen Sühneversuch vor der Erhebung der Privatklage vor. Dieser findet in der Regel vor einer Schiedsperson statt. Auf diesen Weg über den Sühnetermin verweist in der Regel die StA. 394

Liegt jedoch öffentliches Interesse an der Strafverfolgung vor, leitet die Staatsanwaltschaft ein Verfahren von Amts wegen ein. In Ziff. 86 Abs. 2 RiStBV ist das öffentliche Interesse definiert:

> Ein öffentliches Interesse wird in der Regel vorliegen, wenn der Rechtsfrieden über den Lebenskreis des Verletzten hinaus gestört und die Strafverfolgung ein gegenwärtiges Anliegen der Allgemeinheit ist, zB wegen des Ausmaßes der Rechtsverletzung, wegen der Rohheit oder Gefährlichkeit der Tat, der niedrigen Beweggründe des Täters oder der Stellung des Verletzten im öffentlichen Leben. Ist der Rechtsfrieden über den Lebenskreis des Verletzten hinaus nicht gestört worden, so kann ein öffentliches Interesse auch dann vorliegen, wenn dem Verletzten wegen seiner persönlichen Beziehung zum Täter nicht zugemutet werden kann, die Privatklage zu erheben, und die Strafverfolgung ein gegenwärtiges Anliegen der Allgemeinheit ist.

Bei der Anzeigenaufnahme wegen eines Antragsdeliktes ist der Anzeigenerstatter durch den aufnehmenden Polizeibeamten darauf hinzuweisen, dass die Strafverfolgung in einem solchen Fall von Amts wegen nur erfolgt, wenn öffentliches Interesse vorliegt. Weiterhin sollte eine Information über den Ablauf eines Privatklageverfahrens gegeben werden. Hierzu gehört auch der Hinweis auf den bei einigen Delikten vorgeschriebenen Sühneversuch. In allen diesen Fällen ist vorsorglich ein Strafantrag vom Geschädigten einzuholen. 395

E. Aufnahme von Strafanzeigen

I. Allgemeine Verhaltensgrundsätze

Die Anzeigenerstattung stellt für den Bürger eine Ausnahmesituation dar. IdR weiß er nicht, wie das Prozedere abläuft und wie sich die Polizisten verhalten, wenn er sein Anliegen vorbringt. Deshalb kann davon ausgegangen werden, dass der Bürger nervös und aufgeregt ist. Die Erwartungshaltung des Bürgers ist darauf ausgerichtet, Hilfe und Verständnis für sein Anliegen zu bekommen. 396

Deshalb sollte der aufnehmende Beamte bei der Entgegennahme der Anzeige folgendes beachten:

- hilfsbereites und bürgernahes Verhalten prägt das Bild der Polizei,
- der Bürger hat Anspruch auf höfliche und respektvolle Behandlung,
- das Anliegen sollte ernst genommen werden,
- korrektes, hilfsbereites und höfliches Auftreten,
- keine unnötigen Wartezeiten,
- Gleichbehandlung aller Anzeigenerstatter,
- ruhig und sicher auftreten, beruhigend einwirken, nicht provozieren lassen,
- Ehr- und Schamgefühl berücksichtigen,
- beachten der Rechte und Befugnisse der Verletzten im Strafverfahren,
- keine Bagatellisierung des Sachverhaltes,
- Aushändigung „Merkblatt über Rechte und Befugnisse von Verletzten in Strafverfahren“[11] zusammen mit „2 in 1: Schadenersatz im Strafverfahren“[12],
- Informationsblatt über „Information für Anzeige von Privatklagedelikten“ aushändigen[13],
- Hinweis auf besondere Auskunftsmöglichkeiten über den polizeilichen Opferschutzbeauftragten.

II. Entgegennahme und Dokumentation der Strafanzeige

397 Nach erster kurzer Sachverhaltsschilderung und Prüfung, ob Sofortmaßnahmen zur Strafverfolgung oder Gefahrenabwehr einzuleiten sind, erfolgt eine Bewertung, ob tatsächlich der Anfangsverdacht einer Straftat vorliegt. Dann werden die Personalien des Anzeigenerstatters festgestellt. Hierzu gehören

- Name, Vorname,
- Geburtsdatum und -ort,
- aktuelle Wohnanschrift,
- Telefon- und Handynummer, E-Mail, Erreichbarkeit tagsüber.

Dies geschieht durch das Aushändigen eines amtlichen Ausweispapiers. Anschließend werden die Personalien überprüft.

398 Der Anzeigenerstatter ist in aller Regel auch Zeuge und ist daher vor der weiteren Sachverhaltsschilderung entsprechend zu belehren. Die Belehrung ergibt sich aus § 163 III StPO und dazu unter Beachtung des Einzelfalls aus §§ 52, 55 und 57 StPO. Hierbei handelt es sich um das Zeugnisverweigerungsrecht aus § 52 StPO, das Auskunftsverweigerungsrecht aus § 55 StPO und um die Ermahnung zu Wahrheit aus § 57 StPO. Wie bereits unter § 14 (Personalbeweis – Zeugen) ausführlich erläutert, ist die Belehrung des Zeugen in einigen Teilen optional, in ihren Inhalten daher vom Einzelfall abhängig.

399 Im Rahmen der Befragung ist es auch wichtig, das Motiv für die Anzeigenerstattung zu klären. Motive können ganz unterschiedlich sein:

---

[11] Erlass IM NRW, 42–62.03.01, 19.12.2008.
[12] Erlass IM NRW, 42.2–61.05.05, 19.12.2008.
[13] Erlass IM NRW, 42.2–62.18.05, 23.11.2009.

- Anzeigenerstatter ist selbst Opfer dieser Straftat geworden und die Strafanzeige ist Voraussetzung zur Durchsetzung von Versicherungsansprüchen oder von Schadenersatzansprüchen gegenüber dem Täter,
- Anzeigenerstatter hat eine Straftat beobachtet und will den Strafverfolgungsorganen diesen Sachverhalt mitteilen (Gerechtigkeitsgefühl),
- Ausnutzung staatlicher Organe zur Erlangung materieller Vorteile (zB: Betrug zum Nachteil von Versicherungen),
- Befriedigung persönlicher Bedürfnisse (zB: Rache, Neid, Eifersucht …),

Das eigentliche Tatgeschehen muss so dargestellt werden, dass die Staatsanwaltschaft alle Tatbestandsmerkmale nachvollziehen kann, um zu entscheiden welche Rechtsnorm verletzt wurde. Um hierbei den juristischen Anforderungen gerecht zu werden, muss der aufnehmende Beamte,

- die Tatbestandsmerkmale,
- die Rechtswidrigkeit,
- die Schuldformen,
- und die Bedingungen der Strafbarkeit genau kennen.

Bei der Anzeigenaufnahme müssen alle diese Merkmale herausgearbeitet wer- 400
den.[14]

Die Anzeigenaufnahme selbst entspricht in Art und Weise der Durchführung einer zeugenschaftlichen Vernehmung, orientiert sich mithin an den dort einzuhaltenden Abläufen und Formalien.[15]

So ist im Rahmen der Entgegennahme der Strafanzeige dem Anzeigenerstatter zu ermöglichen, den Sachverhalt zunächst zusammenhängend ohne Zwischenfragen zu schildern (sog. „freier Bericht"). Der aufnehmende Beamte sollte sich dabei bereits Notizen zum Inhalt und zu möglichen Fragen machen; Nachfragen sollte er nur dann stellen, wenn er etwas nicht verstanden hat.

Nach der Schilderung ist der Sachverhalt durch Nachfragen weiter zu erfor- 401
schen. Der Inhalt sollte die sieben goldenen W umfassen, deren Reihenfolge und Inhalte jedoch variieren können:

Merke:
- Wer … ist Anzeigenerstatter, Zeuge, Beschuldigter, Tatverdächtiger …
- Wann … war die Feststellzeit, Tatzeit, Beobachtungszeit, der Tatzeitraum …
- Wo … ist der Tatort, war der Beobachtungsort, wurde die Beute gefunden …
- Was … hat sich ereignet, ist genau vorgefallen, wurde gestohlen, haben Sie nach Entdeckung der Tat veranlasst …
- Wie … ist die Tat abgelaufen, wurde die Tat begangen, haben Sie von der erfahren, wie war das Tatobjekt gesichert, wie waren die Beleuchtungsverhältnisse …
- Womit … ist der Täter eingebrochen, ist die Tat begangen worden …
- Warum … wurde die Tat begangen, ist der Täter so vorgegangen…

[14] (*Weihmann/Schuch*, 2011), S. 401 f.
[15] Detailliert in (*Pientka*, 2014: Kriminalwissenschaften II.

Die sieben W-Fragen stellen nur eine Orientierung für den Inhalt dar und sind nicht abschließend. Der Sachverhalt und somit die Fragen haben sich immer am konkreten Fall auszurichten.

402 Sollte die Strafanzeige fernmündlich aufgegeben werden, sollte der Inhalt so weit wie möglich erfragt und schriftlich niedergelegt werden. Gegebenenfalls sollte die Ernsthaftigkeit der Angaben durch einen Rückruf geprüft werden. Der Bürger ist für einen späteren Zeitpunkt vorzuladen, um weitere Fragen zu klären und die Anzeige zu unterschreiben. Seine Unterschrift ist zwingend, sofern es sich um ein Antragdelikt handelt, um von der StA eine Entscheidung über weitere Ermittlungsmaßnahmen und das öffentliche Interesse erlangen zu können.

Bei Offizialdelikten wird die Strafanzeige auch ohne dessen Unterschrift als solche bearbeitet.

In schwierig gelagerten Fällen ist der Bürger auf die Wache zu bitten, um die Anzeige aufzunehmen. Wichtig in diesem Zusammenhang ist aber, dass dazu kein Bürger gezwungen werden kann, und deshalb kann es auch erforderlich sein, den Anrufer zur weiteren Befragung aufzusuchen.

403 Bereits der Anruf und die Mitteilung über einen strafrechtlichen Sachverhalt stellen eine Anzeige dar und müssen protokolliert werden, auch dann, wenn der Bürger zur weiteren Sachverhaltsklärung zur Wache kommen will.

Bei einer mündlichen persönlichen Anzeigenerstattung sind die Angaben des Anzeigenerstatters im Rahmen einer Protokollaufnahme aufzunehmen. In allen
404 anderen Fällen erfolgt die Niederschrift in Berichtsform.

Bei der Protokollform ist folgendes zu beachten:

- Ich-Form,
- Persönliche Ausdrucksform und Formulierungen des Anzeigenerstatters beachten – wesentliche Aussagen sind wörtlich aufzunehmen,
- Missverständliche Ausdrücke/Redewendungen sind zu protokollieren, aber im Text auch zu klären,
- Beginn und Ende der Anzeigenaufnahme sind zu dokumentieren,
- Beurkundung der Anzeige durch den aufnehmenden Beamten und den Anzeigenerstatter durch Unterschrift.

Nach der Protokollaufnahme ist dem Anzeigenerstatter genügend Zeit für das Lesen und Kontrollieren des Textes einzuräumen. Gegebenenfalls sind durch den Anzeigenerstatter handschriftliche Anmerkungen oder Berichtigungen vorzunehmen, die er mit seinem Namenskürzel kenntlich machen sollte. Jede Seite ist zu unterschreiben.

405 In einem abschließenden Gespräch ist der Anzeigenerstatter über den weiteren Fortgang der Anzeige zu informieren. Gleichzeitig hat der Beamte die Möglichkeit (und die Pflicht!), auf Aspekte der Prävention zur Verhinderung zukünftiger Straftaten einzugehen. Außerdem hat er auf Belange der Opferhilfe und des Opferschutzes hinzuweisen, je nach Art der Straftat das Merkblatt „Opferschutz“ und den Flyer zum „2in1-Verfahren“ auszuhändigen.[16]

[16] S. hierzu vertiefend in den Abschnitten des HS zu den speziellen Ermittlungen.

Gehören zur Anzeige auch Beweismittel, Verfalls- oder Einziehungsgegenstände, so hat der aufnehmende Beamte diese zum Vorgang zu nehmen. Hierbei kann es sich zB um vom Täter zurückgelassene Tatmittel handeln. Die Annahme der Verwahrstücke (Fachbegriff: „Asservate") muss durch den aufnehmenden Beamten gegenüber dem Anzeigenerstatter quittiert werden und ihm ist ein entsprechender Beleg auszuhändigen. In der Regel wird eine NW 10 „Durchsuchungs- und Sicherstellungsprotokoll" ausgefüllt. Der Umgang mit dem sichergestellten Gegenstand richtet sich nach dem gültigen Erlass des Innenministeriums über den Umgang mit Verwahrstücken im Bereich der Polizei[17] und nach den Vorschriften der Behörde.

Sind bei der Anzeigenaufnahme Gegenstände in Augenschein zu nehmen, die **406**
zur Auffindung von Spuren führen könnten, so ist dies auch durch den aufnehmenden Beamten zu erledigen (zB Besichtigung des Pkw nach Erstattung einer Anzeige wegen Diebstahls aus Kfz). Sollten bei der Besichtigung tatrelevante Spuren erkannt werden, ist eine sachgemäße Spurensicherung zu veranlassen.

III. Ablauf der Anzeigenaufnahme **407**

Die Aufnahme einer Strafanzeige läuft in der aller Regel nach einem gleichen Schema ab, zB:

Fall:

Gegen 18.00 Uhr erscheint ein Bürger auf der Wache und möchte den Diebstahl seines mobilen Navigationsgerätes aus seinem Auto anzeigen. Ein Anzeigenaufnahmedienst ist nicht mehr im Hause und die K-Wache ist durch andere Einsätze gebunden. Der Wachhabende bittet Sie, die Anzeige aufzunehmen.

Lösung:

Anzeigenerstatter in einen separaten Raum abseits des Publikumsverkehrs bitten

Kurze Sachverhaltsschilderung zur Einschätzung, ob ein Anfangsverdacht einer Straftat gem. § 152 II StPO vorliegt u. um erste Sachverhaltskenntnisse zu erlangen

Anzeigenformular im Vorgangsverarbeitungssystem, zurzeit IGVP, öffnen

Personalienfeststellung durch Vorlegen eines amtlichen Ausweispapiers mit Lichtbild und Feststellung der Erreichbarkeit/Handynummer und Abfrage der Daten

Aufnahme der erforderlichen Falldaten:

- Tatort
- Abstellzeit – Feststellungszeit
- Erforderliche Daten aus der Zulassungsbescheinigung
- Versicherung …

[17] RdErl. des Innenministers, IV A 2–2029, 24.10.1993.

Zusammenhängende Schilderung des vorliegenden Sachverhaltes und Niederschrift in Protokollform,
Gezielte Fragen zur weiteren Sachverhaltsaufklärung,
zB genaue Täterbeschreibung, Besonderheiten der Tatbeute ...

Fragen zu weiteren Zeugen, Unterlagen/Kaufbelegen/Kaufunterlagen, individuellen Merkmalen der Beute, Fotos, Individualnummern, ...

Strafantrag separat unterschreiben lassen oder im Anzeigentext vermerken, Ausdruck der Strafanzeige, Vorlage beim Anzeigenerstatter, komplett durchlesen und Änderungen handschriftlich vornehmen lassen, Text unterschreiben lassen und selbst unterschreiben

Erläuterungen zum Fortgang der Anzeige – Maßnahmen Opferschutz und Opferhilfe: Aushändigung des „Merkblatt über Rechte und Befugnisse von Verletzten in Strafverfahren", Flyer zu Präventionsmaßnahmen ...

Prüfung, ob weitere Ermittlungsmaßnahmen sofort einzuleiten sind:
Hier: Besichtigung des Tatortes = Kfz zur Überprüfung der gemachten Angaben und zur Spurensuche und ggf. Veranlassung der Spurensicherung, Ausschreibung gestohlener Gegenstände in der Sachfahndung ...

Weitergabe der Anzeige über den Dienstgruppenleiter an das zuständige Fachkommissariat

IV. Zeugenschutz gegenüber dem Anzeigenerstatter

408 In vielen Fällen der Anzeigenerstattung äußern die Anzeigenerstatter gegenüber der Polizei, dass sie Angst vor der beschuldigten Person hätten. Diese Angst wird in vielen Fällen damit begründet, dass der Beschuldigte den Namen und die Anschrift des Anzeigenerstatters erfahren wird und sich sicher dafür rächen will. Die Angst reicht hier von möglichen Bedrohungen über Sachbeschädigungen, Körperverletzungen bis hin zu Tötungsdelikten. Diese Angst ist in den meisten Fällen nicht begründet, lässt sich aber im Gespräch auch nicht immer ausräumen.

Die Strafprozessordnung sieht mittlerweile viele Möglichkeiten vor, den Anzeigenerstatter, der in diesen Fällen auch Zeuge ist, zu schützen.

- § 68 I StPO: „Ein Zeuge, der Wahrnehmungen in amtlicher Eigenschaft gemacht hat, kann statt des Wohnortes den Dienstort angeben." Dies gilt auch für Polizeibeamte und ist an keine weiteren Voraussetzungen geknüpft.
- § 68 II StPO: Möglichkeit für „normale" Zeugen, den Wohnort nicht anzugeben.

- § 68 III StPO: Wenn ein begründeter Verdacht besteht, dass Leben, Leib oder Freiheit des Zeugen gefährdet sind, so kann dem Zeugen gestattet werden, keine Angaben zu seiner Identität zu machen.

Diese Möglichkeiten sind bereits bei der Anzeigenerstattung zu prüfen, da zB im letzten Fall die Anzeige ohne die Aufnahme der Personalien stattfindet. Die Personalien werden gesondert festgehalten und in der Handakte der Staatsanwaltschaft geführt.

Eine weitere Möglichkeit besteht darin, den Zeugen in das Zeugenschutzprogramm des Landes Nordrhein-Westfalens aufzunehmen. Dies richtet sich nach dem Zeugenschutz-Harmonisierungsgesetz.[18] Nähere Erläuterungen hierzu finden sich im Hauptstudium. 409

F. Besondere Arten der Strafanzeige

I. Selbstanzeige

Definition: Eine Selbstanzeige liegt vor, wenn sich der Betroffene selbst beschuldigt, eine Straftat als Täter oder Teilnehmer begangen zu haben.

In solchen Fällen ist der Betroffene als Beschuldigter in einem Strafverfahren gem. § 163a StPO in Verbindung mit § 136 StPO zu belehren (zu Inhalt der Belehrung s. 1. Abschnitt, weiteres dazu wird im HS 1 ausführlich besprochen). 410

Die nachfolgende Anzeigenaufnahme, die eine Form der Vernehmung ist, wird dabei in Protokollform stattfinden. Der aufnehmende Beamte hat hier auch die allgemeinen Verhaltensvorschriften und die Vorschriften zur Dokumentation zu beachten. Darüber hinaus ist es wichtig, das Motiv für die Selbstanzeige herauszuarbeiten.

Folgende Motive sind denkbar:
- Selbstbezichtiger/Trittbrettfahrer, ohne die Tat verübt zu haben,
- Gewissensbisse, Reue,
- Verbesserung der eigenen Situation, wenn der Täter mit seiner Ermittlung rechnet,
- Hoffnung auf Strafmilderung/-freiheit.

Bestehen Anhaltspunkte dafür, dass die angezeigte Tat nur vorgetäuscht sein sollte, ist der Betroffenen darüber zu belehren, dass er sich nach § 145d StGB „Vortäuschen einer Straftat" strafbar macht. 411

Im Strafverfahren gibt es, anders als im Steuerstrafrecht nach § 371 I AO, keine automatische Straffreiheit für Selbstanzeiger.

Wichtig ist es, im Rahmen der Anzeigenaufnahme Informationen zu erhalten oder zu erfragen, die nur der Täter wissen kann. Dies sind Informationen, die zB nicht an die Presse weitergeleitet wurden, aber als Tatsachen den Ermittlern

---

[18] Zeugenschutz-Harmonisierungsgesetz (Gesetz zur Harmonisierung des Schutzes gefährdeter Zeugen), Art. 1 des Gesetzes v. 11.12.2001 (BGBl. 2001 I 3510), in Kraft getreten am 31.12.2001.

bekannt sind. Dieses sog. „Täterwissen“ bestätigt, dass es sich mit größter Wahrscheinlichkeit tatsächlich um den Täter handelt.

Beispiel: Bei einem Banküberfall erbeutet der Täter 12.650 EUR. In der Presse wird davon berichtet, dass der Täter einen niedrigen fünfstelligen Bargeldbetrag geraubt hat.

412 Somit wissen nur wenige Menschen von der tatsächlichen Raubsumme. Wenn der Selbstanzeiger in einem solchen Fall die Summe nicht korrekt angeben kann, spricht dies eher nicht für seine Täterschaft, da allgemein bekannt ist, dass der Täter nach einem solchen Überfall die erbeutete Summe sicher genauestens zählen wird und sich auch später daran erinnern kann.

Der aufnehmende Beamte hat bei/nach Aufnahme der Selbstanzeige zu prüfen, welche weiterführenden Maßnahmen zu treffen sind. Hierbei kann es sich um Maßnahmen des Ersten Angriffs bei bisher unbekannten Taten handeln, aber auch um Information der sachbearbeitenden Fachdienststelle zur weiteren Vernehmung und Bearbeitung und Einleitung von strafprozessualen Maßnahmen (vorläufige Festnahme, Durchsuchung, ED-Behandlung …).

II. Anonyme und pseudonyme Anzeigen

Hinweis: Bei anonym (namenlos) oder pseudonym (unter Falschnamen) erstatteten Anzeigen ist es Absicht des Anzeigenden, dass seine Identität unbekannt bleibt.[19]

413 Im Regelfall werden diese Anzeigen hauptsächlich schriftlich oder auch fernmündlich erstattet. Der Strafverfolgungszwang liegt auch hier vor und deshalb sind diese Anzeigen auch entgegenzunehmen. Die auf der Anzeige beruhenden Ermittlungen haben in diesen Fällen zweigleisig zu erfolgen: Einerseits ist der angezeigte Sachverhalt aufzuklären und andererseits ist zu versuchen, die anzeigende Person zu identifizieren, da es sich in der Regel um einen wichtigen Zeugen handelt.

414 Der Inhalt ist sorgfältig zu prüfen und zu analysieren, da in vielen Fällen Erkenntnisse zu schweren Straftaten erlangt werden können, die den Strafverfolgungsbehörden sonst nicht zur Kenntnis gelangt wären (zB anonyme Anzeigen bei Korruptionsstraftaten).

Bei weiteren Ermittlungsschritten muss auch bedacht werden, dass ein häufiges Motiv für die Erstattung einer anonymen Anzeige darin liegt, die beschuldigte Person zu verunglimpfen, da der Anzeigenerstatter Rache, Hass oder Missgunst empfindet.

Strafprozessuale Maßnahmen sollten sich nicht alleine auf den Inhalt der anonymen Strafanzeige stützen, sondern zunächst sind weitere Prüfmaßnahmen bezüglich des Verdachts einzuleiten. Diese Intention kann auch aus § 8 RiStBV gezogen werden, in dem es unter anderem heißt:

19 (*Ackermann/Clages/Roll*, 2011), S. 82.

„Es kann sich empfehlen, den Beschuldigten erst dann zu vernehmen, wenn der Verdacht durch andere Ermittlungen eine gewisse Bestätigung gefunden hat."

Die Ermittlungen zur Identitätsfeststellung des anonymen Anzeigenerstatters sind bei fernmündlichen Anzeigen: 415

- Gründe für die Anonymität erfragen,
- Gespräch aufzeichnen,
- Rückverfolgung des Gespräches veranlassen,
- Verhältnis zum Beschuldigten erfragen,
- Hinweise zur Person des Anonymus durch geschickte Befragung erlangen.

Sollte es sich um einen anonymen Briefschreiber handeln, können folgende Maßnahmen eingeleitet werden, die zur Identifizierung führen können: 416

- Brief und Umschlag sind Spurenträger, deshalb nicht mit bloßen Händen anfassen,
- Brief und Umschlag nicht beschriften und separat in Klarsichthüllen verpacken und mit „Vorsicht Spurenträger" kennzeichnen,
- Ermittlungen mit einer **nach Verpackung** gefertigten Fotokopie weiterführen,
- Brief und Umschlag mit einem entsprechenden Vermerk zur Spurensicherung an den Erkennungsdienst weiterleiten – ggf. mit Vergleichsfingerabdrücken der Personen, die den Brief und den Umschlag angefasst haben.

Führen die Ermittlungen zu dem Ergebnis, dass der Inhalt der anonymen Strafanzeige unwahr ist, ist ein neues Ermittlungsverfahren nach § 164 StGB „Falsche Verdächtigung" oder nach § 145b StGB „Vortäuschen einer Straftat" gegen den Anzeigenerstatter (gegen „unbekannt") einzuleiten. 417

III. Vertrauliche Anzeigen

Eine vertrauliche Strafanzeige liegt immer dann vor, wenn die anzeigenerstattende Person von der Polizei und der Staatsanwaltschaft verlangt, in dem Verfahren namentlich nicht genannt zu werden. Durch diese Zusage zur Geheimhaltung der Identität/der Vertraulichkeit wird dem Gericht und der Verteidigung ein wichtiger Zeuge vorenthalten. Dies widerspricht den Regeln eines fairen Verfahrens und dem Grundsatz der „Aktenwahrheit und Aktenklarheit". 418

Aus diesem Grund ist dies nur in sehr engen rechtlichen Grenzen zulässig. Hierbei sind Verfahrensvorschriften zu beachten, die in den „Richtlinien über die Inanspruchnahme von Informanten, Einsatz von V-Personen und Verdeckten Ermittlern" festgeschrieben sind.[20]

Der gesamte Themenbereich der „Vertraulichkeit/Geheimhaltung der Identität" wird im HS 2.1 ausführlich besprochen. 419

Deshalb wird an dieser Stelle nur auf Verhaltenshinweise eingegangen, die der aufnehmende Beamte zu beachten hat.

---

[20] Gem. RdErl. d. Justizministeriums (4110 – III A. 33) u. d. Innenministeriums (IV A 4 – 6450), 17.2.1986.

Hinweis: Grundsätzlich ist in jeder Behörde festgelegt, wer zur Zusage der Geheimhaltung/Vertraulichkeit befugt ist. Hierbei handelt es sich um einen Beamten des höheren Dienstes, der in der Regel der Direktionsleiter Kriminalität oder der Kriminalinspektionsleiter „Organisierte Kriminalität" ist. Außerhalb der Regeldienstzeit übernimmt diese Funktion regelmäßig der Dienstgruppenleiter der Einsatzleitstelle. Somit scheidet eine Zusage der Geheimhaltung/der Vertraulichkeit durch Beamte des Wachdienstes aus!

420 Erwartet der Anzeigenerstatter sofort eine Entscheidung, ist der Vorgang mit dem Anzeigenerstatter sofort an die zuständige Fachdienststelle für die Führung von V-Personen weiterzuleiten oder außerhalb der Regeldienstzeit an den Dienstgruppenleiter der Kriminalwache. Hier wird dann über das weitere Vorgehen entschieden.

IV. Sonderregeln bei Sexualdelikten

421 Da das Opfer bei der Anzeigenerstattung nach einem Sexualdelikt unter einem großen psychischen Druck steht, werden vom aufnehmenden Polizeibeamten ein besonderes Einfühlungsvermögen und angemessene Zurückhaltung gefordert. Hierbei sind trotzdem die Maßnahmen zur Ermittlung des Täters und zur Einleitung von möglichen Fahndungsmaßnahmen angemessen zu treffen.

Aufgrund der Besonderheit bei der Aufnahme und der späteren Bearbeitung von Sexualdelikten liegen ein Erlass des Innenministeriums „Bearbeitung von Verfahren gegen die sexuelle Selbstbestimmung"[21] und ein Merkblatt „Verhaltensempfehlungen für den Umgang mit Opfern von Sexualstraftaten"[22] vor.

Hiernach gelten folgende besondere Bestimmungen:

- Recht auf Wunsch einer Vernehmung durch eine Person gleichen Geschlechts,
- Sofortige ärztliche Behandlung bei Verletzungen,
- Behauptete Verletzungen dokumentieren oder dokumentieren lassen,
- Hinzuziehung einer Person des Vertrauens bei der Vernehmung (sollte diese Person auch Zeuge sein, ist sie vor dem Opfer zeugenschaftlich zu vernehmen),
- Vernehmung abseits des allgemeinen Publikumsverkehrs,
- „Merkblatt über Rechte von Verletzten und Geschädigten im Strafverfahren"[23] aushändigen.

„Die Befragung durch erstbefasste nicht spezialisierte Kräfte im Zuge der Anzeigenaufnahme hat sich auf den groben Sachverhalt, den Ort und den Zeitpunkt der Tat sowie auf Hinweise zu Tätern, Zeugen und möglichen Tatspuren zu beschränken."[24]

„Fragen zu den persönlichen Verhältnissen des Opfers, zur Vorgeschichte der Tat und zu Einzelheiten des Tathergangs sind zu diesem Zeitpunkt unnötig. Die Äu-

---

[21] RdErl. d. Innenministeriums, 42–6503, 3.2.2004.
[22] Ministerialblatt für das Land Nordrhein-Westfalen, Nr. 9, 5.3.2004.
[23] Hrsg. Justizministeriums des Landes Nordrhein-Westfalen, AVR 32, 2010.
[24] RdErl. d. Innenministeriums, 42–6503, 2.3, 3.2.2004.

ßerung von Zweifeln am Wahrheitsgehalt der Angaben oder Vorwürfe gegen das Opfer haben zu unterbleiben.“[25]

Neben den erlassgemäßen Vorgaben zum Opferschutz/zur Opferhilfe, sollte der Kontakt zum Opferschutzbeauftragten der Behörde hergestellt werden, der die Weitervermittlung zu Hilfsorganisationen übernehmen kann. 422

V. Anzeigen gegen Abgeordnete des Deutschen Bundestages und der Landtage

Aufgrund der sog. „Abgeordnetenimmunität“ nach Art. 46 II GG und entsprechender Landesverfassungen ist eine uneingeschränkte Strafverfolgung nur möglich, wenn die Immunität von den zuständigen Gremien aufgehoben wird. Zulässig sind nur wenige strafprozessuale Maßnahmen zur Verfolgung bei Betreffen auf frischer Tat, zur Entnahme einer Blutprobe nach § 81a StPO bei Verdacht auf eine Trunkenheitsfahrt gem. § 316 StGB bei Betreffen auf frischer Tat. 423

Ansonsten sind die Strafanzeigen gegen diesen Personenkreis aufzunehmen und unverzüglich zur Entscheidung der zuständigen Staatsanwaltschaft zuzuleiten. Das weitere staatsanwaltschaftliche Verfahren wird in den §§ 191 ff. RiStBV genau geregelt. 424

VI. Anzeigen gegen Diplomaten und andere bevorrechtigte Personen

Diplomaten und andere berechtigte Personen sind nach §§ 18–21 GVG von der deutschen Gerichtsbarkeit befreit.[26] 425

Werden Strafanzeigen gegen diesen Personenkreis erstattet, so sind diese aufzunehmen und unverzüglich der zuständigen Staatsanwaltschaft zuzuleiten.

Strafprozessuale Maßnahmen gegen die angezeigten Personen sind nicht zulässig.

In Zweifelsfällen, ob die angezeigte Person tatsächlich einen entsprechenden Status besitzt, helfen die ausgestellten Personalpapiere, andernfalls kann das Auswärtige Amt über eine ständig besetzte Hotline um Auskunft gebeten werden. 426

VII. Anzeigen gegen Kinder

Kinder sind gem. § 19 StGB strafunmündig und können deshalb auch nicht den Beschuldigtenstatus in einem strafrechtlichen Ermittlungsverfahren haben. Der angezeigte Sachverhalt wird in diesen Fällen nicht als Strafanzeige, sondern als Bericht aufgenommen. Wird das angezeigte Kind dann zum Sachverhalt gehört, stellt dies keine Beschuldigtenvernehmung sondern lediglich eine „Anhörung“ dar. Die Ergebnisse der Anhörung werden einseitig von der Polizei dokumentiert. Die Anhörung dient dazu festzustellen, ob strafmündige Personen an der Straftat beteiligt waren oder eine Verletzung der Fürsorge- und Erziehungspflicht vorliegen könnte. 427

---

[25] RdErl. d. Innenministeriums, 42–6503, 2.4, 3.2.2004.

[26] (*Ackermann/Clages/Roll*, 2011), S. 91.

Für das Verfahren ist die PDV 382 „Bearbeitung von Jugendsachen“[27] zu beachten. So ist eine vorläufige Festnahme bei Betreffen auf frischer Tat bei einer rechtswidrigen Tat nicht zulässig.

In diesem Zusammenhang ist besonders darauf zu achten, dass Kinder nicht in Gewahrsamsräumen der Polizei untergebracht werden dürfen.[28] Sie sind unverzüglich den Erziehungsberechtigten oder dem Jugendamt zu überstellen. Sollte eine zeitliche Verzögerung auftreten, sollen sie sich unter Aufsicht in geeigneten Räumen aufhalten.

Die Jugendkriminalität ist Gegenstand des HS 2, dort erfolgen auch detaillierte Aussagen zum polizeilichen Umgang mit Kindern.

VIII. Anzeigen gegen Polizeibeamte

428 Rechtlich gesehen liegen keine anderen Voraussetzungen wie bei allen anderen Strafanzeigen vor. Taktisch gesehen sollte der aufnehmende Beamte jedoch sensibel auf den Anzeigenden eingehen und verdeutlichen, dass Anzeigen gegen Polizeibeamte mit der gleichen Intensität bearbeitet werden wie alle anderen Anzeigen in solchen Fällen auch.[29]

Deshalb muss der aufnehmende Beamte professionell auftreten und durch die Art und Weise der Anzeigenaufnahme die Ernsthaftigkeit der Verfolgung deutlich machen. Sollte sich die Anzeige gegen Beamte der eigenen Dienststelle richten, könnte ein möglicher Vorbehalt dadurch ausgeräumt werden, dass nach Rücksprache mit Vorgesetzten diese Anzeige durch einen Beamten einer anderen Dienststelle aufgenommen wird.

Zum Schutz des angezeigten Beamten ist die Anzeige im Vorgangsbearbeitungssystem der Polizei mit einem sog. „Satzschutz“ zu belegen, der es anderen (unberechtigten) Behördenbediensteten nicht erlaubt, diesen Vorgang zu lesen.

Die Anzeigen gegen Polizeibeamte sind über den Vorgesetzten unverzüglich der Dienststelle zuzuleiten, die für die Bearbeitung zuständig ist. In der Regel werden diese Anzeigen dann sofort an den zuständigen Sonderdezernenten der Staatsanwaltschaft zur weiteren Entscheidung übersandt.

G. Vereinfachtes Verfahren

429 Ziel der Anwendung des vereinfachten Verfahrens ist es, Arbeitskapazitäten bei der Polizei frei zu machen, um diese bei der Bekämpfung der mittleren und schweren Kriminalität einzusetzen. Das vereinfachte Verfahren soll trotzdem die notwendigen Feststellungen für das strafrechtliche Ermittlungsverfahren feststellen. Der erforderliche Arbeitsaufwand soll durch standardisierte Vordrucke gestrafft werden. Hierzu gibt es besondere Vordrucke, die mit dem Buchstaben „V“ versehen sind, zB: Strafanzeige V, Beschuldigtenanhörung V und Zeugenanhörung V.

---

[27] RdErl. d. Innenministeriums, IV C 2–1591, 7.12.1995.

[28] RdErl. d. Innenministeriums, 43.57.01.08, § 1 Ziff. 2, 20.3.2009.

[29] S. hierzu auch Differenzierungsverbot (*Bialon/Springer*, 2016).

Die Einzelheiten regelt der Erlass „Vereinfachtes Verfahren zur Bearbeitung ausgewählter Delikte".[30]

Der Erlass schließt das vereinfachte Verfahren bei Strafanzeigen gegen Kinder, Jugendliche und Heranwachsende, bei häuslicher Gewalt und bei Staatsschutzdelikten aus. 430

In der Anlage „Dienstanweisung" für das „Vereinfachte Verfahren zur Bearbeitung ausgewählter Delikte" sind die Delikte aufgeführt, auf die das Verfahren angewandt wird.

Der Deliktskatalog ist in zwei Bereiche unterteilt:

- **Privatklagedelikte**
  - Beleidigung (§ 185 StGB)
  - Hausfriedensbruch (§ 123 StGB)
  - Vorsätzliche Körperverletzung (§ 223 StGB)
  - Sachbeschädigung (§ 303 StGB)
  - Bedrohung (§ 241 StGB)
- **Offizialdelikte**
  - Einfacher Diebstahl (§§ 242, 248a StGB)
  - Unterschlagung (§ 246 StGB)
  - Betrug (§ 263 StGB)
  - Beförderungserschleichung (§ 265a StGB) – nicht jedoch Automatenmissbrauch und Ähnliches
  - Missbrauch von Notrufen (§ 145 StGB)

Der Umgang mit diesen Delikten und somit auch der Umfang der Ermittlungstätigkeit werden entsprechend der Gewichtung des Straftatbestandes oder der Höhe des Objektwertes/Schadensumfangs unterteilt. 431

Bei der Fallgruppe A handelt es sich um Fälle, in denen grundsätzlich keine öffentliche Klage erhoben wird: 432

- Privatklagedelikte,
- Offizialdelikte mit einem Objektwert/Schadensbetrag bis zu 25 EUR (bei Sachbeschädigungen bis zu 100 EUR).

In den oben angeführten Fällen genügt es, wenn Beschuldigte nach Belehrung gem. § 163a iVm § 136 StPO durch Ankreuzen und Unterschreiben auf dem Vordruck „Beschuldigtenanhörung – V –" die Tat einräumen. Beschuldigte sind auch darauf hinzuweisen, dass sie durch Ankreuzen ihr Einverständnis mit der Einstellung des Verfahrens gegen Zahlung einer Geldbuße erklären können (§ 153a StPO).[31]

Bei der Fallgruppe B handelt es sich um Delikte, bei denen im öffentlichen Interesse grundsätzlich eine Strafverfolgung von Amts wegen und die Erhebung der öffentlichen Klage in Betracht kommen:

- gravierende Formen der Privatklagedelikte
- Offizialdelikte mit einem Objektwert/Schadensbetrag zwischen 25 und 250 EUR bei Sachbeschädigung zwischen 100 und 250 EUR)

---

30 RdErl. d. Innenministeriums, IV D 1/C 2–6533/2706, 4.3.1994.

31 Dienstanweisung für das Vereinfachte Verfahren zur Bearbeitung ausgewählter Delikte, 2.2.

- Straftaten der Fallgruppe A, bei denen sich Anhaltspunkte ergeben für
  - Ermittlungsverfahren aus den letzten drei Jahren,
  - Serienstraftaten oder
  - sexuelle Motive.

433 In diesen Fällen ist über die Vernehmung eine gestraffte Niederschrift anzufertigen oder eine stichwortartige Inhaltsangabe in der Sachverhaltsschilderung vorzunehmen. Das Einverständnis mit der Einstellung des Verfahrens gegen Zahlung einer Geldbuße kann auch in diesen Fällen erklärt werden.[32]

Die angestrebte Straffung des Verfahrens wird dadurch gewährleistet, dass am Tatort die erforderlichen Feststellungen weitestgehend getroffen, anwesende Zeugen und Beschuldigte angehört werden und dies auf den entsprechenden Vordrucken („Strafanzeige – V –, Zeugen-/Beschuldigtenanhörung – V –") dokumentiert wird. Soweit Lesbarkeit gewährleistet werden kann, können die Vordrucke am Tatort handschriftlich ausgefüllt werden.[33]

Mit Erlass des Innenministeriums „Beschleunigte Bearbeitung von Vergehen nach §29 Abs. 1, 2 und 4 des Betäubungsmittelgesetzes" ist das oben genannte Verfahren nun auch auf diese Verstöße anzuwenden.[34]

434 In der polizeilichen Praxis wird das vereinfachte Verfahren hauptsächlich im Bereich des Ladendiebstahls oder als beschleunigtes Verfahren im Betäubungsmittelbereich angewandt.

§30 Der Tatort

A. Juristischer Tatort

435 Der juristische Tatort ergibt sich aus §9 I StGB:

! **Definition:** Tatort im juristischen Sinne ist der Ort, an dem der Täter gehandelt hat oder im Falle des Unterlassens hätte handeln müssen oder an dem der zum Tatbestand gehörende Erfolg eingetreten ist oder nach der Vorstellung des Täters eintreten sollte.

436 Sind Vorbereitungs- und Versuchshandlungen vom Tatbestand mit erfasst, so fallen auch die Orte, an denen solche Handlungen vollzogen wurden, unter den juristischen Tatortbegriff.[35] Alle sonstigen Vorbereitungshandlungen und der Wissensentschluss zur Tat sind straflos (zB: das Kaufen von Brandbeschleuniger für eine schwere Brandstiftung oder die Beobachtung einer Bank für einen späteren Überfall)[36].

---

[32] Dienstanweisung für das Vereinfachte Verfahren zur Bearbeitung ausgewählter Delikte, 2.3.

[33] Dienstanweisung für das Vereinfachte Verfahren zur Bearbeitung ausgewählter Delikte, 3.2.

[34] Gem. RdErl. d. Innenministeriums – IV D 1–6507/6533 – u. d. Justizministeriums – 4630 – III A. 7 „IMA", 13.5.1997.

[35] (*Wirth*, 2010), S. 559.

[36] Vertiefend s. hierzu (*Nolden/Palkovitz/Dittert/Pichocki*, 2015).

Abb. 38: Tatort im juristischen Sinne.

Da § 9 StGB nur von den Begehungsorten einer Tat spricht, sind hiervon nur Taten erfasst, die rechtswidrig nach § 11 I Nr. 5 StGB und somit mit Strafe bedroht sind. Somit gibt es bei Ordnungswidrigkeiten keinen Tatort.

Der juristische Tatort begründet die Zuständigkeit der Staatsanwaltschaft und des Gerichts.

Nach Nr. 2 Abs. 1 der RiStBV führt grundsätzlich der Staatsanwalt die Ermittlungen, in dessen Bezirk die Tat begangen ist.[37]

Nach § 7 StPO ist der Gerichtsstand bei dem Gericht begründet, in dessen Bezirk **437**
die Straftat begangen ist. Die §§ 8 und 9 StPO lassen auch den Wohnsitz bzw. Aufenthaltsort des Angeschuldigten und den Ergreifungsort als Gerichtsstand zu, wobei unter mehreren zuständigen Gerichten demjenigen der Vorzug gebührt, das die Untersuchung zuerst eröffnet hat (§ 12 StPO).

B. Kriminalistischer Tatort

Definition: Ein Tatort im kriminalistischen Sinne ist jeder Ort, an dem der Täter vor, während und nach der Tat gehandelt hat.

Somit ist der kriminalistische Tatortbegriff weiter gefasst als der juristische, da **438**
dieser sich auf die Tatbestandsverwirklichung beschränkt, was aber für die kriminalpolizeilichen Ermittlungen nicht ausreicht.

Der kriminalistische Tatortbegriff ist eher funktional-pragmatisch orientiert. Hier werden alle Orte erfasst, wo sich das kriminalistisch und strafrechtlich bedeutsame Geschehen ereignet hat und wo dem zufolge Informationen zum Täter, zur Tatbegehung und zum Opfer gewonnen werden können. So kann auch gesagt werden, dass sich jede Tat in eine Vortatphase, in eine Haupttatphase und in eine Nachtatphase aufgliedern lässt.

Die weitere Konsequenz ist, dass im Zusammenhang mit einer KFA bei „Bedeutung des Tatortes" in drei verschiedenen Teilaspekten bewertet werden muss: zunächst ist der Tatort der Vortatphase zu bewerten, dann der Tatort der Haupttatphase (also als der Tatort im engeren Sinne – der Tatort nach § 9 StGB) und zuletzt der Tatort der Nachtatphase.

[37] Richtlinien für das Strafverfahren und das Bußgeldverfahren (RiStBV) v. 1.1.1977.

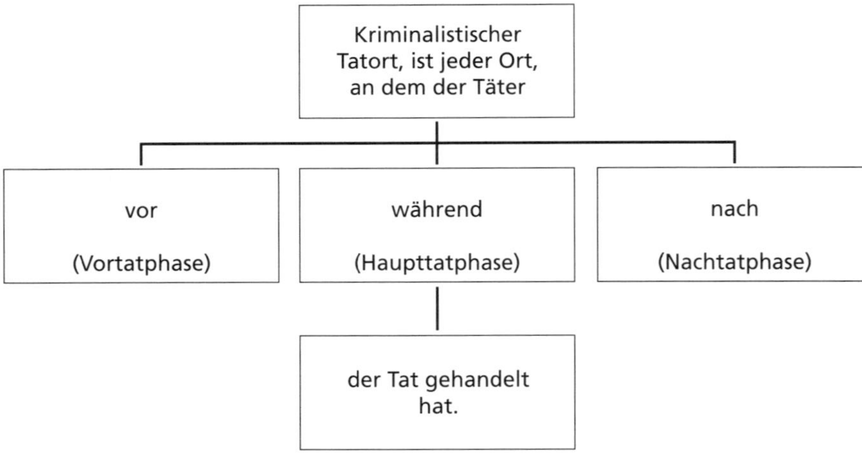

Abb. 39: Tatort im kriminalistischen Sinne.

Merke: Der kriminalistische Tatort wird weiterhin unterschieden nach
- Tatort im engeren Sinne,
- Tatort im weiteren Sinne.[38]

439 Tatort im engeren Sinne ist der eigentliche Ort der Tat, an dem die Tat vollzogen wurde, also der Ort des Ereignisses. Tatort im weiteren Sinne kann zB der Fundort von Diebesgut, einer Leiche sein, aber auch der Zu- oder Abgangsort, der Vorbereitungsort, der Verbergungsort usw.

Somit ist der Tatort im engeren Sinne dem juristischen Tatort gleichzusetzen.

Nicht in allen Fällen ist sofort ersichtlich, ob tatsächlich der Verdacht einer Straftat nach § 152 II StPO vorliegt. Trotzdem sind ein sofortiges polizeiliches Einschreiten und eine Ursachenfeststellung erforderlich, so zB bei Todesermittlungssachen, Vermisstensachen, Unglücksfällen oder Ähnlichem. Deshalb haben sich in der Kriminalistik noch weitere Begriffe etabliert:

- Ereignisort

Definition: Unter dem Ereignisort ist ein Oberbegriff zur Kennzeichnung eines Raumes oder Ortes zu verstehen, in dem sich ein kriminalistisch relevantes Ereignis oder ein die öffentliche Sicherheit beeinträchtigender Sachverhalt ereignete.

- Fundort

Definition: Der Fundort ist ein Ereignisort, an dem Gegenstände, Sachen oder Personen aufgefunden werden, die mit einer Straftat oder anderen kriminalistisch relevanten Handlungen in Verbindung stehen bzw. gebracht werden können.

[38] (*Ackermann/Clages/Roll*, 2011), S. 109 f.

- Brandort

Definition: Der Brandort ist der Ereignisort eines Brandes.

- Unfallort

Definition: Unfallort, örtlicher Bereich, in dem sich ein Unfall ereignet hat.

C. Tatorte mit besonderen Zuständigkeiten

Auch innerhalb einer KPB kann es an einem Ereignisort zu Zuständigkeitsfragen kommen, da mehrere Polizeibehörden gleichzeitig einen Auftrag zur Erforschung der Sache haben können. Klassisch im täglichen Dienst sind solche Ereignisse, bei den Bundes- und Landespolizei gleichermaßen tätig werden. Dies ist zB immer dann der Fall, wenn Bahnhöfe, Bahnsteige, Flughäfen usw zum Tatort werden. Gerade in den letzten Jahren werden, glaubt man den Medienberichten, immer mehr Straftaten auf Bahnhöfen begangen (weniger auf Flug- und Seehäfen oder Grenzen). Damit erhält gerade die Frage „Wer macht im Falle einer Schlägerei[39] auf dem Bahnsteig genau was?" auch immer mehr Relevanz. 440

Die Abgrenzung der Zuständigkeiten ist dann jeweils unter drei Aspekten zu treffen: 441

- Beachtung des Legalitätsprinzips,
- Inhalt und Regelungen im BPolG[40] in Abgrenzung zu den Landespolizeigesetzen,
- BPolZV[41] zu treffen.

Allerdings ist auch zu berücksichtigen, dass nach der Klausel im BPolG die Zuständigkeiten der Länderpolizeien unberührt bleiben, sie also nach wie vor ihre Aufgaben zu erfüllen hat. Damit sind auch Sofortzugriffe in Bahnhöfen nach wie vor möglich; die Aussage „das ist Bahnhof, da sind wir nicht zuständig", ist damit nicht korrekt. 442

Das BPolG sagt dazu aus:

„§ 58 Sachliche und örtliche Zuständigkeit

(1) Das Bundesministerium des Innern regelt durch Rechtsverordnung die sachliche und örtliche Zuständigkeit der einzelnen Bundespolizeibehörden.

(2) Beamte der Bundespolizei können Amtshandlungen im gesamten Zuständigkeitsbereich der Bundespolizei vornehmen. Sie sollen in der Regel im Zuständigkeitsbereich ihrer Behörde tätig werden.

(3) …"

---

[39] Laut Jahresbericht der Bundespolizei für das Jahr 2015 wurden in diesem Jahr insgesamt 8.331 Körperverletzungsdelikte aufgenommen, https://www.bundespolizei.de/Web/DE/Service/Mediathek/Jahresberichte/jahresbericht_2015_file.pdf?__blob=publicationFile&v=5 (zuletzt abgefragt am 1.5.2017).

[40] Bundespolizeigesetz v. 19.10.1994 (BGBl. 1994 I 2978, 2979).

[41] Verordnung über die Zuständigkeit der Bundespolizeibehörden v. 22.2.2008 (BGBl. 2008 I 250).

443 Das bedeutet, dass zB die Zuständigkeiten der früheren Bahnpolizei, heute Teil der Bundespolizei (BPol), durch Rechtsverordnung geregelt sind. Dies geschieht durch die „Verordnung über die Zuständigkeit der Bundespolizeibehörden", kurz BPolZV. Auch die Zusammenarbeit und Zuständigkeitsabgrenzungen mit der Landespolizei finden sich dort näher ausgestaltet. Sie richtet sich zunächst nach

„§ 64 Amtshandlungen von Polizeivollzugsbeamten der Länder sowie von Vollzugsbeamten anderer Bundesbehörden oder anderer Staaten im Zuständigkeitsbereich der Bundespolizei

(1) Polizeivollzugsbeamte eines Landes können Amtshandlungen zur Wahrnehmung von Aufgaben der Bundespolizei vornehmen

1. auf Anforderung oder mit Zustimmung der zuständigen Bundespolizeibehörde,
2. zur Abwehr einer gegenwärtigen Gefahr, zur Verfolgung von Straftaten im Sinne des § 12 Abs. 1 auf frischer Tat sowie zur Verfolgung und Wiederergreifung von aus dem Gewahrsam der Bundespolizei Entwichenen, wenn die zuständige Bundespolizeibehörde die erforderlichen Maßnahmen nicht rechtzeitig treffen kann.

In den Fällen der Nummer 2 ist die zuständige Bundespolizeibehörde unverzüglich zu unterrichten.

(2) Werden Polizeivollzugsbeamte eines Landes nach Absatz 1 tätig, so richten sich ihre Befugnisse nach dem für die Polizei des Landes geltenden Recht."

...

444 Blickt man nun in die BPolZV als ausgestaltende Rechtsverordnung, so finden sich für die Praxis wesentlich folgende Regelungen:

Die BPol ist dort, wo ihre örtliche Zuständigkeit liegt, auch für die Erforschung von Straftaten zuständig; in aller Regel gibt es Übereinkünfte mit den Kreispolizeibehörden, in deren Bereich die Gebiete der BPol liegen. Handelt es sich um Straftaten, die besondere Ermittlungsansätze und Spezialkenntnisse erfordern (so zB mögliche Tötungsdelikte, wozu auch Suizide gehören), so übernimmt die KPB die Ermittlungen.

445 Für die Praxis bedeutet das: wenn man den Dienst in einer neuen Behörde aufnimmt, sollte man die örtlichen Gegebenheiten durch Einsichtnahme in die Aktenlage klären (und nicht nur durch den Hinweis älterer Kollegen, man mache das schon immer so), um im täglichen Einsatzgeschehen korrekte Entscheidungen treffen zu können.

D. Bedeutung des Tatortes für das Ermittlungsverfahren

446 „Der Tatort ist in den meisten Fällen Träger von Spuren der Tat, die für das kriminalistische Erkenntnis- und Beweisverfahren über das Tatgeschehen und die Täterschaft im Allgemeinen von großer Bedeutung sind."[42]

Die Bedeutung des Tatortes hängt vom begangenen Delikt und vom Spurenaufkommen dieses Deliktes ab. Somit ist der Tatort für die Ermittlung des Täters und zur Aufklärung des konkreten Deliktes von herausragender Bedeutung. Die vorhandenen Spuren beziehen sich sowohl auf den Personal- als auch auf den Sachbeweis.

[42] (*Ackermann/Clages/Roll*, 2011), S. 108.

Da der Täter im Sinne des kriminalistischen Tatortes an allen Orten gehandelt hat, sind dort auch Spuren zu erwarten, die für die weiteren Ermittlungsschritte von großer Bedeutung sein können. Die vorhandenen und zu findenden Tatortspuren (Sachbeweise) führen in vielen Fällen zur Ermittlung und Überführung der Täter, insbesondere dann, wenn Zeugen keine oder nur unzureichende Aussagen zum Tatgeschehen machen. Hinzu kommt, dass sich immer mehr Täter am Tatort im engeren Sinne so verhalten, dass sie keine oder kaum auswertbare Spuren hinterlassen (zB Tragen von Handschuhen, Benutzung neu angeschaffter Tatwerkzeuge). Dies trifft aber nicht immer auf die Vortat- oder Nachtatphase zu (zB: Auskundschaften einer Bank mit eigenem Pkw, Verkauf der Beute über das Internet). Deshalb ist es Ziel der kriminalpolizeilichen Ermittlungen, auch die Orte der Vorbereitungshandlungen, des Fluchtweges und der Beuteverwertung zu ermitteln und somit den kriminalistischen Tatort in Gänze aufzuklären. 447

Die Ermittlungen am Tatort können ergeben, dass das vorliegende Delikt, eventuell qualifizierende Tatbestandsmerkmale, die Begehungsweise (modus operandi) und die eingesetzten Tatmittel und das Tatmotiv erkannt werden. Außerdem können Hinweise zu den Tatbeteiligten mit deren jeweiligen Tatbeiträgen und Zeugen erlangt werden. Daraus resultiert unter Nutzung des kriminalistischen Denkens und der strukturierten kriminalistischen Arbeit (s. hierzu Hypothesen, KFA) die Erarbeitung eines gedanklichen Modells, wie sich die Tat entwickelt haben kann, wie der zeitliche Ablauf der Tat war mit Hinweisen zu anderen kriminalistisch relevanten Orten. 448

Der Tatort ist somit wichtigste Informationsquelle für die Erhebung des subjektiven und objektiven Befundes und begründet die örtliche Zuständigkeit der Polizei. Die Feststellung von Zeugen und Verdächtigen am Tatort im engeren und weiteren Sinne ist wesentliche Arbeit der einschreitenden Beamten. Anhand der objektiven Spurenlage ist es möglich, Aussagen von Zeugen und Tatverdächtigen zu überprüfen. Unter Umständen lassen sich auch Zusammenhänge mit anderen Straftaten oder ein Serienzusammenhang allein durch eine gute Tatortarbeit erkennen.

Hinweis: Der Tatort ist immer auch eine Situationsspur, mit der die Rekonstruktion des Tatgeschehens unterstützt oder ermöglicht werden kann.

Die Bedeutung des Tatortes ist nicht bei allen Delikten gleich. So gibt es Delikte, bei denen das Spurenaufkommen eher gering ist (zB: Beleidigung, einige Vermögensdelikte, Meineid) und Delikte, die spurenträchtig sind (zB: Tötungsdelikte, Vergewaltigungen, Einbruchsdelikte). Somit hängt der Wert des Tatortes von Spurenaufkommen ab. 449

E. Vergänglichkeit des Tatortes

In der Regel ist bei Erscheinen der Polizei am Tatort dieser nicht mehr in seinem ursprünglichen Zustand vorhanden. Veränderungen können eintreten durch: 450

- Personen
  - Täter/Tatbeteiligte/Mittäter

  - Passanten
  - Rettungskräfte
  - Einsatzkräfte
- Tiere
  Tierfraß, Madenbefall, Verschleppen von Spuren
- Witterungseinflüsse
  Regen, Schnee, Hitze …
- Verkehrsmittel
  Überfahren von Spuren durch Kfz …
- Physikalische und chemische Einflüsse
  Fäulnis, Verdunstung …

451 Jede Veränderung des Tatortes und der Spurenlage kann die Ermittlung des Täters und die Aufklärung der Tat erschweren.

„Das polizeiliche Ziel ist stets darauf auszurichten, den Tatort bis zur Aufnahme des Tatortbefundes möglichst unverändert zu erhalten."[43]

Dies ist ein Grund für die Notwendigkeit des unverzüglichen Aufsuchens und Besichtigens des Tatortes durch die Polizei. Die Tatortbesichtigung erfolgt in der Regel im Rahmen des ersten Angriffs zeitnah nach Kenntnisnahme des Sachverhaltes.

452 Sicher sind die Bedeutungen von Tatorten aus Sicht der Polizei auch unter Berücksichtigung der begangenen Delikte unterschiedlich zu gewichten, das bedeutet aber nicht, dass von diesem Grundsatz ohne erkennbare und nachvollziehbare sachliche Gründe abgewichen werden sollte. Auch der Einbruch in eine Gartenlaube ist ein Tatort, der aufzusuchen und abzuarbeiten ist und der als Spur der Vergänglichkeit unterliegen kann.

§ 31 Fahndungsmaßnahmen im Rahmen des Ersten Angriffs

!

Definition: Fahndung im polizeitaktischen Sinn ist die planmäßige, allgemeine oder gezielte Suche nach Personen oder Sachen im Rahmen der Strafverfolgung, Strafvollstreckung, Gefahrenabwehr oder zur Durchführung ausländerrechtlicher Maßnahmen.[44]

„Art, Umfang und Intensität der Fahndungsmaßnahmen richten sich nach dem Fahndungsanlass, der Schwere der Tat und deren Sozialschädlichkeit."[45]

453 Gemäß der PDV 100 dient die Fahndung dem Auffinden von Personen und Sachen,[46] wobei die weitere Ausgestaltung und Regelung von Fahndungsbesonderheiten in der PDV 384.1 enthalten sind.[47] Weitere Besonderheiten finden sich in der PDV 389[48], in der Vermisstenfahndung beschrieben und reglementiert wird.

---

43 (*Ackermann/Clages/Roll*, 2011), S. 109.
44 PDV 384.1, Fahndung, Ausgabe 2004, Ziff. 1.1.
45 (*Wirth*, 2010), S. 194.
46 PDV 100, Ziff. 3.7.1.
47 PDV 100, Ziff. 3.7.2.
48 Vermisste, unbekannte Tote, unbekannte hilflose Personen.

„Die polizeiliche Fahndung ist ein wichtiges polizeiliches Tätigkeitsfeld. Sie dient sowohl der Gefahrenabwehr als auch der Verbrechensbekämpfung. Fahndungsarbeit ist auch ohne ausdrücklichen Auftrag Aufgabe eines jeden Polizeibeamten im täglichen Dienst."[49]

Hierbei handelt es sich in der Regel um die allgemeine Fahndung, ohne dass konkrete Hinweise auf Personen oder Sachen vorliegen. Bei der gezielten Fahndung ist die Suche aufgrund konkreter Hinweise oder von Auswertungsergebnissen durchzuführen. 454

Die PDV 384.1 gibt einen Überblick über die Struktur der polizeilichen Fahndung:

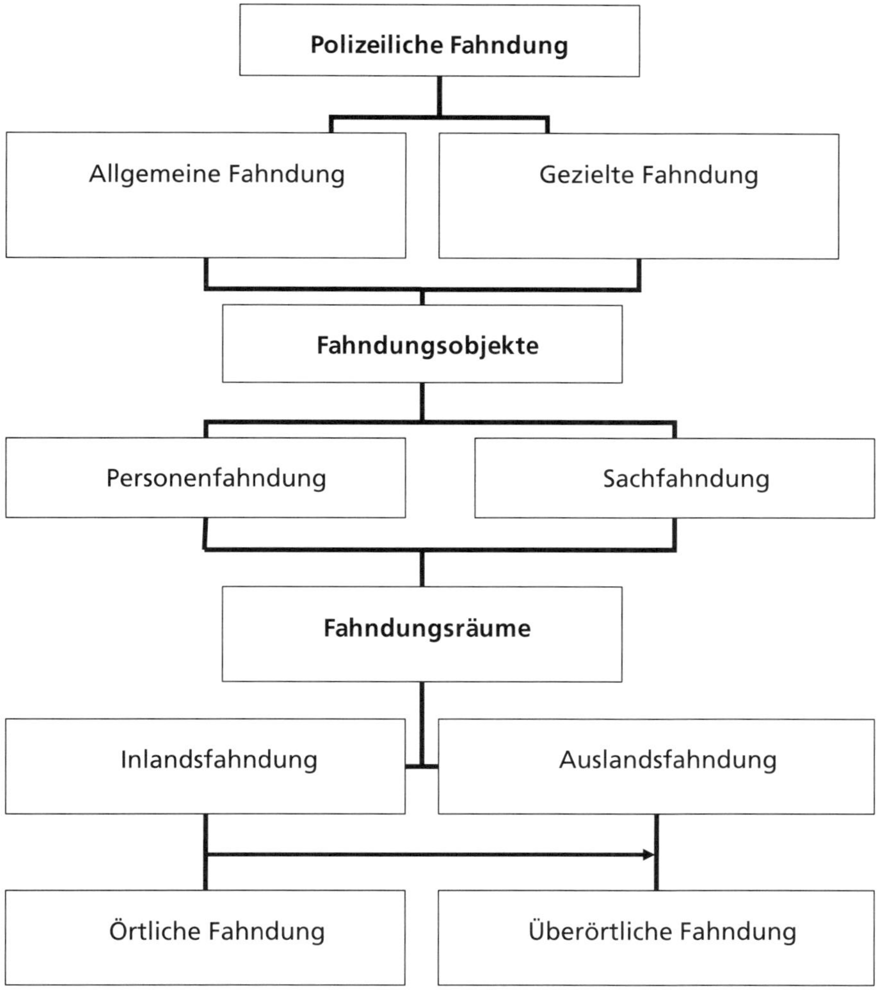

Abb. 40: Fahndungsarten und -räume in der Übersicht.

[49] (*Clages/Ackermann*, 2017), S. 266.

455 Fahndungen sind nur im Rahmen der gesetzlichen Bestimmungen zulässig. Gem. § 163 StPO besteht der Auftrag der Polizei zur Strafverfolgung, also auch zur Fahndung. Die Bestimmungen zur Gefahrenabwehr ergeben sich aus dem Polizeigesetz NRW.

Mögliche Fahndungsmaßnahmen sind von unterschiedlicher rechtlicher Qualität und erfordern das Vorliegen entsprechender Eingriffsermächtigungen (s. hierzu *Bialon/Springer* [2016]).

Die PDV 384.1 nennt und beschreibt mehrere Fahndungsarten, von denen an dieser Stelle nur einige ausgewählte aufgenommen wurden, die für das Grundstudium wichtig sind und im Rahmen des Ersten Angriffs oft eingeleitet werden.

I. Tatortbereichsfahndung

Definition: Sie ist eine kalendermäßig vorbereitete, aus aktuellem Anlass durchgeführte gezielte Fahndung in einem begrenzten Raum um den Tatort. Sie wird regelmäßig ausgelöst, wenn Anhaltspunkte dafür vorliegen, dass der Täter noch im Tatortbereich ergriffen werden kann oder Fahndungshinweise gewonnen werden können.[50]

456 Darüber hinaus ist die Tatortbereichsfahndung notwendiger Bestandteil jeder anderen besonderen Fahndung. Wird also eine besondere Fahndung, wie zB die Ringalarmfahndung, ausgelöst, so werden die Maßnahmen der Tatortbereichsfahndung darin einbezogen.

Innerhalb der Tatortbereichsfahndung geht es hauptsächlich darum, Hinweise zu erlangen über

- Täter,
- Bewaffnung,
- Fluchtzeit,
- Fluchtweg/-richtung,
- Fluchtmittel,
- weitere Zeugen,
- sonstige Beweismittel.

457 Werden im Rahmen dieser Fahndungsmaßnahme weiterführende Hinweise erlangt, die bisher noch nicht vorlagen, führen sie zu einer sofortigen Fahndungsergänzung, damit die bei der Fahndung eingesetzten Kräfte jederzeit mit allen aktuellen relevanten Erkenntnissen versorgt sind.

Bei der Auslösung der Tatortbereichsfahndung wird eine Weg-Zeit-Berechnung angestellt. Hierbei ist es wichtig zu erfahren, wann die Tat entdeckt wurde, wann die genaue Anrufzeit ist und welchen räumlichen Vorsprung der Täter haben kann.

Die Fahndungsleitung obliegt der örtlich zuständigen Kreispolizeibehörde, in aller Regel der zuständigen Einsatzleitstelle. Die Leitstelle entscheidet auch, wie viele Einsatzmittel eingesetzt werden.

[50] (Wirth, 2010), S. 562.

Beispiel: Zeuge Z meldet einen Pkw-Aufbruch über den Notruf. Er hat unmittelbar vor dem Anruf gesehen, wie ein unbekannter Mann von einem Fahrzeug weglief, bei dem offensichtlich die Scheibe eingeschlagen wurde. Der Zeuge kann eine ungefähre Beschreibung der Person und der mitgeführten Gegenstände geben und bezeichnet die Fluchtrichtung.

In einem solchen Fall ist die Auslösung einer Tatortbereichsfahndung mit mehreren Einsatzmitteln geboten, da sich der Täter noch in unmittelbarer Nähe des Tatortes aufhalten könnte und die Wahrscheinlichkeit groß ist, dass er im Rahmen der Fahndung angetroffen werden kann. Eine Weg-Zeit-Berechnung ergibt, dass der vermutliche Täter noch keine größere Strecke zurückgelegt haben kann und möglicherweise im Umfeld weitere Taten begehen könnte. **458**

II. Ringalarmfahndung

Definition: Die Ringalarmfahndung ist eine Alarmfahndung, bei der in Abhängigkeit von dem seit dem auslösenden Ereignis vergangenen Zeitraum grundsätzlich ringförmig um den Tatort bzw. Feststellungsort und an in einem jeweils anzuordnenden Radius festgelegten Kontrollstellen und im Inneren des Fahndungsraumes gefahndet wird.[51]

Das bedeutet, dass nach einer entsprechenden Tat der Tatort als Zentrum angenommen und um diesen herum nach der sog. „Weg-Zeit-Berechnung" ein Kreis mit entsprechendem Radius gezogen wird. **459**

„Bei der Festlegung des Fahndungsraumes (Radius in km) sind die Fluchtzeit, die räumliche Struktur, Verkehrswege, Verkehrslage und Fluchtfahrzeuge zu berücksichtigen."[52]

Im Inneren des so berechneten Radius' wird eine Tatortbereichsfahndung durchgeführt, dies durch die Kräfte der Tatort-Dienststelle. Zusätzlich werden wesentliche Verkehrsknotenpunkte (Kontrollstellen) festgelegt, die durch Kräfte besetzt werden, die von außen in Richtung Tatort an ihre Einsatzorte herangeführt werden. **460**

Die festgelegten Kontrollstellen befinden sich in aller Regel auf möglichen Fluchtwegen, zB Autobahnen, Bundesstraßen, Ausfallstraßen.

Eine Ringalarmfahndung wird zumeist dann ausgelöst, wenn die Wahrscheinlichkeit besteht, dass der Täter den festgelegten Radius verlassen wird und eine schwerwiegende Straftat vorliegt.

Beispiele für das Auslösen der Ringalarmfahndung:
- Raub auf Geldinstitute,
- Verkehrsunfallflucht mit Verletzten/Toten,
- Raub auf Geldboten unter Einsatz einer Schusswaffe …

Allerdings gibt es auch Entscheidungen gegen Ringalarmfahndungen, die aus kriminalistischer Erfahrung und kriminologischer Forschung resultieren: zB **461**

[51] (*Wirth*, 2010), S. 470.
[52] (*Wirth*, 2010), S. 470.

wird bei Vorliegen eines Handtaschenraubes regelmäßig auf die Auslösung der Ringalarmfahndung verzichtet, da davon auszugehen ist, dass es sich um einen örtlichen Täter handelt, der den festgelegten Radius nicht verlassen wird. Die Auslösung der Tatortbereichsfahndung ist davon nicht betroffen.

III. Verkehrswegesofortfahndung

Definition: Verkehrswegesofortfahndung ist die Suche nach Personen oder Sachen, bei der ausgehend vom Tatort unter entsprechender Weg-Zeit-Berechnung auf oder an Verkehrswegen polizeiliche Kontrollen (zB Durchfahrt- oder Anhaltekontrollen) durchgeführt werden.

Mögliche Kontrollorte sind Autobahnen, Schnellstraßen, Züge, Bahnhöfe, Wasserstraßen und Flugplätze.

462 Wichtig ist, dass die Verkehrswegesofortfahndung auch mit der Ringalarmfahndung oder anderen Fahndungsarten gekoppelt werden kann.

Die Verkehrswegesofortfahndung wird ausgelöst, wenn die Vermutung besteht, der Täter könnte sich mit einem anderen Verkehrsmittel außer mit einem Kraftfahrzeug vom Tatort absetzen und hierzu zB einen Zug, ein Flugzeug oder ein Schiff benutzen.

Weitere Fahndungsarten, zB Öffentlichkeitsfahndung in Form von Lautsprecherdurchsagen oder Medienberichten, werden im Zusammenhang mit Kriminalitätsphänomenen im Hauptstudium erörtert.

§ 32 Der Sicherungsangriff

A. Teil des Ersten Angriffs

463 Laut PDV 100 sind die Ziele des Ersten Angriffs klar definiert:

Definition: Beim Ersten Angriff sind neben Maßnahmen der Gefahrenabwehr

- der Tatort zu sichern und erste wesentliche Feststellungen über den Tathergang zu treffen (Sicherungsangriff) und
- der Tatbefund zu erheben (Auswertungsangriff).[53]

Somit wird deutlich, dass der Sicherungsangriff ein Teil des Ersten Angriffs ist und sich an die Maßnahmen des Sicherungsangriffs noch die Maßnahmen des Auswertungsangriffs (**Hinweis:** Thema im HS 1) anschließen.

464 Bei den Maßnahmen ist zu beachten, dass der Gefahrenabwehr grundsätzlich Vorrang vor der Strafverfolgung einzuräumen ist. Dies bedeutet, dass zB Erste Hilfe Maßnahmen bei der Versorgung von Verletzten einer spurenschonenden Tatortaufnahme vorgehen. Der Sicherungsangriff zeichnet sich hauptsächlich durch Sofortmaßnahmen aus, die es ermöglichen sollen, dass im Rahmen des

---

[53] PDV 100 Begriffsbestimmungen.

Auswertungsangriffs der Tatort aufgenommen und dokumentiert werden kann.

Der Sicherungsangriff kann in mehrere Phasen eingeteilt werden, um die Komplexität der Handlungsschritte logisch zu untergliedern. Gleichzeitig soll diese Einteilung den Studierenden Hilfestellung bieten, den Sicherungsangriff strukturiert zu bearbeiten. Jede der dargestellten Phasen enthält Spezifika, auf die in den einzelnen Kapiteln eingegangen wird.

B. Maßnahmen des Sicherungsangriffs

I. Anlaufphase/Kenntnisnahme

Der Sicherungsangriff beginnt mit der Kenntnisnahme eines relevanten Ereignisses, in der Regel handelt es sich um einen strafrechtlichen Sachverhalt, durch die Polizei. Dies geschieht durch die Information Dritter oder durch eigene, polizeiinterne Beobachtungen. Die Informationen können telefonisch, persönlich oder auf elektronischem Weg an die Polizei gelangen. Der häufigste Fall der Kenntnisnahme ist der Anruf/Notruf auf der Leitstelle der Polizei. **465**

Die ersten Maßnahmen werden also beim Eingang der Ereignismeldung getroffen:

Aufgabe des Erstkontaktes, der also in der Mehrheit der Fälle auch durch den Einsatzsachbearbeiter der Leitstelle durchgeführt wird, ist es, die wesentlichen **Informationen** zur Tat, zum Tathergang und zum möglichen Täter oder zu möglichen Tätern zu **erlangen**.

Gleichzeitig darf jedoch der Aspekt der **Gefahrenabwehr** nicht vernachlässigt werden, deshalb muss zuerst festgestellt werden, ob es Verletzte gibt, die ärztliche Hilfe benötigen. In solchen Fällen sind sofort **Rettungskräfte** über die Feuerwehr anzufordern/zu entsenden. Dazu zählt auch die Entscheidung, ob ein Anrufer beruhigt werden muss, ob es **weitere Handlungserfordernisse** zu seiner Versorgung gibt. **466**

Bei der Mitteilung eines strafrechtlichen Sachverhaltes handelt es sich rechtlich um die Erstattung einer Strafanzeige (s. oben) und somit um die ersten Schritte im Ermittlungsverfahren. Um die Informationen einzuordnen und zu entscheiden, ob Sofortmaßnahmen eingeleitet werden müssen, ist eine Beurteilung der ersten Daten erforderlich. Deshalb müssen die **Personalien** und die **Erreichbarkeit** des Mitteilers gem. § 163b II StPO festgestellt werden. Die erhaltenen Daten sind in polizeilichen Systemen zu **überprüfen**, um festzustellen, ob es sich um einen ernsthaften Anruf handelt oder nicht. Die **Erreichbarkeit** wird für einen möglichen Rückruf benötigt.

Um den Sachverhalt ausreichend zu hinterfragen, sollte der Polizeibeamte sich der „**7 goldene W**-Fragen" bedienen. Diese Fragen geben eine Hilfestellung, um erforderliche und benötigte Inhalte nicht zu vergessen. **467**

- Wer? – Anzeigenerstatter, Geschädigter, Täter
- Wann? – Tatzeit, Tatzeitraum, Feststellzeit
- Wo? – Tatort, Aufenthaltsort
- Was? – Sachverhalt, Delikt, Schaden, Beute

- Wie? – Begehungsweise, modus operandi
- Womit? – Tatmittel
- Warum? – Motiv

468 Die Antworten müssen noch verifiziert werden, um ein umfassendes Bild vom Geschehen zu erhalten. Weiterhin ist zu erfragen, ob durch den Anrufer oder andere Personen **bereits etwas veranlasst oder verändert** wurde. Hierbei könnte es sich um die selbstständige Anforderung eines Notarztes oder das Schließen eines Zuganges handeln.

Um den Tatort in seinem jetzigen Zustand zu erhalten, müssen dem Anrufer **Verhaltensanweisungen** gegeben werden. Diese müssen sich auf die gegebene Situation und den vorliegenden Sachverhalt beziehen.

So kann der Einsatzsachbearbeiter den Anrufer zB anweisen:

- am Ereignisort zu verbleiben, Tatgeschehen weiter beobachten (Sicherheit geht vor!),
- Erste Hilfe zu leisten,
- Nichts zu verändern oder zu berühren,
- den Ereignisort zu sichern,
- die Polizei zu erwarten und einzuweisen.

469 Außerdem erfolgt in bestimmten Fällen ein **Rückruf** unter der angezeigten oder angegebenen Nummer, um den Anrufer und/oder die Ernsthaftigkeit des Notrufes zu überprüfen.

Die erhaltenen Informationen werden lageangepasst beurteilt und die polizeilichen Maßnahmen daraufhin abgestimmt. Sollte es sich um eine Sofortlage[54] handeln, wird sofort mindestens ein **Einsatzmittel** zum Tatort entsandt. Unter Umständen erfolgt auch der Einsatz mehrerer Einsatzmittel, deren **Anfahrt koordiniert** werden sollte.

470 Ergeben sich aus der Befragung des Mitteilers Hinweise auf mögliche Tatverdächtige, die sich noch am oder im Tatort aufhalten oder erst vor kurzer Zeit den Tatort verlassen haben könnten, sind **Fahndungsmaßnahmen** einzuleiten. Im Regelfall ist dies die Tatortbereichsfahndung, und in gravierenden Fällen ist eine Ringalarmfahndung auszulösen (siehe vorheriges Kapitel).

Die **sachlich zuständige Dienststelle** ist über die erhaltenen Informationen und den möglichen bevorstehenden Einsatz zu informieren.

Die erhaltenen/erfragten Informationen und die eingeleiteten Maßnahmen sind zu **dokumentieren,** im Einsatzsystem – in NRW e-Cebius – ist der Einsatz anzulegen (wir sprechen von „aufmachen“). Hier werden alle weiteren getroffenen Maßnahmen dokumentiert und recherchefähig hinterlegt, sodass auch in späteren neuen Einsätzen darauf zurückgegriffen werden kann.

---

[54] Eine Sofortlage liegt vor, wenn der Anruf zeitnah zum Ereignis erfolgt und eine gegenwärtige Gefahr vorliegt oder nicht auszuschließen ist und Sofortmaßnahmen zur Gefahrenabwehr, zur Verhinderung oder Fortsetzung von Straftaten oder zur Aufklärung von Straftaten notwendig sind.

II. Anlaufphase/Fahrt zum Ereignisort

Im Regelfall werden Kräfte des Wachdienstes durch die Leitstelle zum Ereignisort entsandt. Die **Entgegennahme des Einsatzes mit allen zur Verfügung stehenden Informationen wird quittiert und dokumentiert**. 471

Werden mehrere Einsatzmittel zum Ereignisort entsandt, koordiniert die Leitstelle die Anfahrt. Bei der Anfahrt zum Tatort ist bereits **auf tatbezogene Umstände** zu **achten**. Hierunter können verdächtige Personen oder Fahrzeuge fallen, aber auch verlorene oder weggeworfene Beutestücke oder Tatmittel.

Die Beamten müssen in Absprache mit der Leitstelle entscheiden, ob die Anfahrt unter Nutzung von **Sondersignalen** erfolgt. Hierbei ist abzuwägen, ob durch die Nutzung flüchtende oder sich noch im/am Tatort aufhaltende Täter gewarnt würden und ob die Zeitersparnis effektiven Nutzen hat. Zu beachten sind hierbei die Einsatzzeit und das Verkehrsaufkommen, die Lage des Tatortes, ob es Verletzte gibt und eingeleitete Fahndungen.

Bereits auf der Anfahrt haben **teaminterne Absprachen** stattzufinden. Diese beziehen sich sowohl auf die Vorgehensweise am Tatort als auch auf ein mögliches Vorgehen bei Antreffen von verdächtigen Personen. Die Grundsätze der **Eigensicherung** gem. LF 371[55] und LF 450[56] sind zu beachten. 472

Das **Eintreffen am Tatort ist der Leitstelle mitzuteilen und zu dokumentieren**. Das **Abstellen des Fahrzeuges** kann offen oder verdeckt erfolgen. Grundsätzlich ist es aus kriminalistischer Sicht so abzustellen, dass keine Spuren vernichtet werden. Aus Sicht der Einsatzlehre sind weitere Aspekte zu bedenken, so zB die Frage nach der Entfernung zum engeren Einsatzort, der Beobachtbarkeit vom Tatobjekt aus, der Sicherheit für die Einsatzkräfte usw.

Vor Ort müssen sich die Beamten zunächst einen ersten **Überblick** über die Situation, anwesende Personen und offensichtliche Spuren **verschaffen**. Anschließend erfolgt eine erste **Lagemeldung** an die Leitstelle.

III. Schutz des subjektiven Befundes

Die PDV 100 (2007) sagt dazu aus, dass Zeugen festzustellen, zu trennen und zu befragen sind. 473

> **Definition:** Zeuge ist, wer aus eigener Anschauung Angaben zu einem relevanten Geschehen machen kann und gegen den sich das Verfahren nicht richtet.

„Zeuge ist eine Person, die in einem nicht gegen sie selbst gerichteten Strafverfahren über Wahrgenommenes aussagt."[57]

Vor der Aussage müssen im Rahmen einer Identitätsfeststellung die **Personalien der Zeugen** und deren Erreichbarkeit gem. § 163b II StPO festgestellt werden.

---

[55] Leitfaden 371 „Eigensicherung im Polizeidienst".
[56] Leitfaden 450 „Gefahren durch chemische, radioaktive und biologische Stoffe".
[57] (*Ackermann/Clages/Roll*, 2011), S. 224.

Jede Befragung zu einem strafrechtlich relevanten Sachverhalt ist rechtlich als Vernehmung einzustufen. Vor jeder Vernehmung muss der Status der zu vernehmenden Person festgestellt werden und die Person ist dann **entsprechend zu belehren** (→ Rn. 161 ff.).

474 Somit sind im Regelfall die Anrufer/Mitteiler/Opfer einer Straftat Zeugen im eingeleiteten Ermittlungsverfahren und müssen vor einer Befragung zur Sache belehrt werden. Die Belehrung ergibt sich aus § 163 III StPO in Verbindung mit §§ 52, 55 und 57 StPO. Hierbei handelt es sich um das Zeugnisverweigerungsrecht aus § 52 StPO, das Auskunftsverweigerungsrecht aus § 55 StPO und um die Ermahnung zu Wahrheit aus § 57 StPO, die jeweils dem Einzelfall angepasst zu erläutern sind.

Auf die genauen Inhalte der Belehrung wird im Kapitel „Beweismittel" und im HS 1 eingegangen, s. hierzu (*Pientka*, 2014).

Zielrichtung dieser Befragung ist es, weitere Informationen zum Tatgeschehen und zu möglichen Tatverdächtigen zu erhalten. Sollten mehrere **Zeugen** angetroffen werden, sind diese vor der Vernehmung zu **trennen**, um eine gegenseitige Beeinflussung zu vermeiden und somit eine verfälschte Aussage zu erhalten.

475 Die Befragung wird zunächst durch eine zusammenhängende Schilderung des Tatgeschehens durch den Zeugen eröffnet, um anschließend mit gezielten Fragen alle für den Sachverhalt wichtigen Informationen zu erhalten. Außerdem ist auch zu fragen, ob und wann welche Veränderungen am Tatort vorgenommen wurden.

Sollten sich aus der Befragung neue Erkenntnisse zu dem oder den möglichen Tätern in Bezug auf Täterbeschreibung, Anzahl, mitgeführte Gegenstände, Beute, Fluchtrichtung, Fluchtmittel oder ähnliches ergeben, ist die Leitstelle zu kontaktieren, um eine Fahndung einzuleiten oder bestehende **Fahndungsmaßnahmen zu aktualisieren**.

476 Sind im Rahmen der Maßnahmen zur ersten Hilfe Rettungskräfte eingesetzt worden, sind diese Zeugen im vorliegenden Fall. Dies ist unabhängig davon, ob es sich um Rettungssanitäter oder um einen Notarzt handelt. Von diesen Zeugen müssen die Personalien und deren Erreichbarkeiten festgestellt werden, und sie sind wie oben ausgeführt – sofern erforderlich – zeugenschaftlich zu belehren. Die Fragen der Vernehmung beziehen sich auf die Verletzung, die Entstehung der Verletzung, Hinweise auf das verwendete Werkzeug, durchgeführte Veränderungen am Tatort und Fragen nach Angaben der behandelten Person. Wichtig ist auch zu erfahren, **in welches Krankenhaus** die verletzte Person gebracht wird.

477 Wenn die verletzte Person vor Ort nicht zum Sachverhalt befragt werden kann, weil sie nicht ansprechbar ist und in ein Krankenhaus gebracht werden muss, ist die **Befragung des Opfers** grundsätzlich trotzdem Aufgabe des Sicherungsangriffs. In der Regel werden zur Erfüllung dieser Aufgabe über die Leitstelle **Verstärkungskräfte ins Krankenhaus** entsandt. Durch diese Beamten, die somit auch Teil des Sicherungsangriffs sind, wird der subjektive Befund erhoben. Sobald die Person nach Auskunft des behandelnden Arztes vernehmungsfähig ist, werden die Personalien nach § 163b II StPO und die Erreichbarkeit festgestellt, in der erforderlichen Weise belehrt und befragt. Der Inhalt der Vernehmung bezieht sich auf den vorliegenden Sachverhalt und orientiert sich an den Feststellungen/Beobachtungen der zu vernehmenden Person. Wenn es möglich ist, kann auf die Inhalte der bereits erfolgten Befragungen verwiesen werden.

Im Rahmen des subjektiven Befundes haben die Beamten des Sicherungsan- 478
griffs auch die Aufgabe, **nach weiteren möglichen Zeugen** zu **suchen** und diese ebenfalls zur Sache zu vernehmen. Hierbei könnte es sich zB um Nachbarn, Spaziergänger oder Hundeführer handeln. Im Rahmen einer ersten informatorischen Befragung ist zunächst abzuklären, ob diese Personen überhaupt sachdienliche Hinweise zum vorliegenden Sachverhalt geben können. Sollte dies der Fall sein, handelt es sich um Zeugen im Ermittlungsverfahren, von denen die Personalien und die Erreichbarkeit festzustellen sind. Auch sie sind – wie beschrieben – zu belehren. Danach erfolgt eine **Trennung der Zeugen**, wenn mehrere gleichzeitig befragt werden sollen. Auch in diesen Fällen muss der Inhalt der Befragung aufgeführt werden, der sich in der Regel mit Beobachtungen zur Vortatphase und zur Fluchtphase befasst.

Sollten sich aus den Befragungen neue Erkenntnisse ergeben, die für die Fahndung wichtig sind, ist darüber in einer **Lagemeldung** oder **Fahndungsergänzung** die Leitstelle zu informieren, um die Fahndung zu aktualisieren.

Können am oder in unmittelbarer Nähe zum Tatort **Tatverdächtige** festgehalten 479
oder festgestellt werden, sind diese auch im Rahmen des subjektiven Befundes zu **vernehmen**. Wird bereits gezielt gegen einen Tatverdächtigen ermittelt, so wird er damit zum Beschuldigten.[58] Auch er wird auf geeignete Weise **belehrt**, seine **Personalien werden festgestellt** gem. § 163b I StPO, und die Daten sind über die Leitstelle in den polizeilichen Systemen zu **überprüfen**.

Zur Belehrung von BES und aus Versäumnissen resultierende Konsequenzen s. unter „Beweismittel" → Rn. 215 ff.

Inhaltlich wird sich die Vernehmung hauptsächlich auf die Schilderung der vorliegenden Straftat, auf die Frage nach Mittätern, dem Verbleib der Beute, den Tatmitteln und auf zurückliegende Straftaten beschränken. Eine umfängliche Vernehmung wird durch Kräfte des Auswertungsangriffs und/oder der Sachbearbeitung zu einem späteren Zeitpunkt erfolgen.

Sollten sich aus der Vernehmung des Beschuldigten weitere oder neue Anhalts- 480
punkte/Hinweise zu den Mittätern und/oder den benutzten Fluchtfahrzeugen ergeben, ist wieder die Einsatzleitstelle zu informieren, damit diese eine Fahndung nach den Personen/Fluchtfahrzeugen einleiten oder die laufende **Fahndung ergänzen** kann.

IV. Schutz des objektiven Befundes

Grundsätzlich ist die erste Maßnahme im Rahmen des objektiven Befundes die 481
Absperrung des Tatortes. Hierbei ist nach dem Grundsatz vorzugehen, dass die Absperrung umso weiter erfolgen muss, je unklarer die Lage vor Ort ist.

---

[58] (*Ackermann/Clages/Roll*, 2011), S. 238.

Die Absperrung erfolgt, um die in diesem Bereich liegenden Spuren zu schützen und das Betreten des Bereiches durch unbefugte Personen, zu denen durchaus auch Kollegen, Dienststellenleiter usw gehören können, zu verhindern. Befugt ist nur derjenige, der Rettungsmaßnahmen treffen muss, oder in den Sicherungsangriff eingebunden ist oder im Rahmen des Auswertungsangriffs den Tatort betreten darf.

Sollten sich beim Eintreffen der Kräfte des Sicherungsangriffs noch Personen im Tatort befinden, sind diese wenn möglich vor die Absperrung zu begleiten oder innerhalb des Tatortes in einen Bereich zu geleiten, wo keine tatrelevanten Spuren vorhanden sind.

482 Im Regelfall sollte eine **Durchsuchung des Tatorts**, des Gebäudes oder Geländes, nach Tätern oder Verletzten unter Beachtung der Eigensicherung erfolgen. Die Durchsuchung ist erforderlich, um gefahrenabwehrende Maßnahmen einleiten zu können und um sicherzustellen, dass sich tatsächlich keine weiteren Personen im Tatort aufhalten. Die Maßnahme muss auch durchgeführt werden, wenn zB durch den Anrufer, Anzeigenerstatter oder Geschädigten die Flucht des Täters gesehen und mitgeteilt wird. Es kann nicht garantiert werden, dass sich nicht trotz dieser Beobachtung weitere Personen im Tatort aufhalten.

Bei der Durchsuchung dürfen möglichst keine vorhandenen Spuren vernichtet oder neue Spuren gelegt werden. Deshalb bietet es sich an, einen sog. **Trampelpfad** einzurichten, der auch durch die Kräfte des Auswertungsangriffs oder Verstärkungskräfte benutzt werden kann. Damit ist eine Markierung für den Weg gemeint, den die Kräfte nutzen, sodass nicht ziel- und planlos am/im Tatort herumgelaufen wird. In der Praxis wird dieser Trampelpfad zuweilen belächelt oder als überflüssig abgetan. Dies mag an dem etwas antiquierten Begriff liegen. Aus Sicht einer fundierten, sauberen Tatortarbeit ist er jedoch unverzichtbar: er bewirkt, dass die notwendigerweise bei jeder Begehung des Tatortes hervorgerufenen Veränderungen auf einen eingeschränkten Bereich um diesen Trampelpfad herum begrenzt werden. Der Tatort wird also nicht umfassend und in Gänze konterminiert, sondern lediglich im engen Bereich des Trampelpfades. Dieser ist also nichts anderes als ein „Arbeitsweg", der die Qualität einer gerichtsfesten Beweissicherung bei der Tatortarbeit steigert.

483 Die Maßnahmen der **Täternacheile** sind unverzüglich einzuleiten, wenn entsprechende Hinweise im Rahmen der Aufnahme des subjektiven Befundes erhoben wurden. Hierzu zählen die Verfolgung, die Festnahme und die anschließende Durchsuchung aber auch die Einleitung von Fahndungsmaßnahmen.

Der Leitstelle sind laufend **aktualisierte Lagemeldungen** zu erstatten. Im Rahmen dieser Meldungen sind auch die **Kräfte des Auswertungsangriffs anzufordern**. Hierbei kann es sich um die Kräfte des Regeldienstes oder außerhalb der Regelarbeitszeit um Beamte der Kriminalwache handeln.

Laut PDV 100 sind durch die Beamten des Sicherungsangriffs **unaufschiebbare körperliche Untersuchungen anzuordnen**.

484 Anschließend beginnen Maßnahmen der **Spurensuche**, des **Spurenschutzes** und gegebenenfalls der **Spuren(not)sicherung**. Die erste Maßnahme des Spuren-

schutzes ist das Anlegen des Trampelpfades als Arbeitsweg, denn er schützt die Spuren im Rest des Tatortes. Vor der Suche sollten bereits die ersten **Übersichtsaufnahmen** vom Tatort gefertigt werden, um den Zustand zum Zeitpunkt des Antreffens festzuhalten.

Durch die Beamten des Sicherungsangriffs erfolgt eine Begehung des gesamten Tatortes, dabei haben sie nach offensichtlichen Spuren zu suchen. **Alle gefundenen Spuren sind aufzulisten und zu kennzeichnen.** Diese Kennzeichnung ist erforderlich, damit alle Personen, die zu einem späteren Zeitpunkt den Tatort betreten, wissen, dass dort eine Spur vorhanden ist. Diese Kennzeichnung kann durch Mittel aus dem Funkstreifenwagen oder anderen markanten Gegenständen erfolgen. Die gefundenen Spuren sind mit Anlegen eines Maßstabes zu fotografieren. Dabei sollten sie in **Übersichts- und Detailaufnahmen** erfasst werden. Die Beamten müssen nun entscheiden, ob und wie die gefundenen Spuren zu schützen sind.

Der Spurenschutz dient dazu, die Spur vor einer Veränderung zu bewahren. Dabei verbleibt sie an Ort und Stelle und im Kern unbearbeitet. Sie wird zB abgedeckt, mit einem Gegenstand gekennzeichnet usw.

Eine Notsicherung erfolgt, wenn der Schutz nicht ausreicht, also die Spur jetzt sofort gesichert werden muss, weil sie aus irgendwelchen Gründen vergänglich ist.

Ein Spurenschutz oder eine Notsicherung einzelner Spuren ist erforderlich, 485
wenn die Spuren durch Umwelteinflüsse oder andere Beeinträchtigungen gefährdet sind. Hierzu zählt zB bei Spuren im Außenbereich eintretender Regen. Kann die Spur in einen ungefährdeten Bereich verbracht werden, handelt es sich bereits um eine Notsicherung der Spur. Diese Sicherung sollte so spurenschonend wie möglich durchgeführt werden. Beispielhaft kann die Aufnahme einer Blutspur auf ein sauberes Papiertaschentuch im Außenbereich bei einsetzendem Starkregen angeführt werden.

Durch derartige Notsicherungen und Spurenschutzmaßnahmen entstehen 486
zwangsläufig neue Spuren am Tatort, die schon in Form der Veränderungen des ursprünglichen Ortes auftreten. Diese notwendigen und unvermeidbaren **Veränderungen** am Tatort sind eindeutig zu kennzeichnen und zu **dokumentieren**.

In die Spurensuche sind auch der vermutliche Annäherungsweg und der vermeintliche Fluchtweg, also der Tatort der Vortatphase und der Nachtatphase, einzubeziehen. Auch hier kann der Täter Spuren, zB verlorene oder weggeworfene Beutestücke/Tatmittel, Schuhspuren, Faserspuren oder Ähnliches, hinterlassen haben. Mit diesen Spuren ist dann auch wie beschrieben zu verfahren, also: Spurenkennzeichnung, Fotografie, Spurenschutz oder gegebenenfalls Spurennotsicherung.

Häufig führen bereits diese Maßnahmen am Tatort zu weiteren Eingriffsmaßnahmen: Fahndung führt zur Ergreifung eines Verdächtigen, Spurensuche zur Auffindung von Einbruchswerkzeugen usw. Auch in diesen Situationen sind geeignete Maßnahmen rechtlich und taktisch zu treffen.

V. Kriminalistische Standardmaßnahmen

1. Identitätsfeststellung (inklusive Dokumentenprüfung)

487 Die Maßnahme der Identitätsfeststellung bezieht sich sowohl auf Zeugen, Verdächtige und Beschuldigte und wird kriminalistisch mit der Aufnahme des subjektiven Befundes (§ 33, III) verbunden.

488 Die Rechtsgrundlage im Rahmen von Strafverfahren ergibt sich aus § 163b StPO. Nach Absatz I dürfen Beamte des Polizeidienstes bei Verdächtigen einer Straftat (= Adressat der Maßnahme) erforderliche Maßnahmen zur Feststellung der Identität treffen. Diese sind als erste mögliche Rechtsfolgen das Anhalten der Person und die Aufforderung, sich auszuweisen. Zu diesem Zeitpunkt muss die Person also noch nicht den Status eines Beschuldigten haben. Nach § 163b Abs. 1 S. 2 StPO darf die Polizei den Verdächtigen festhalten (zweite mögliche Rechtsfolge), wenn die Identität sonst nicht oder nur unter erheblichen Schwierigkeiten festgestellt werden kann (ergänzende Zulässigkeitsvoraussetzung für die zweite mögliche Rechtsfolge). Unter diesen Voraussetzungen sind auch die Durchsuchung der Person des Verdächtigen und seiner mitgeführten Sachen möglich (dritte mögliche Rechtsfolge). Sollte dies noch nicht zur Identitätsfeststellung führen, kann auch eine erkennungsdienstliche Maßnahme als weitere Rechtsfolge zulässig sein.

In der Praxis führt dies zu einer „Stufenlösung". Zunächst reicht es aus, den Verdächtigen nach seinen Personalien zu befragen und sich ein amtliches Ausweispapier vorlegen zu lassen. Sollte er dieser Aufforderung nicht nachkommen oder falsche oder nicht nachvollziehbare Angaben machen, wird als nächster Schritt die Durchsuchung der Person und ihrer mitgeführten Gegenstände, zB Rucksack, folgen. Diese Durchsuchung dient der Auffindung von Personalpapieren, um die Identität festzustellen. Sollte auch diese Maßnahme nicht erfolgreich sein, ist eine Mitnahme der Person zur Wache zur Durchführung einer erkennungsdienstlichen Behandlung zur Identitätsfeststellung möglich.

Übergebene oder gefundene Ausweispapiere sind auf ihre Echtheit zu überprüfen. Diese Dokumentenprüfung hat sich auf die Sicherheitsmerkmale der vorgelegten amtlichen Dokumente zu beziehen und sicher auch auf Manipulationsversuche. Sollte sich aus der Prüfung der vorgelegten Ausweispapiere/Dokumente der Verdacht einer Manipulation oder einer Fälschung ergeben, dann erfüllt dies den Anfangsverdacht einer Straftat nach § 152 Abs. 2 StPO und eine Strafanzeige nach einem der Delikte des 23. Abschnitts des StGB (zB Urkundenfälschung gem. § 267 StGB, Verändern von Ausweisen gem. § 273 StGB oder Ähnliches) ist vorzulegen.[59] Weiterführende Ermittlungen sind einzuleiten, zB Identitätsfeststellung – nunmehr aber als BES –, Sicherstellung/Beschlagnahme der Dokumente, Vernehmung usw.

Die erhaltenen Daten der Person müssen über die amtlichen Datensysteme überprüft werden. Dies geschieht durch eine Rückfrage bei der Leitstelle und Übermittlung der Personalien, damit diese in polizeilichen Datensystemen, zB

---

[59] Welche Dokumente unter den Begriff der Urkunde zu fassen sind, s. (*Fischer*, 2016), S. 2129 ff.

Inpol und e-Cebius und im System des Einwohnermeldeamtes überprüft werden können. Hiermit wird erreicht, dass die Aktualität und die Richtigkeit der Daten bestätigt werden können. In den polizeilichen Auskunftssystemen kann dies zum Ergebnis führen, dass aktuelle Fahndungsnotierungen oder personengebundene Hinweise mitgeteilt werden. Dies ist für das weitere Vorgehen, auch in Bezug auf die Eigensicherung, wichtig.

Die Identität von Zeugen wird nach § 163b Abs. 2 StPO festgestellt, wenn dies zur Aufklärung einer Straftat geboten ist. Zeugen dürfen zur Identitätsfeststellung nicht festgehalten werden, wenn dies zur Bedeutung der Sache außer Verhältnis steht. Eine Durchsuchung der Person, der mitgeführten Gegenstände und eine erkennungsdienstliche Behandlung sind nur mit Zustimmung möglich.

2. Festnahme

Im Zusammenhang mit Festnahmen ist zunächst, wie gewohnt, über die rechtlichen Aspekte zu befinden; dies in besonderer Weise, wenn die Entscheidung für die Maßnahme durch die Polizei zu treffen ist. Eine Festnahme soll auf diese Weise einerseits der Sicherung des objektiven Befundes dienen, etwa dadurch, dass eine Einflussnahme auf Beweismittel jeder Art unterbunden wird, und andererseits die Durchführung des Strafverfahrens sichern, etwa dann, wenn der BES sich dem Verfahren entziehen wird. **489**

Der Begriff „Festnahme" zeigt, dass es sich um eine polizeilich angeordnete Freiheitsentziehung zur Strafverfolgung handelt (s. hierzu *Bialon/Springer* [2016]), der zuweilen (fälschlich) synonym verwendete Begriff der Verhaftung meint eine Freiheitsentziehung nach richterlicher Anordnung in Form des Haft- oder Unterbringungsbefehls. Hier wie dort sind weitere Entscheidungen aus kriminaltaktischer Sicht zu treffen und der Umgang mit dem Festgenommenen/Verhafteten aus kriminalistischer Sicht zu bewerten und zu planen.

Zu den rechtlichen Aspekten soll an dieser Stelle nur ein kurzer Überblick gegeben werden, die eingriffsrechtliche Detailbetrachtung s. zB *Bialon/Springer* (2016), *Kay* (in Überarbeitung) unter anderem Art. 104 II 3 GG: **490**

„Die Polizei darf aus eigener Machtvollkommenheit niemanden länger als bis zum Ende des Tages nach dem Ergreifen in eigenem Gewahrsam halten."

Die vorläufige Festnahme richtet sich nach § 127 II StPO iVm §§ 112, 112a StPO, wobei § 127 II StPO die Ermächtigung darstellt, §§ 112 und 112a StPO die erforderlichen Voraussetzungen (Haftgründe) nennt. **491**

Als Haftgründe gelten neben dem für den polizeilichen Alltag eher nachrangigen § 112 II Nr. 1 StPO (Flucht):

- **Fluchtgefahr (§ 112 II Nr. 2 StPO)** **492**
  Zur Würdigung einer etwa vorliegenden Fluchtgefahr werden Tatsachen herangezogen, die aus
  - zu erwartendem Strafmaß,
  - sozialen Bindungen,
  - persönlichen Lebensumständen

  eine Beurteilung der Frage erlaubt, ob die Gefahr besteht, der BES werde ich dem Verfahren entziehen. Zur näheren rechtlichen Einordnung und Würdigung s. Standardliteratur zum Eingriffsrecht.

Die Ermittlungsbehörden begründen den Haftgrund der Fluchtgefahr, der BES muss die Begründungen widerlegen. Hier gilt die sog. **Beweisumkehr:** Der BES muss den Ermittlungsbehörden diejenigen Tatsachen aufzeigen, aus denen erkennbar wird, dass er sowohl über ausreichende soziale Bindungen verfügt als auch über Lebensumstände, die ihn innerhalb seines normalen Lebensbereiches halten und eine Flucht unwahrscheinlich machen.

Das wiederum bedeutet, dass aus kriminalistischer Sicht im Zusammenhang mit der Festnahme eines BES alle diejenigen Ermittlungsmaßnahmen zu treffen sind, die mögliche Hinweise auf Haftgründe verifizieren oder widerlegen.

493 • **Verdunklungsgefahr (§ 112 II Nr. 3 StPO)**

Auch zur Verdunklungsgefahr muss durch die Ermittlungsbehörden dem BES ein konkreter Vorwurf gemacht werden können. Allein die Tatsache, dass mittäterschaftlich gehandelt wurde, reicht nicht aus (anders hierzu *Weihmann/Schuch*, 2011). Vielmehr muss konkret erkennbar sein, dass auf ZEG oder Beweismittel Einfluss genommen werden soll. Die möglichen Verdunklungshandlungen sind im Gesetz genannt; vertiefend hierzu s. Literatur zum Eingriffsrecht.

Eine Begründung der Verdunklungsgefahr ist nur so lange möglich, wie noch nicht alle Beweismittel gesichert werden konnten, es also noch bekannte, noch nicht vernommene Zeugen gibt, Spuren oder Augenscheinsobjekte noch nicht gesichert werden konnten usw. Gibt es andere Möglichkeiten, diese Beweismittel zu sichern, als die Entziehung der Freiheit des BES, so dürfte die Rechtmäßigkeit der Festnahme an der Erforderlichkeit der Maßnahme scheitern.

Aufgabe des Ermittlungsbeamten muss es also sein, alle Beweismittel gerichtsverwertbar zu sichern und gegen eine Freiheitsentziehung abzuwägen.

494 • **Absoluter Haftgrund (§ 112 III StPO)**

Auch ohne die Begründung von Flucht- oder Verdunklungsgefahr ist der BES festzunehmen, der dringend verdächtig ist, eine der in der Norm genannten Taten begangen zu haben, zu denen zB auch die Tötungsdelikte gehören.

495 • **Wiederholungsgefahr (§ 112a StPO)**

Sog. subsidiärer Haftgrund, der bei den dort genannten Straftaten greift.

Aufgabe der Ermittlungsbeamten ist demnach **zunächst** die Beantwortung der Frage, ob ein Haftgrund vorliege, um sodann die Festnahme durchzuführen oder durch Spezialkräfte durchführen zu lassen. Im weiteren Verlauf geht es darum, den Festgenommenen dem Haftrichter vorzuführen und weitere Ermittlungen zu tätigen.

496 Nach Art. 104 II GG, durch § 128 StPO in der Ausführung konkretisiert, ist der Festgenommene unverzüglich dem Richter vorzuführen; unverzüglich bedeutet ohne jede Verzögerung (BVerfGE 105, 239 v. 15.5.2002), die sich nicht mit sachlichen Gründen rechtfertigen lässt, zu denen wiederum nicht etwaige Vernehmungen zählen dürfen, die durchgeführt werden, um einen Haftgrund erst zu ermitteln!

Das bedeutet: Eine vorläufige Festnahme, bei der zum Entscheidungszeitpunkt noch kein Haftgrund begründet werden konnte, ist nicht zulässig (BGH StV 1995, 283).

Wurde festgenommen, so liegt der Haftgrund vor und es ist Aufgabe der Ermittler, die Vorführung und Sicherung weiterer Beweise durchzuführen.

Neben der Frage der rechtlichen Aspekte einer Festnahme sind aus kriminalistischer Sicht auch taktische Aspekte zu berücksichtigen. Neben den Fragen der Einsatzabwicklung (s. hierzu EL) sind dabei diejenigen Fragen entscheidend, die sich auf die Sicherung und Würdigung von Beweisen auswirken können.

Werden zB am BES Spuren der Tat erwartet (Faserspuren vom Opfer, Blut- oder **497**
Epithelzellspuren des Opfers) oder wird davon ausgegangen, dass der BES als Spurenverursacher bestimmter Tatortspuren „behandelt" werden muss (Kleidung, Verletzungen, seine Schuhe usw), so ist in der Festnahme und insbesondere in der Behandlung des Festgenommenen darauf Rücksicht zu nehmen. Werden zB in seinen Schuhprofilen bestimmte Erdanhaftungen erwartet, so sollte er nicht auf diesen Schuhen vom Festnahmeort zur Dienststelle und weiter zum PG usw verbracht werden, sondern es sollte frühzeitig auf die Möglichkeit der Sicherung der Spuren geachtet werden. Diese Überlegungen bestimmen auch – sofern es sich um eine geplante Maßnahme idR als Verhaftung handelt und nicht um eine vor Ort spontan zu treffende Festnahme – die Entscheidungen über Zeit und Ort der Durchführung. Für die Sicherung der Beweismittel und natürlich die Fragen der Eigensicherung ist es grundlegend, ob der BES an seiner Arbeitsstelle, in seiner Wohnung, auf der Straße oder wo immer festgenommen wird.

Des Weiteren muss auf seine Behandlung dergestalt eingegangen werden, dass Haftfähigkeit und Vernehmungsfähigkeit zu prüfen sind und das Verständnis der Belehrung sichergestellt ist. Dazu zählen zB auch die Fragen, ob ein Dolmetscher erforderlich ist oder nicht, ob der Festgenommene einem Arzt vorzuführen ist oder nicht usw.

Informationen, die diese Entscheidungen beeinflussen, erhalten wir aus den uns zur Verfügung stehenden Datenpools, in erster Linie durch Inpol und POLAS, durch Nachfrage bei denjenigen Beamten, die den Festzunehmenden kennen können usw.

Die wesentlichen Ermittlungsschritte für die Verhaftung/Festnahme sind da- **498**
her:

- Beschreibung der BES-Persönlichkeit inklusive möglicher Mittäter, Bewaffnungen usw
- Beschreibung der Beweissituation mit noch ausstehenden Sicherungserfordernissen, damit über mögliche Ausrüstungsgegenstände (Ersatzschuhe, Decken usw)
- Entscheidung über Festnahmeort und -zeit, damit über Kräfteansatz
- Nach Entscheidung über Festnahmeort – Ortsaufklärung

Die Durchführung der Festnahme/Verhaftung steht unter dem wesentlichen Einfluss der Überlegungen zur Eigensicherung, sodann an zweiter Stelle der

Wahrung der Würde und Rechte des BES und erst dann der Sicherung der noch ausstehenden Beweismittel.

499 Und auch dann ist über weitergehende Erfordernisse nachzudenken, so zB über die Versorgung etwaiger Haustiere (auch die bei manchen Tätergruppierungen gerne genommenen Vogelspinnen gehören dazu und sind zu versorgen) oder Kinder, die dem Jugendamt zu überstellen sind, alte Menschen, die vom Festgenommenen versorgt werden usw.

Unmittelbar im Anschluss der Festnahme ist der Anwaltkontakt zu ermöglichen, s. hierzu weiter oben unter Beschuldigtenbelehrung.

3. Durchsuchung (Person/mitgeführte Gegenstände/Kfz/Wohnung)

500 Die Durchsuchung nach Beweismitteln bei Verdächtigen stützt sich auf § 102 StPO. Hiernach können eine Wohnung, andere Räume, die Person und ihr gehörende Sachen durchsucht werden, wenn zu vermuten ist, dass dies zur Auffindung von Beweismitteln führen werde. Nach § 105 StPO dürfen Durchsuchungen nur durch den Richter, bei Gefahr im Verzuge auch durch die Staatsanwaltschaft und ihre Ermittlungspersonen angeordnet werden.

501 Wenn im Rahmen des Sicherungsangriffs Personen angetroffen werden, die verdächtigt werden, die Straftat begangen zu haben, dürfen sie und ihre mitgeführten Sachen vor Ort durchsucht werden. In solchen Fällen liegt aufgrund der zeitlichen Dringlichkeit Gefahr im Verzuge vor und die Anordnung erfolgt durch den einschreitenden Polizeibeamten. Das Einholen einer richterlichen Anordnung würde zu einer weitergehenden Einschränkung der Freiheit der Person führen, was wiederum ein tiefergehender Grundrechtseingriff ist als die sofortige Durchsuchung vor Ort. Steht allerdings ein Richter bereit, so entfällt diese zeitliche Komponente, und auch die Durchsuchung der Person vor Ort erfolgt nur unter dem Vorbehalt der richterlichen Entscheidung.

Die Suche zielt in aller Regel darauf ab, Beute oder Tatmittel zu finden und ist damit von § 102 StPO als „Beweismitteldurchsuchung" umfasst. Der rechtliche Umgang mit möglicherweise dabei gefundenen Gegenständen wird im nächsten Kapitel beschrieben.

502 Wenn also im Rahmen der Fahndungsmaßnahmen oder der Nacheile ein Verdächtiger angetroffen wird, dann können die beschriebenen Maßnahmen auch dazu führen, dass der Status der Person sich verändert. Dies wäre dann der Fall, wenn bei den Durchsuchungen zB Teile der Beute oder Tatmittel, wie Einbruchswerkzeug, gefunden werden. Dieser Umstand kann aus dem Status des Verdächtigen bereits den des Beschuldigten machen, wodurch weitergehende strafprozessuale Maßnahmen rechtlich möglich werden.

503 Bei den taktischen Maßnahmen ist auch daran zu denken, wie Täter in den einzelnen Tatphasen vorgehen. So ist es möglich, dass Täter mit einem Fahrzeug zum Tatort reisen und dieses als Beutedepot nutzen. Diese Erkenntnis führt dazu, dass bei Auffinden von Fahrzeugschlüsseln gezielt in der näheren Umgebung nach diesen Fahrzeugen zu suchen ist und diese dann auch durchsucht und eventuell sichergestellt/beschlagnahmt werden.

Sollte der Verdächtige auf der Flucht Teile der Beute oder Tatmittel weggeworfen haben, so kann sich eine Durchsuchung bei anderen Personen, dh bei Unverdächtigen, nach § 103 StPO anschließen.

Eine Wohnungsdurchsuchung beim Verdächtigen kommt im Rahmen der Maßnahmen des Sicherungsangriffs nur dann in Betracht, wenn der Verdächtige in seine Wohnung fliehen würde. Eine planmäßige Durchsuchung beim Verdächtigen setzt eine richterliche Anordnung nach § 105 StPO voraus und ist der kriminalpolizeilichen Sachbearbeitung zuzurechnen (Gegenstand des HS 1). Dann muss auch die Nachtzeitschranke des § 104 StPO beachtet werden.

Eine Durchsuchung der Person zum Zwecke der Eigensicherung richtet sich 504 nach § 39 PolG NRW und ist unter anderem möglich, wenn die Person nach anderen Rechtsvorschriften festgehalten wird. Dies ist bei der vorläufigen Festnahme nach § 127 II StPO der Fall. Die Durchsuchung zur Eigensicherung von mitgeführten Sachen richtet sich in diesen Fällen nach § 40 PolG NRW.

VI. Sicherstellung/Beschlagnahme von Beweismitteln und Beschlagnahme von Einziehungs- und Verfallsgegenständen/Rückgewinnungshilfe

Die Sicherung dinglicher Beweismittel in Form der Augenscheinsobjekte und 505 Urkunden geschieht in aller Regel durch deren Sicherstellung oder Beschlagnahme. Voraus geht häufig eine Durchsuchung nach den Normen der StPO (§§ 102 oder 103 StPO), die zum Auffinden von Gegenständen führt. Gem. § 94 StPO sind alle diejenigen Gegenstände, die als Beweismittel von Bedeutung sein können, in Verwahrung zu nehmen.

Da bedeutet, dass jeder Gegenstand, bei dem auch nur die Möglichkeit sieht, dass er irgendetwas im Verfahren beweisen könnte – man nennt dies „potentielle Beweiseigenschaft", in jedem Fall sichergestellt oder beschlagnahmt werden muss (über die Unterscheidung zu formeller und formloser Maßnahme s. hierzu Literatur zum Eingriffsrecht).

Wesen der Beweismittelbeschlagnahme ist, dass der Beweisgegenstand, sobald 506 er seine Beweiskraft entfaltet hat und nicht mehr benötigt wird, zurückzugeben ist.

Jedoch ist diese folge nicht immer hinzunehmen. Man stelle sich folgenden Fall vor:

Fall:

Mitten in der Nacht greifen Polizeibeamte den bekannten Einbrecher E auf. Er führt einen Rucksack mit Einbruchswerkzeug mit und eine Reisetasche, in der befinden sich 3 Laptops, 8 Smartphones, diverse echte Schmuckstücke und ein iPad. Am nächsten Tag wird das iPad durch die Funktion „Mein iPad finden" durch den rechtmäßigen Eigentümer gepingt, damit steht fest, das E es gestohlen hat.

Lösung: Alle genannten Gegenstände können als Beweismittel in Betracht kommen, sind also nach § 94 StPO in Verwahrung zu nehmen. Nur einer der Gegenstände kann aber zugeordnet werden: das iPad. Sobald dieses als Beweismittel nicht mehr benötigt wird, wird es zurückgegeben. Dies sollte hier an den Geschädigten geschehen, dem es gestohlen worden ist. Einschlägig ist daher eine Sicherstellung nach § 111c StPO iVm § 111k StPO: sog. Rückgewinnungshilfe, um dem GES das Diebesgut zurückgeben zu können.

Zugleich sind die weiteren Gegenstände, die aber nicht konkreten GES zugeordnet werden, offenbar Diebesgut. Sie sind also aus einer Tat erlangt und werden daher nach § 111b StPO iVm § 73 StGB behandelt.

Und auch das Einbruchswerkzeug müsste dem E zurückgegeben werden. Nur durch eine Maßnahme nach § 111b StPO iVm § 74 StGB ist dies zu vermeiden.[60]

507 Für den Kriminalisten ist es also erforderlich, in jedem Einzelfall diejenigen Beweismittel zu prüfen, die in das Verfahren eingebracht werden könnten, um sodann eine Entscheidung über den Umgang mit ihnen sachgerecht treffen zu können.

Im vorliegenden Fall bedeutet dies:

Alle Gegenstände werden nach § 94 StPO als potentielle Beweismittel beschlagnahmt.

Alle außer dem Einbruchswerkzeug **zusätzlich** nach § 111b StPO, das Werkzeug iVm § 74 StGB, die Beutestücke iVm § 73 StGB, und das iPad ist auszuhändigen nach § 111k StPO.

Entsprechend sind auch die Formulare (hier: Durchsuchungs- und Sicherstellungsprotokoll, sog. NW 10) auszufüllen. Dabei müssen alle sichergestellten Gegenstände so genau wie möglich beschrieben und bezeichnet, wenn erforderlich auch gezählt, gemessen und/oder gewogen werden.

Bei wertvollen Gegenständen, insbesondere bei Geldsicherstellungen, ist allein aus Gründen des Selbstschutzes das „Vier-Augen-Prinzip" zu beachten, das heißt alle Maßnahmen, die mit dem Wertgegenstand geschehen, sollten immer mit zwei Beamten umgesetzt werden.

Alle Gegenstände sind entsprechend zu asservieren und in das Asservatenverzeichnis mit den entsprechenden Hinweisen aufzunehmen. Kommen Gegenstände zB auch weiterhin als Spurenträger in Betracht, so sind sie auf geeignete Weise zu verpacken (s. hierzu HS 1) und mit dem gut sichtbaren deutlichen Hinweis „Achtung – Spurenträger" zu versehen.

VII. Nachlaufphase

508 Die Beamten warten vor Ort auf das Eintreffen der Kräfte des Auswertungsangriffs, denen der **Tatort übergeben** wird. Die Übergabe erfolgt durch eine Tatortbegehung. Im Rahmen der Begehung werden die Beamten des Auswertungsangriffs über die getroffenen Maßnahmen, die gemachten Feststellungen, vorgenommene Veränderungen durch Zeugen oder durch Polizeibeamte, über die angehörten Zeugen und deren Aussagen informiert.

[60] Auf weiterführende Beschlagnahme- und Sicherstellungsnormen, so zB die Betrachtung tatnotwendiger Mittel, der Folgen der Maßnahme wie Veräußerungsverbote usw. sei hier auf die Standardliteratur Eingriffsrecht verwiesen; an dieser Stelle soll es lediglich um kriminalistische und kriminaltaktische Erwägungen gehen.

Sollten bei der Aufnahme des objektiven Befundes Notsicherungen durchgeführt worden sein, können die notgesicherten Spuren direkt an die Kräfte des Auswertungsangriffs übergeben werden.

Die Beamten des Sicherungsangriffs bieten ihre Hilfe an, zB zur Aufrechterhaltung der Absperrung. Wenn diese nicht mehr benötigt wird, wird eine Abschlussmeldung an die Leitstelle gegeben und die Beamten des Sicherungsangriffs stehen zur Erfüllung weiterer Aufgaben wieder zur Verfügung. **509**

Der Sicherungsangriff endet mit der **Fertigung der erforderlichen schriftlichen Arbeiten**. Hierzu zählen die Fertigung einer Strafanzeige im Vorgangsverarbeitungssystem IGVP, Anlegen einer Lichtbildmappe und Schreiben von Berichten, zB über Zeugenvernehmungen im Rahmen der Nachbarschaftsbefragung.

Die Dokumentation der durchgeführten Maßnahmen sollte folgendes enthalten: **510**

- Eingang/Meldung, Alarmierung (durch wen, wann, welcher Inhalt)
- Anfahrt und Eintreffen am Einsatzort
- Angetroffene Personen
- Angetroffene Tatortsituation (Sachverhaltsschilderung)
- Eingesetzte Kräfte (eigene und fremde)
- Zeugenvernehmungen (Personalien, Erkenntnisse zur Tat, zu Tatverdächtigen, zu Beute ...)
- Maßnahmen der Gefahrenabwehr
- Eingeleitete Maßnahmen (Absperrung, Spurensuche, Kennzeichnung, Notsicherung ...)
- Fahndungsmaßnahmen
- Vorgenommene notwendige Veränderungen der ursprünglichen Situation
- Dokumentation des Tatortes und der Spuren (Video, Fotografie etc)
- Übergabe an den Auswertungsangriff (Uhrzeit, Kräfte ...)

§ 33 Lernzielkontrolle

Lernziele im GS 5.3: **511**

- Die Studierenden bewerten polizeiliche Sachverhalte hinsichtlich ihrer rechtlichen Relevanz (LZ-Stufe 4).
- Die Studierenden differenzieren die unterschiedlichen Anzeigearten (LZ-Stufe 4).
- Die Studierenden wenden den Ablauf der Anzeigenaufnahme sowie die wesentlichen Fragestellungen und die zu beachtenden Rechtsvorschriften auf Sachverhalte an (LZ-Stufe 3).
- Die Studierenden identifizieren die Bedeutung des Tatortes für die polizeiliche Ermittlungsarbeit (LZ-Stufe 3).
- Die Studierenden differenzieren die Phasen der polizeilichen Arbeit an Tatorten (LZ-Stufe 4).
- Die Studierenden entwickeln und bewerten Lösungskonzeptionen zur Durchführung des Sicherungsangriffs an Tatorten (LZ-Stufe 4).[61]

---

[61] *FHöV NRW*, Hinweise zu den Modulbeschreibungen Bachelorstudiengang PVD, Stand 6/2016.

512 Die angegebenen Lernzielstufen zeigen die Tiefe und den Detaillierungsgrad, in dem die Inhalte zu vermitteln und zu erlernen sind. Je höher die Lernzielstufe, desto bedeutender das Thema und desto fundierter müssen Sie sich damit auseinandersetzen.

Nr.	Aufgabe/Frage
1.	Definieren Sie den Begriff Strafanzeige.
2.	Welche Erwartungen hat der Bürger gegenüber der Polizei bei der Anzeigenerstattung?
3.	Wie kann die Polizei den Kontakt mit dem Anzeigenerstatter zur eigenen Imageverbesserung nutzen?
4.	Welche Bedeutung hat das Legalitätsprinzip bei der Anzeigenerstattung?
5.	Erläutern Sie, wie sich Polizeibeamte in ihrer Freizeit zu verhalten haben, wenn sie Informationen über eine Straftat erlangen.
6.	Wo können Strafanzeigen erstattet werden?
7.	Was sind Privatklagedelikte und wo sind diese normiert?
8.	Was sind relative und absolute Antragsdelikte?
9.	Was sind Offizialdelikte?
10.	Welche Person kann einen Strafantrag stellen?
11.	Ist die Rücknahme einer Anzeige möglich? Begründen Sie Ihre Auffassung!
12.	Welche Aufgabe hat ein Schiedsmann und in welchen Fällen wird er tätig?
13.	Welche Daten sind vom Anzeigenerstatter zu erfragen?
14.	Was verstehen Sie unter den „7 goldene W-Fragen"?
15.	Worauf ist bei einer Protokollaufnahme einer Anzeige zu achten?
16.	Erläutern Sie, wie die Aufnahme einer Strafanzeige auf der Wache abläuft!
17.	Wie soll mit einer anonymen Anzeige umgegangen werden?
18.	Was ist bei der Anzeige eines Sexualdeliktes zu beachten?
19.	Erläutern Sie, wie das vereinfachte Verfahren abläuft!
20.	Erläutern Sie den juristischen Tatort!
21.	Erläutern Sie den kriminalistischen Tatort!

Nr.	Aufgabe/Frage
22.	Warum ist der kriminalistische Tatort für die Ermittlungen so wichtig?
23.	Was verstehen Sie unter dem Begriff „Fahndung"?
24.	Wann und zu welchem Zweck wird eine Tatortbereichsfahndung ausgelöst?
25.	Erläutern Sie die Ringalarmfahndung!
26.	Wann macht eine Verkehrswegesofortfahndung Sinn und welche Maßnahmen umfasst sie?
27.	Welche Aufgaben hat der Sicherungsangriff?
28.	Auf der Einsatzleitstelle ruft über den Notruf eine Frau an und teilt sehr aufgeregt mit, dass sie gerade ein Klirren gehört hat und aus ihrem Fenster gesehen hat, wie ein Fremder aus dem Auto ihres Nachbarn stieg. Welche Fragen sind der Anruferin zu stellen?
29.	Welche Maßnahmen veranlasst der Beamte der Einsatzleitstelle?
30.	Wie würden Sie die Anfahrt zum Tatort gestalten, wenn Sie den Auftrag erhalten, zum Tatort zu fahren?
31.	Welche Maßnahmen im Rahmen des objektiven Befundes treffen Sie nach Eintreffen am Tatort?
32.	Erläutern Sie die Begriffe „Spurenschutz" und „Notsicherung von Spuren"!
33.	Welche Maßnahmen zur Feststellung des subjektiven Befundes treffen Sie nach Eintreffen am Tatort?
34.	Erläutern Sie, wie die Übergabe eines Tatortes an die Kräfte des Auswertungsangriffs abläuft!
35.	Was sollte die Dokumentation des Sicherungsangriffs alles enthalten?
36.	Erläutern Sie, welche Informationen Sie erheben würden, wenn Sie einen Haftgrund begründen wollen!
37.	Welche Ziele verfolgen Sicherstellungen und Beschlagnahmen aus kriminalistischer Sicht?
38.	Erläutern Sie die Möglichkeiten der Identitätsfeststellung bei einem Verdächtigen!
39.	Welche Maßnahmen der Identitätsfeststellung sind bei Zeugen möglich?
40.	Auf welche Rechtgrundlage stützt sich die Durchsuchung beim Verdächtigen und wer kann diese Maßnahmen anordnen?

5. Abschnitt. Prüfungen im Grundstudium – Musterklausur

Beispielhaft soll hier eine mögliche Klausur angeboten werden, zu der es eine Lösung in Stichworten gibt. Vom Studierenden, der eine derartige Klausur zu bearbeiten hat, ist allerdings Fließtext zu erwarten, da auch die Aufgabenstellungen durch die Formulierung „Erläutern Sie …" Tiefe und Substanz fordern.

Klausur: 180 Minuten

Hilfsmittel: laut Hilfsmittelverordnung[1]

Sachverhalt

Es ist Sonntagmorgen, 09.25 Uhr. Auf der LSt geht über Notruf folgender Anruf ein:

„Guten Morgen, bitte schicken Sie mir schnell jemanden vorbei, ich habe hier direkt vor der Tür unserer Kirche in einem Gebüsch ein Baby gefunden. Ich hab's zwar mit rein genommen, aber ich kann mich nicht mehr darum kümmern. Ich bin Küsterin in der Kirchengemeinde und muss jetzt alles für den Gottesdienst, der um 10.00 Uhr anfängt, vorbereiten. Aber sicher kommt jeden Moment auch der Herr Pfarrer, der kann sich dann um das Kleine kümmern, bis Sie hier sind!"

Auf Nachfrage erklärt die Anruferin, Frau Maria Gläubig, sie habe das Baby hinter einem Gebüsch gefunden, es lag in einem Einkaufskorb vom Geschäft XY. Das Kind habe so laut geschrien, dass sie einfach dem Gebrüll gefolgt sei, und schon habe sie es gefunden.

Das Kind sei in ein Badetuch eingewickelt, aber nicht angezogen. Es sei ein kleiner Junge, der erst wenige Stunden alt wäre, sie habe selbst drei Kinder und zwei Enkel und könne das beurteilen. Offensichtlich hätte der Kleine Hunger, die Beamten sollten gleich auch Babynahrung mitbringen.

Außerdem habe sie einen Brief bei dem Kind gefunden. Ob sie den eben vorlesen solle oder ob die Beamten sich den lieber selbst ansehen wollten.

Sie erhalten durch die LSt den Einsatz. Vor Ort treffen Sie die Anruferin sowie den Pfarrer P und den zwölfjährigen Messdiener M sowie viele Gottesdienstbesucher an. Der Fund hat sich wie ein Lauffeuer herumgesprochen, über die mögliche Herkunft des Kindes aber kann niemand weitere Hinweise geben.

Erst nach diversen Veröffentlichungen in den örtlichen Medien wendet sich M zusammen mit seiner Mutter an Sie. M berichtet Ihnen, er habe ca. eine Stunde vor dem Fund eine Beobachtung gemacht, die eventuell weiterhelfen könnte, er habe sich bisher nur nicht getraut, was zu sagen: Die T, Tochter eines angesehenen und sehr konservativen Lehrers, und ihr türkischer Freund F seien mit einem Einkaufskorb die Straße entlang gelaufen. Dabei habe die T unablässig geweint. Er habe sich noch gewundert, wo die am Sonntag einkaufen waren, dann aber nicht weiter auf die beiden geachtet.

Tatsächlich geben bei einer Vernehmung T und F zu, das Kind im Gebüsch abgelegt zu haben.

Aufgaben:
1. Erläutern Sie die Maßnahmen des Sicherungsangriffs ab Eingang der Meldung bei der Leitstelle (LSt)!
2. Erläutern Sie die Beweissituation im Sinne der Punkte 3.1 und 3.2 der Kriminalistischen Fallanalyse!
3. Erläutern Sie die Fahndungssituation im Sinne von Punkt 5 der Kriminalistischen Fallanalyse!

Lösung

Zu Aufgabe 1

1. Maßnahmen des EB LSt

- Feststellen der Personalien
- Anruferin scheint einerseits nicht sonderlich aufgeregt, andererseits aber die Tragweite des Fundes nicht zu erkennen; daher ist die Feststellung ihres Befindens von Bedeutung
- Befragung der Anruferin nach weiteren wesentlichen Informationen (genauer Ort, Lage, weitere anwesende Personen, Zugangsmöglichkeiten usw – 7 W)
- Aufforderung, auf die eingesetzten Kräfte zu warten
- Verhaltensanweisungen (zwar Sorge für das Kind, aber Spurenlage beachten); hier sind einige Hinweise im Detail zu machen. So ist zB darauf einzugehen, dass die Anruferin den Hinweis auf den bevorstehenden Gottesdienst gegeben hat. Es ist also davon auszugehen, dass bald eine Vielzahl von Personen von dem Fund erfährt und sich am Fundort bewegen wird.
- Erreichbarkeit/Rückrufmöglichkeit erfragen, zurückrufen
- Kräfte einsetzen, Sonder-/Wegerechte freigeben, Anfahrt koordinieren
- Rettungsdienst anfordern, evtl. Neugeborenen-Notarztwagen

2. Maßnahmen der eingesetzten Kräfte

- Einsatzabsprache während der Anfahrt
- „Trampelpfad" als Arbeitsweg anlegen
- Rücksprache mit der Anruferin und IdF, Befragung insbesondere nach genauem Fundort und weiteren Beobachtungen
- IdF weiterer angetroffener Personen
- Abwehr von Gefahren, hier insbesondere den Säugling betreffend, evtl. Erste Hilfe-Maßnahmen (bei Säuglingen allerdings besondere Kenntnisse erforderlich), falls noch nicht erfolgt: NAW bzw. RTW/NEF anfordern mit Hinweis auf die Tatsache, dass es sich um einen Säugling handelt

- Übersicht über den Fundort verschaffen sowie über die Räumlichkeiten in der Kirche (Sakristei)
- Absperrung (Umstellung nach Kräftelage möglich?) möglichst weiträumig unter Berücksichtigung der Tatsache, dass der Gottesdienst unmittelbar bevorsteht
- Sicherung/Sicherstellung der aufgefundenen Gegenstände (Korb, Brief, Badetuch usw) möglichst ohne Veränderungen/Berührung
- Spurenschutz i.A., ggf. – je nach Witterung und Spurenbedrohung – Notsicherung
- Veränderungen dokumentieren insbesondere bzgl. des Auffindeortes
- Möglichst frühzeitig fotografische Sicherung
- Ermittlung und IdF möglicher weiterer Zeugen (Anwohner, Pfarrer, Kirchgänger, Messdiener usw)
- Lagemeldung an LSt, Übergabe an DGL, K-Wache/Fachdienststelle (hier: MK-Einsatz zu erwarten)
- Benachrichtigungs- und Meldepflichten (für NRW: vordringlich WE-Meldung, weitere Erfordernisse im Zuge des Auswertungsangriffs bzw. weiterer Ermittlungsmaßnahmen), Kontaktaufnahme mit Bereitschaftsdienst Jugendamt veranlassen, Kinderklinik usw
- Spurensicherung veranlassen
- Übergabe des Tatortes an den Leiter des Auswertungsangriffs, gemeinsames Begehen des Tatortes, Hinweis auf vorgenommene Veränderungen und festgestellte Zeugen, Übergabe von Fotos und Asservaten
- Bericht über Sicherungsangriff fertigen

Zu Aufgabe 2

1. Personalbeweis

Als **Zeugen** sind im Sachverhalt bereits genannt: die Anruferin G, der Pfarrer P, Messdiener M und eine nicht näher benannte Zahl von Gottesdienstbesuchern, die Kräfte des Rettungsdienstes, der Notarzt, die Kräfte des Sicherungsangriffs, der EB LSt.

Insbesondere die G kann Auskunft geben über den Zustand des Kindes zum Auffindezeitpunkt, Begleitumstände, Uhrzeit usw. Der EB sowie P und M können Auskunft geben über das Verhalten der G, P und M aber auch über die näheren Bedingungen in der Kirche nach dem Fund des Babys.

Die Kräfte des RD und der Notarzt sind zu befragen über den Zustand des Kindes. Die eingesetzten Kräfte können Auskunft geben über den Fundort zum Zeitpunkt ihres Eintreffens.

Darüber hinaus können Nachbarn weitere Beobachtungen gemacht haben, sind also ebenfalls zu befragen. Kinderarzt kann über Alter des Kindes und Ablauf der Geburt befragt werden.

Alle bisher bekannten und zu erwartenden Zeugen scheinen glaubhafte Angaben zu machen; bei keiner der Personen liegen Hinweise vor, die deren Glaubwürdigkeit bezweifeln ließen.

Weiterer Personalbeweis, wenn auch nicht im engeren Sinne, sind die beiden aus der Zeugenaussage bekannten Beschuldigten T und F. Sie haben umfassendes Verweigerungsrecht, geben aber zu, das Kind abgelegt zu haben. Ihre Aussagen sind ebenfalls im Personalbeweis zu bewerten. Die Glaubhaftigkeit der Aussagen scheint zunächst vorzuliegen; zur weiteren Beurteilung müssen die Aussagen detailliert betrachtet werden.

2. Sachbeweis

Im Sachverhalt schon genannte Sachbeweise/Spuren:

- Fundort als Situationsspur, zu sichern über Fotos/Video/Bericht. Aufschluss über konkrete Auffindesituation und genaue Lage des Kindes, eventuell über vorhandene Ortskenntnis und Motive des Täters/der Täterin (im Folgenden nur noch männliche Form verwendet). Beweiswert hoch, da der Ort „hinter einem Gebüsch" bislang lediglich von der Zeugin Gläubig und dem Täter betreten wurde
- Einkaufskorb der Firma XY als Gegenstandsspur, zu sichern über Sicherstellung sowie in Form von Fotos/Video/Bericht. Da Einkaufskörbe großer Ketten baugleich zentral hergestellt und in allen Niederlassungen gleich verwendet werden, ist eine konkrete Zuordnung zu einer der Filialen nicht zu erwarten. Dennoch hoher Beweiswert, für Öffentlichkeitsfahndung geeignet und gleichzeitig Spurenträger (s. zu erwartende Spuren)
- Badetuch, in das das Kind eingewickelt war. Einerseits Gegenstandsspur (Fabrikat, Hersteller, Händler, damit von besonderer Bedeutung für folgende Öffentlichkeitsfahndung), andererseits auch Spurenträger von Mikrospuren. Zu sichern über Fotos/Video/Bericht, anschließend zu verpacken mit zwischengelagertem Papier ohne Kontakt Stoff – Stoff. Auswertung durch KTI LKA
- Das Kind selbst. Aufgrund der Feststellungen, ob es sich tatsächlich um ein Neugeborenes handelt und wie alt das Kind ist, können wesentliche Fahndungshinweise gewonnen werden. Außerdem sind Blutgruppen/DNA-Bestimmung zur späteren Identifizierung der Eltern, Feststellungen zum Gesundheits- und Ernährungszustand des Kindes (Ernährung der Mutter während der Schwangerschaft usw) sowie Aussagen darüber, ob fachgerecht oder laienhaft abgenabelt (also Geburt begleitet wurde) zu treffen.
- Der Brief, über den der Sachverhalt keinerlei weitere Angaben macht. Er dient einerseits über den Inhalt dazu, Hinweise zum Motiv des Täters zu erlangen und über seinen mutmaßlichen Bildungsstand, andererseits auch als Spurenträger für Dakty- und Mikrospuren. Deren Sicherung und Auswertung erfolgen wie bereits genannt. Der Beweiswert des Briefes ist in jeder Hinsicht hoch, da er offenbar direkt vom Täter zu stammen scheint und daher bei vorhandenem Tatverdacht konkret zugeordnet werden kann.

Zu erwartende Spuren:

- Korb als Gegenstandsspur und Spurenträger: Am Korb können Mikrospuren (Haare, Speichel, Epithelzellspuren, Faserspuren oÄ) sowie Dakty-Spuren erwartet/vermutet werden, die beim Hineinlegen des Kindes oder Transport übertragen worden sind.

Sicherung über Adhäsionsverfahren oder Bedampfung (Material des Korbes steht gem. Sachverhalt nicht fest, gebräuchlich sind Körbe aus Kunststoff) sowie Abkleben und DNA-Analyse. Zu achten ist auf Untersuchungsreihenfolge und sich ausschließende/konkurrierende Untersuchungsverfahren. Anschließender Vergleich mit AFIS/DAD. Spuren können zugeordnet werden, wenn bereits übereinstimmende Fingerspuren/Fingerabdrücke AFIS vorhanden sind (acht Minuzien plus erkennbares Grundmuster oder zwölf Minuzien)
  - vorhandene DNA in der DAD gespeichert ist
  - nach weiteren Ermittlungen Vergleichsproben von Tatverdächtigen genommen werden können.

  Der Beweiswert der Spuren ist hoch, da als Spurenleger lediglich der Täter und die auffindende Zeugin in Betracht kommen. Von ihr hinterlassene Spuren können durch Vergleichsarbeit als tatrelevant ausgeschlossen werden. Übrig bleiben bei vorhandenem Vergleichsmaterial dem Täter eindeutig zuzuordnende Spuren.
- Badetuch als Gegenstandsspur und Spurenträger. Hier gilt das bereits Gesagte mit der Einschränkung, dass aufgrund der stofflichen Struktur die Sicherung von Dakty-Spuren erschwert oder gar unmöglich sein kann.
- Fundort ist „in einem Gebüsch", es ist also von lockerem Erdreich auszugehen. Erwartet werden können daher Schuheindruckspuren oder im Bereich des Übergangs auf festen Boden Abdruckspuren. Sicherung über Fotos, Ausgießen, Abkleben. Damit sind Kernaussagen (Größe des Schuhs, uU Gangbild, Gehrichtung) und Gruppenbeweis möglich und – sofern ein Tatverdächtiger ermittelt wurde – Zuordnung zu vorhandenen Schuhen bedingt möglich.
- Mikrospuren als Faserspuren am Gebüsch, Sicherung und Auswertung wie oben. Beweiswert bei vorhandenem Vergleichsmaterial hoch, da sich offensichtlich nur der Täter und die Zeugin „im Gebüsch" bewegt haben.

Die hier genannten Spuren/Sachbeweise stellen nur eine Auswahl dar. Zu jeder der genannten Spuren ist eine Spurendiskussion zu erwarten. Daher ist es kaum möglich, in der Kürze der Zeit alle zu erwartenden Spuren abzuarbeiten. Jedoch wird erwartet, dass der Studierende sich zunächst mit den Spuren auseinandersetzt, die hier wesentliche Ermittlungsansätze bieten, und so eine geeignete Priorisierung vornimmt.

Zu Aufgabe 3

Im vorliegenden Fall ist die Fahndungssituation zu unterschiedlichen Zeitpunkten der Ermittlungen auch unterschiedlich zu betrachten.

Zunächst ist auf die Fahndung im Rahmen des Sicherungsangriffs einzugehen. Hier ist eine Tatortbereichsfahndung einzuleiten, da im unmittelbaren Umfeld des Tatortes mit Zeugen und Spuren zu rechnen ist, die Tatrelevanz haben können. Dazu zählt zB auch das sog. „Klinkenputzen" in der Nachbarschaft mit der Frage, ob jemand Beobachtungen gemacht hat.

Im Nachgang des Sicherungsangriffs ist die Öffentlichkeitsfahndung eingeleitet worden, die auch zum Erfolg geführt hat.

Stichwortverzeichnis

Die Zahlen verweisen auf die Randnummer, nur in Ausnahmefällen auf die Seitenzahl (durch S. gekennzeichnet)